弘教系列教材

基于教师资格考试的心理学

主　编　张释元　盛世明
副主编　胡　兰　张继平　梁凤华
编　者（按姓氏排序）
　　　　程　强　李小玲　刘冬芳　舒盛平
　　　　王佩瑾　王相宜　王寅枚　严云芬
　　　　赵　娟　朱德彪　左　萌

復旦大學出版社

前言

2011年,教育部制定了《中小学和幼儿园教师资格考试标准(试行)》。它是教师职业准入的国家标准,也是中小学和幼儿园教师资格考试的基本依据。基于教育部教师资格考试改革方案,心理学是教师教育的专业基础课和必修课,也是国家中小学教师资格考试的必考课程之一。中学教师资格考试大纲规定,笔试内容包括"教育知识与能力"和"综合素质"两部分。"教育知识与能力"重在考查申请教师资格人员是否"能理解并掌握教育教学和心理学的基础知识、基本理论,能运用这些知识和理论分析、解决中学教育教学和中学生身心发展的实际问题"以及教师专业发展的相关问题,考试内容及分值情况是:教育基础知识和基本原理占19%,中学课程占5%,中学教学占14%,中学生学习心理占18%,中学生发展心理占9%,中学生心理辅导占8%,中学德育占17%,中学班级管理与教师心理学占10%。在《教育知识与能力》试卷中,心理学知识占50%左右。在传统的教师教育课程中,一般只开设普通心理学和教育心理学,并不能完全满足教师资格考试的需求。为满足学生进行国家教师资格考试的需求,心理学教材尝试以考试要求为出发点,重建课程结构体系。

这本教材在编写上秉持应试和培养的双重功能,既要帮助普通高校学生顺利通过国家教师资格认定考试,取得教师资格,又能通过系统的心理学知识的学习,提高学生的教育教学理论素养。在编写过程中,既参考了教师资格考试的培训教材,也参考了莫雷编写的《教育心理学》、刘儒德编写的《教育心理学》以及彭聃龄著的《普通心理学》等经典教材。力求将考试和学习融合起来,弥补单纯的应试不能培养学生的教育理论素养的短板。我们也希望这本教材能够在以下几方面给使用者带来益处:1. 整理所学知识和内容,帮助读者更深入地学习。2. 更有利于学生复习应试。书中配有"真题链接",在知识点处链接历年真题,希望读者通过历年真题的呈现,了解考试的题型和作答要求。我们也在章节之后配有练习题和答案,便于学生学习。3. 我们希望打破传统心理学的学科疆界,从教师知识结构的角度重新看待心理学知识,使普通心理学、发展心理学、教育心理学和心理健康与辅导等心理学学科知识融合于教师教育的领域。

　　这本教材编写的最初目的是为了建设我院承担的教师教育课程,加强教师间的合作。在学院领导的大力支持下,教师教育课程教师共同完成了这项工作。具体分工如下:第一章由梁凤华、朱德彪和左萌三位老师编写;第二章由张释元、舒盛平和王相宜三位老师编写;第三章和第六章由胡兰、王佩瑾、李小玲、刘冬芳、王寅枚和程强六位老师编写;第四章和第五章由张继平、盛世明、赵娟、王寅枚和严云芬老师等共同完成。全书统稿和校对由张释元老师完成。在教材初稿校对的过程中,得到了我院 14 教(4)班喻静雯同学的大力帮助,与我一同修改格式,校对稿件。在初稿校对过程中,我的学生高紫霞、曾叶莹、李睿琪、朱路平、徐英姿、欧阳志迁、袁晨、胡平如、漆文蓉、周丽平、李婷、熊婉云也参与了校对工作,对书稿的撰写提供了重要的帮助和支持,这里也衷心地感谢!

　　教材初稿虽已完成,但是心却难安,匆忙之中,必有诸多疏漏,敬请学界朋友批评指正。

目录

前言 ·· 1

第一章　认知心理 ·· 1
　第一节　感觉 ··· 2
　　一、感觉的概念 ·· 2
　　二、感觉的种类 ·· 2
　　三、感觉的测量 ·· 3
　　四、感觉的特性（感觉的相互作用） ············· 4
　第二节　知觉 ··· 6
　　一、知觉的概念 ·· 6
　　二、知觉的种类 ·· 7
　　三、知觉的基本特性 ·· 7
　第三节　注意与记忆 ··· 9
　　一、注意 ·· 10
　　二、记忆 ·· 16
　第四节　想象 ··· 25
　　一、表象 ·· 25
　　二、想象 ·· 27
　第五节　思维与问题解决 ································· 31
　　一、思维 ·· 31
　　二、问题解决 ·· 46

第二章 学习心理 ······ 55

第一节 学习动机 ······ 56
一、学习动机概述 ······ 57
二、学习动机理论 ······ 64
三、学习动机的培养与激发 ······ 74

第二节 学习策略 ······ 79
一、学习策略概述 ······ 79
二、学习策略的分类 ······ 80
三、学习策略的训练 ······ 88

第三节 学习迁移 ······ 91
一、学习迁移概述 ······ 91
二、学习迁移的类型 ······ 91
三、学习迁移理论 ······ 94
四、影响学习迁移的因素 ······ 98
五、教学中如何促进学习迁移 ······ 100

第四节 学习心理理论 ······ 102
一、学习 ······ 103
二、行为主义学习理论与教学 ······ 104
三、认知派学习理论与教学 ······ 113
四、人本主义学习理论与教学 ······ 119
五、建构主义学习理论与教学 ······ 121

第三章 发展心理 ······ 130

第一节 中学生认知发展 ······ 132
一、中学生感知觉的发展 ······ 132
二、中学生注意的发展 ······ 133
三、中学生观察力的发展 ······ 135
四、中学生记忆的发展 ······ 136

五、中学生想象的发展 ·············· 138
　　六、中学生思维的发展 ·············· 139
　　七、皮亚杰认知发展阶段理论 ·············· 142
　　八、维果茨基的心理发展理论与教育 ·············· 149
　第二节　中学生情绪发展 ·············· 152
　　一、情绪情感概述 ·············· 152
　　二、情绪理论 ·············· 157
　　三、中学生的情绪特点 ·············· 160
　　四、中学生良好情绪的培养 ·············· 163
　　五、压力与自我防御机制 ·············· 167
　第三节　中学生人格发展 ·············· 170
　　一、什么是人格 ·············· 170
　　二、人格发展理论 ·············· 182
　第四节　中学生身心发展 ·············· 186
　　一、过渡性 ·············· 187
　　二、闭锁性 ·············· 187
　　三、社会性 ·············· 187
　　四、动荡性 ·············· 188
　第五节　中学生性心理发展 ·············· 188
　　一、性心理、性心理健康的内涵 ·············· 188
　　二、中学生性心理发展的阶段 ·············· 189
　　三、中学生性心理发展的特点 ·············· 190
　　四、中学生性心理健康的教育对策 ·············· 192

第四章　品德心理 ·············· 198
　第一节　品德发展的一般心理 ·············· 199
　　一、品德概述 ·············· 199
　　二、品德心理结构 ·············· 201

三、品德形成的一般过程 …………………………………………… 207
第二节　道德发展理论 ……………………………………………… 209
　　一、皮亚杰的道德发展理论 ……………………………………… 210
　　二、柯尔伯格的道德发展理论 …………………………………… 213
第三节　中学生良好品德形成 ……………………………………… 220
　　一、中学生品德发展的基本特征 ………………………………… 220
　　二、中学生品德发展的影响因素 ………………………………… 221
　　三、促进中学生形成良好品德的一般方法 ……………………… 223
第四节　中学生品行不良的矫正 …………………………………… 230
　　一、中学生品行不良的含义 ……………………………………… 230
　　二、中学生品行不良的原因分析 ………………………………… 231
　　三、中学生品行不良的转化与矫正 ……………………………… 234
　　四、中学生品行不良的转化与矫正过程 ………………………… 236
　　五、中学生品行不良的转化与矫正方法 ………………………… 237

第五章　心理健康与辅导 …………………………………………… 249
第一节　心理健康与咨询 …………………………………………… 250
　　一、心理健康的概念 ……………………………………………… 251
　　二、心理健康的标准 ……………………………………………… 251
　　三、中学生心理健康的标准 ……………………………………… 253
第二节　中学生常见的心理学问题 ………………………………… 255
　　一、中学生发展性心理问题 ……………………………………… 255
　　二、中学生障碍性心理问题 ……………………………………… 258
第三节　心理辅导的方法 …………………………………………… 267
　　一、心理辅导的目标 ……………………………………………… 267
　　二、心理辅导的原则 ……………………………………………… 268
　　三、心理辅导的基础 ……………………………………………… 269
　　四、心理辅导的内容 ……………………………………………… 271

五、心理辅导的方法 ································· 272

第六章　教师心理 ································· 285
第一节　教师角色心理 ································· 287
　　一、教师角色的内涵 ································· 287
　　二、教师角色观的发展及演变 ································· 288
　　三、教师角色的形成 ································· 291
　　四、教师威信的建立和维护 ································· 291
第二节　教师成长心理 ································· 296
　　一、教师成长的历程 ································· 296
　　二、教师成长与发展的基本途径 ································· 298
第三节　教师心理健康 ································· 300
　　一、教师心理健康的标准 ································· 300
　　二、教师心理素质与教师心理健康的关系 ································· 302
　　三、教师常见的心理冲突 ································· 302
　　四、影响教师心理健康的主要因素 ································· 303
　　五、教师心理健康的维护 ································· 305

参考文献 ································· 311

第一章 认知心理

> **开篇案例**
>
> 人怎样认识世界？人的知识是怎样得来的？人们又是如何解决纷繁复杂的问题的？这既是一个古老的哲学问题，也是一个古老的心理学问题。传说一条在海洋里生活的鱼具备了在陆地上生活的能力。到陆地旅游一圈回到海洋后，它告诉海洋里的鱼"陆地上行走着一条条会走路的鱼，天上飞着一条条会飞的鱼，如此而已"。

思　考

人类认识世界是从感觉开始的，那么感觉如何影响着人的知觉、记忆、想象和思维？我们的知觉到底是什么，它有什么特征？我们是如何记忆的，心理学家对记忆给出了何种理论阐释？提升记忆力是否可能，如果可能又当如何去做？想象到底有什么作用？思维是什么？有效的问题解决取决于哪些因素？

内容提要

本章主要介绍了学习心理过程的基本要素，即感觉、知觉、注意、记忆、想象、思维与问题解决。主要内容包括：感觉的概念和感觉的种类；知觉、知觉的种类和知觉的基本特性；注意的分类、注意的品质和注意的规律；记忆、记忆的分类和有效记忆的方法；表象与想象、想象的功能和种类；思维的概念、特点、基本性质、一般过程及问题解决及其影响因素。

学习目标

1. 了解感觉的特性，注意的分类，记忆的分类，思维的种类和创造性思维的特征。

2. 理解知觉的特性，皮亚杰认知发展阶段论和影响问题解决的因素。

3. 掌握注意的品质及影响因素,遗忘的规律和原因。
4. 运用记忆规律促进中学生的有效学习。

第一节 感 觉

人对客观世界的认识常常是从认识事物的一些简单属性开始的。设想一下,面前有一个苹果,我们是怎么认识它的呢?我们用眼睛去看,知道它的颜色是红色,是圆圆的形状;用嘴咬一口,知道它是甜的;拿在手上一掂,知道它有多重。这里的红、圆、甜、重就是苹果的一些个别属性。我们头脑接受和加工了这些属性,进而认识了这些属性,这就是感觉。接下来,我们从感觉的概念、种类、测量和特性四个方面对感觉进行阐述。

一、感觉的概念

感觉是人脑对直接作用于感觉器官的客观事物的个别属性的反映。感觉是一种最简单的心理现象,是认识的起点。是人们认识世界的起点。感觉虽然简单,但却能使个体得到正常生存的必要信息,在人们的生活中起着十分重要的作用。

二、感觉的种类

知识链接

感觉剥夺实验

研究者首次报告了感觉剥夺实验的结果。在实验中,要求被试安静地躺在实验室的一张舒适的床上,室内非常安静,听不到一点声音;一片漆黑,看不见任何东西;被试两只手戴上手套,并用纸卡卡住。吃喝都由主试事先安排好了,不需要移动手脚。总之,来自外界的刺激几乎都被"剥脱"了。实验开始时,被试还能安静睡着,但稍后,被试开始失眠,不耐烦,急切地想寻找刺激,他们开始唱歌,吹口哨,自言自语,用两只手套相互敲打,或者用它去探索这间小屋。被试变得焦躁不安,觉得很不舒服,老想活动。实验室中被试每天可以得到20美元的报酬。但即使这样,也难以让他们将该实验坚持两天以上。这个实验说明,来自外界的刺激对维持人的正常生存是十分重要的。

在心理学中,通常根据感觉所接受信息的来源和感受器在个体身上所处位置的不同,将感觉分为外部感觉和内部感觉。

外部感觉是指感受外部刺激,从外部获得信息,反映外部事物个别属性的感觉,主要包括视觉、听觉、嗅觉、味觉和肤觉五大类。

内部感觉是指有机体感受内部刺激,反映机体内部变化的感觉,主要包括动觉、平衡觉和内脏感觉。动觉又叫运动感觉,反映的是身体各个部分的位置,运动以及肌肉的紧张程度,是一种重要的内部感觉。人们在行走、活动的时候,动觉都发挥重要的作用。

平衡觉也叫静觉,是由人体作加速度或减速度的直线运动或旋转运动引起的。例如,宇航员在执行航天飞行任务时,在失重的情况下,会出现平衡觉的异常变化。

内脏感觉也叫机体觉,是由内脏的活动作用于脏器壁上的感受器产生的。我们经常感受到的饥饿、饱胀、便意、恶心、腹痛都是内脏感觉。

三、感觉的测量

对个体感觉能力的测量,一般用感受性或者感觉阈限来表示。感受性又可以分为绝对感受性和相对感受性,感觉阈限亦如此。

(一) 感受性与感觉阈限

人类只能感受到一定范围内的适宜刺激,如人只能看到可见光,而不能发现红外线和紫外线,感觉器官对适宜刺激的感觉能力叫感受性。感觉阈限是指刚刚能引起感觉或差别感觉的刺激量。

感受性的高低用感觉阈限的大小来度量。感受性与感觉阈限在数值上成反比关系,感受性高,则感觉阈限低;反之,感受性低,则感觉阈限高。例如,有些人能够听到很小的声音,说明他的感受性很高,感觉阈限很低。

每种感觉都有两种感受性和感觉阈限,即绝对感受性与绝对感觉阈限、差别感受性与差别感觉阈限。以下将分别从绝对感受性和相对感受性的角度对感觉的测量进行解读。

（二）绝对感受性与绝对感觉阈限

刚刚能引起感觉的最小刺激强度叫绝对感觉阈限；而人的感官觉察这一最小刺激强度的能力叫绝对感受性。例如，我们平时看不见空气中的灰尘，当灰尘落在我们的皮肤表面时，我们也不能觉察到它的存在。但是，当细小的灰尘聚集成较大的尘埃颗粒时，我们不但能看见它，而且能感受到它对皮肤的压力。这种刚刚能引起感觉的最小刺激量，叫绝对感觉阈限；而人的感官觉察这种微弱刺激的能力叫绝对感受性。

（三）差别感受性与差别感觉阈限

刚刚能引起差别感觉的刺激物间的最小差异量叫差别阈限，又称最小可觉差；能够感受刺激之间这一最小差异量的能力叫差别感受性。例如，在几十人的朗诵训练中，如果增减一个人，你听不出声音的差别，如果增加或减少5个人，你刚好能够发现声音大小有区别，这种刚刚能够引起差别感觉的最小刺激量，就是差别感觉阈限；而人察觉这种微弱刺激变化的能力叫差别感受性。

四、感觉的特性（感觉的相互作用）

感觉的相互作用有两种形式：一是同一感觉的相互作用；二是不同感觉的相互作用。

（一）同一感觉的相互作用

同一感觉的相互作用一般分为感觉适应、感觉后象和感觉对比三种形式。

1. 感觉适应

在外界刺激的持续作用下，感受性发生变化的现象称为感觉适应。感觉适应现象发生在所有的感受器上。例如，"入芝兰之室，久而不闻其香"，是嗅觉适应；手刚放入凉水里会觉得凉，过一会儿就不觉得那么凉了，是肤觉适应。各种感觉都有适应，但痛觉适应较困难。

【真题链接】

[2011·下]选择题：当我们看完电影走到大街上，明亮的阳光刺得睁不开眼，过一会儿就感觉自如了，这种现象是（　　）。

A. 明适应　　　B. 暗适应　　　C. 视觉后像　　　D. 感觉对比

【答案】 A

视觉适应主要包括明适应和暗适应。明适应是指环境由暗转亮时,视觉感受性降低的现象。暗适应是指环境由亮转暗时,视觉感受性提高的现象。

2. 感觉后像(感觉后效)

外界刺激停止后,暂时保留的感觉印象叫作感觉后像。

在各种感觉中,视觉的后像最显著,又称视觉后像。视觉后像有两种:正后像和负后像。例如,白炽灯灭了,眼睛里还会看到一个同灯泡差不多的光源出现在黑暗的背景里,这就是正后像。正后像出现以后,如果我们把视线转向白色的背景,就会感觉在明亮的背景上有黑色的斑点,此时出现的后效和刺激在品质上是相反的,所以称为负后像。后像持续的时间往往与刺激的强度有很大关系,并且成正比。

3. 感觉对比

是指两种或两种以上的不同刺激作用于同一个感觉器官,使感受性发生变化的现象。例如,从一张灰纸上剪下两个小的正方形,分别放在一张白纸和黑纸的背景上,这时人们看到,放在白色背景上的小正方形比放在黑色背景上的小正方形要暗得多。

按照不同刺激物呈现的时间划分,感觉对比可以分为同时对比和继时对比。不同刺激物同时作用于同一个感觉器官,从而使多种感觉同时发生,就是同时对比。不同刺激物先后作用于同一个感觉器官,从而使多种感觉先后发生,就是继时对比。

(二) 不同感觉的相互作用

不同感觉的相互作用通常分为不同感觉间的相互影响、感觉补偿和联觉。

1. 不同感觉的相互影响

任何一种感受器的感受性,都会因同时或继时发生作用的其他感受器的影响而有所变化。对某一感受器的微弱刺激,能提高其他感受器的感受性,而强烈刺激则降低其他感受器的感受性。例如,弱光刺激可以提高听觉感受性。

【真题链接】

[2015·上]选择题：在张老师组织的百人大合唱中，如果增加一至两个人，小红感觉不到音量的变化，如果增加到十个人左右时，小红就能明显地感觉到音量的变化。这种刚刚能使小红感觉到的音量变化的最小差异称为（　　）。

　　A. 绝对感觉阈限　　　　B. 绝对感受性
　　C. 差别感觉阈限　　　　D. 差别感受性

【答案】　C

2. 感觉补偿

当某种感觉失去之后，可以由其他感觉来弥补，即感觉补偿。例如，盲人用手触摸盲文来替代视觉功能，盲人的听觉往往比常人要强等。

3. 联觉

联觉又称为感觉的相互作用，即一个刺激不仅引起一种感觉，同时还引起另一种感觉的现象。如甜蜜的声音、冰冷的脸色等都是联觉现象。

第二节　知　　觉

上一节中我们讨论了感觉问题。感觉是指对事物的个别属性的认识。但是，在实际生活中，我们不仅要认识事物的个别属性，而且要认识事物的整体，了解它的意义。以苹果为例，我们不仅要知道它的颜色和味道，而且要把它作为一个整体与其他东西（如西红柿、红皮球）区别开来，知道它是一种酸甜的水果，有益于人的健康。我们认识到事物的整体，并知道它的意义，这就是知觉。

一、知觉的概念

知觉是指直接作用于感觉器官的客观事物的整体属性在人脑中的反映，它是在感觉的基础上产生的。知觉反映了事物各种属性之间的相互关系，是综合性的、更加主观和复杂的心理过程。人们对于熟知的或已经有过经验的事物，一般将该事物作为一个整体来知觉。只有在不熟悉的对象呈现在面前时，才会从单个的属性角度去认识事物，即感觉。

二、知觉的种类

根据人脑反映的对象的不同，可以把知觉分为物体知觉和社会知觉。

（一）物体知觉

物体知觉可分为空间知觉、时间知觉、运动知觉等。空间知觉是指物体的空间特性在人脑中的反映，包括形状知觉、大小知觉、深度知觉、方位知觉等。空间知觉在人与周围环境的相互作用中有重要作用。如果人们不能识别物体的形状、大小、距离、方位等空间特性，就不能正常地生存。时间知觉是对客观事物时间关系（即事物运动的速度、延续性和顺序性）的反映。事物和现象不仅存在于空间中，而且存在于时间中。它们具有自己的过去和现在、开始与终结。正如一年有12个月，一天有24个小时一样，我们一天的工作和生活也是由一系列时间连接起来的。我们周围的世界是不断运动的、变化着的，例如，鸟在飞，鱼在游，火车在奔驰，河水在游动等。物体的运动特性直接作用于人脑，为人们所认识，这就是运动知觉。

（二）社会知觉

社会知觉是个体在生活实践中，对别人、对群体以及对自己的知觉，也叫社会认知。社会认知是个人对他人的心理状态、行为动机、意向等作出推测与判断的过程。社会认知的过程既是根据认知者过去的经验及对有关线索的分析而进行的，又必须通过认知者的思维活动（包括某种程度上的信息加工、推理、分类和归纳）来进行。社会认知是个体行为的基础，个体的社会行为是社会认知过程中作出各种裁决的结果。

三、知觉的基本特性

下面我们将从知觉的选择性、理解性、整体性和恒常性四个方面对知觉的基本特性进行解释。

（一）知觉的选择性

知觉的选择性在于把一些对象（或对象的一些特性、标志、性质）优先地区分出来。客观事物是多种多样的,人总是有选择地以少数事物作为知觉的对象,对它们的知觉格外清晰,被知觉的对象好像从其他事物中突出出来,出现在"前面",而其他事物就退到后面去了。与此相关的生理基础是:大脑皮层中一个兴奋中心占优势,同时皮层的其余部分受抑制。知觉的选择性揭示了人对客观事物反映的主动性。

知觉的选择性依赖于个人的兴趣、态度、需要以及个体的知识经验和当时的心理状态;还依赖于刺激物本身的特点(强度、活动性、对比)和被感知对象的外界环境条件的特点(照明度、距离)。

(二)知觉的理解性

知觉的理解性表现为人在感知事物时,总是根据过去的知识经验来解释它、判断它,把它归入一定的事物系统之中,从而能够更深刻地感知它。这就是知觉的理解性。

从事不同职业和有不同经验的人,在知觉上是有差异的。如工程师检查机器时能比一般人看到、听到更多的细节;与儿童相比,成人对图画知觉,能更深刻地了解图画的内容和意义,知觉到儿童所看不到的细节。影响知觉理解性的条件有三个。

1. 言语的指导作用

言语是语言在交际过程中的应用。人的知觉是在两种信号系统的协同活动中实现的,词的作用有助于对知觉对象的理解,使知觉更迅速、更完整。例如,天空中的云彩,自然景色中的巨石形状,在感知时加以词和言语的指导,很快就能知觉到。

2. 实践活动的任务

当有明确的活动任务时,知觉服从于当前的活动任务,所知觉的对象比较清晰、深刻,任务不同对同一对象可以产生不同的知觉效果。比如,对天安门进行素描和用文字描写,任务不同,感知效果就不同。

3. 对知觉对象的态度

如果对知觉对象抱着消极的态度,就不能深刻地感知客观事物;只有对知觉对象发生兴趣,抱积极的态度才能加深对它的理解。

(三)知觉的整体性

人在知觉客观对象时,总是把它作为一个整体来反映,这就是知觉的整体性。知觉对象是由许多部分组成的,各部分具有不同的特征,但是人们并不把对象感知为许多个别的、孤立的部分,而总是把它知觉为一个统一的整体。它是客观对象的许多部分形成的复合刺激物,大脑皮层对复合刺激物的各个组成部分及其相互关系,进行分析、综合,从而反映客观对象各种属性的关系,形成关于对象的完整映象。例如,走进教室,人们不是先感知桌椅,后感知黑板、窗户……而是完整地同时反映它们。

知觉的整体性是多种感知器官相互作用的结果。知觉的整体性与感知的快慢,同过去经验和知识的参与有关,例如,阅读速度就是随着人的阅读经验的积累及把较小的单元(词)组成较大的单元(句子)而逐渐加快的。

(四) 知觉的恒常性

当知觉的条件在一定范围内发生改变时,知觉的印象仍然保持相对不变,这就是知觉的恒常性。例如,对过去认识的人,决不会因为他的发型、服装的改变而变得不认识;一首熟悉的歌曲,不会因它高八度或低八度而感到生疏,或因其中个别曲子走调,就认为是别的歌曲;教师判断学生的错别字,如"尖瑞科学",不会因"端"字写成了"瑞"字,而不去感知"尖端科学"。

知觉的恒常性对生活有很大的作用,正确地认识物体的性质比单纯地感知局部的物理刺激物有较大的实际意义,它可以使人们在不同情况下,按照事物的实际面貌反映事物,从而能够根据对象的实际意义去适应环境。如果知觉不具有恒常性,那么个体适应环境的活动就会更加复杂,在不同情况下,每一认识活动,每一反应动作,都要来一番新的学习和适应过程,实际上也就是使适应变为不可能的了。

第三节 注意与记忆

你是否有过这样的经历:在课堂上,尽管老师讲得眉飞色舞,你却"心猿意马",直到下课,也不知道老师讲了些什么;你专心思考问题时,根本听不到或听不懂别人对你说的话;你觉得一天中某段时间里精神特别好,做事效率特别高,而过了这段时间,精神状态就没有那么好了。如果你有过这样的经历,应该说,你已经在日常生活中经历了不同的意识和注意的状态。

一、注意

注意是人们清晰地认识事物和做出准确反应的保证,是人们获得知识、掌握技能、完成各种智力活动和实际操作的重要心理条件。那么,什么是注意?生活中哪些表现表明发生了注意现象?注意受哪些因素的影响?怎么样提高学生的注意力?

(一) 注意的概念

注意是心理活动或意识对一定对象的指向和集中,是心理过程的动力特征之一。它与认知过程、情绪情感过程、意志过程难以分开,是一切心理活动的共同特征。注意是人们清晰地认识事物和做出准确反应的保证,是人们获得知识、掌握技能、完成各种智力活动和实际操作的重要心理条件。注意具有指向性、集中性特点。注意具有选择功能、保持功能、调节和监督功能。人们通常通过一些外部表现判断个体是否在注意。人在集中注意时,呼吸变得轻微而缓慢,一般是吸短呼长;当注意力高度集中时,甚至会出现呼吸暂停状态,即所谓"屏息"现象。此外,注意紧张时还会出现心跳加速、牙关紧闭、握紧拳头等现象,所以可以根据一个人的外部表现来推断他的注意情况。但是,有时注意的外部表现和注意的真实情况不相符合。例如,貌似注意一件事,实际上心理活动却指向和集中在另一件事上。

(二) 注意的分类

根据注意过程有无预定目的和是否需要意志努力的参与,可以把注意分为无意注意、有意注意和有意后注意。

1. 无意注意

无意注意也称不随意注意,是指事先没有预定目的、也不需要意志努力的注意。无意注意一般是在外部刺激物的直接刺激作用下,个体不由自主地给予关注。例如,你正在听讲,教室的门突然被人打开,一声门响,你不由自主看了一眼,这就是无意注意。强度大的、对比鲜明的、突然出现的、变化运动的、新颖的刺激,自己感兴趣的、觉得有价值的刺激容易引起无意注意。

2. 有意注意

有意注意也叫随意注意,是指有预定目的,也需要意志努力的注意。上课认真听讲,目不斜视,一心不二用,这都是意志努力的结果,都是有意注意。有意注意是在无意注意的基础上发展起来的,是人所特有的一种心理现象。对于学习和工作来说,它有较高的效率。

3. 有意后注意

有意后注意也叫随意后注意,是指有预定目的,但不需要意志努力的注意。它是在有意注意的基础上,经过学习、训练或培养个人对事物的直接兴趣达到的。例如,初学文言文时,你可能对"之乎者也"这一套不感兴趣,只是为了完成学习任务,这时候的注意是有意注意。以后,当你掌握了文言文的基础之后,对文言文本身产生了兴趣,凭兴趣可以自然而然地将注意力集中到学习上,这时候的学习就是有意后注意了。

【真题链接】

[2012·下]选择题:王老师讲课时,迟到的钱冰突然推门而入,同学们不约而同地把目光投向了他。学生的这种心理活动属于(   )。

A. 无意识记　　B. 有意识记　　C. 无意注意　　D. 有意注意

【答案】 C

(三)注意的品质及影响因素

1. 注意的广度

注意的广度,也称注意的范围,是指在同一时间内,人们能够清楚地知觉出的对象的数目。"一目十行"指的就是注意的范围。注意的紧张度与注意的范围有着密切的联系:注意的紧张度越高,注意的范围越小;注意的范围越大,要保持高紧张度的注意就越困难。已有研究表明,在简单的任务下,注意广度大约是7 ± 2个组块,即5—9个项目,而互不关联的外文字母的注意广度则约4—6个。

2. 注意的稳定性

注意的稳定性,是指注意保持在某一对象或某一活动上的时间长短特性。持续时间越长,注意就越稳定。

在注意的稳定性中可以区分出狭义的注意稳定性和广义的注意稳定性。狭义的注意稳定性是指注意保持在同一对象上的时间。广义的注意稳定性是指注意保持在同一活动上的时间。广义的注意稳定性并不意味着注意总是指向同一对象,而是指当注意的对象和行动有所变化时,注意的总方向和总任务不变。例如,上课时学生既要听教师讲课,又要记笔记,还要看实验演示或幻灯片等。但所有这些行为都服从于听课这一总任务,因此,他们的注意是稳定的。

影响注意稳定性的因素:① 注意对象的特点。注意维持时间的长短取决于事物的复杂和变化程度,面对简单而无变化的对象,注意集中的时间就很短。但任何人的注意都不能以同样的强度维持 20 分钟以上。在实际工作和学习中,如果允许在 10—20 分钟的集中注意之后,松弛几秒钟,那么注意的稳定性就可以保持数小时之久。② 个体对当前把握的对象是否具有坚定目的影响注意稳定性。当人们为达到一定目的而把注意集中于某一对象时,可以保持相当的稳定性。③ 个人的主观状态。一个人意志坚强,善于控制自己又能同各种干扰作斗争,注意就比较稳定;一个人身体健康、精力充沛、心情愉快,注意就能持久。

注意的不稳定有两种表现:注意的起伏和注意的分散。在听觉方面,将一只表放在离被试耳朵的一定距离处,使他刚能隐约地听到嘀嗒声,被试有时听到表的声音,有时又听不到;或者感到表的声音一时强,一时弱。这就是注意起伏的心理现象。注意的起伏主要是指在感知同一事物时,注意很难长时间地保持固定不变。通常将短时间内注意周期性地不随意跳跃现象称为注意的起伏或注意的动摇,它是由人的感受性不能长时间地保持固定的状态,而是间歇性地加强或减弱造成的。注意的起伏周期一般在 2.3 秒至 12 秒。这种现象在复杂的认知活动中是经常发生的,但只要我们的注意没有离开当前的对象,注意的起伏就不会产生消极的作用。

注意不稳定的另一种表现是注意的分散,也叫分心。注意的分散是指注意离开了当前应当完成的任务而被无关的事物所吸引。注意分散是一种消极的心理现象,它使我们不能清晰地认识事物,所以我们必须和它做斗争。

3. 注意的分配

注意的分配是指人在进行两种或多种活动时能把注意指向不同对象的现象。生活中大量的"一心二用"现象都属于注意分配的心理现象,如学生在上课时边听课边记笔记,都属于注意的分配。但是,面对所有的活动,人并不能"一心二用"。例如,韩非子就曾说"左手画圆,右手画方,则两不成"。事实上,人在进行活动时,很多时候难以做到"一心二用"。因此,注意的分配是有条件的。

注意分配的条件主要包括:① 在同时进行的两种活动中,必须有一种活动是已经熟练的。司机开车,只有在驾驶技术已经很熟练的情况下,才能把主要的注意力集中在观察汽车前进的道路上。② 同时进行的几种活动都已经很熟练。注意可以在集中活动上迅速更迭,即所谓的轮流注意。③ 几种不同的活动已经成为一套同一的组织。例如,有些演员能够自拉自唱,或者边说边打快板边表演等。

注意分配的能力因人而异。有人能够毫不紊乱地同时进行几种活动,有人则感到很困难。其关键在于是否通过艰苦练习,形成大脑皮层上各种各样牢固的暂时神经联系。

4. 注意的转移

注意的转移是根据新的任务,主动地把注意从一个对象转移到另一个对象或由一种活动转移到另一种活动的现象。例如,一个人正在写字,然后他停下来,把视线投向黑板听老师讲课。

影响注意转移的因素:① 原来注意的强度。原来注意的强度越小,转移就越容易、迅速;反之亦然。② 新的注意对象的特点。新的注意对象越符合人的需要和兴趣,注意转移就越容易、迅速;反之亦然。③ 大脑皮层神经兴奋过程和抑制过程相互转换的灵活性。灵活性强的人,注意转移比较容易。④ 各项活动的目的性或第二信号系统的调节作用。目的性不明确,语言的调节能力太弱,既不能很快地抑制那些不该兴奋的区域,也不能很快地解除大脑皮层上应该解除的抑制,这样就使注意的转移表现得不灵活。

注意转移的速度和质量取决于前后两种活动的性质和个体对这两种活动的态度,同时也受个性特点的影响。

【真题链接】

[2013·下]选择题:杨老师一边讲课,一边观察学生的反应。这体现了注意的哪种品质( )。

A. 注意分配　　B. 注意稳定性　　C. 注意广度　　D. 注意转移

【答案】 A

5. 注意品质之间的关系

注意的转移和注意的稳定性是彼此紧密联系着的。注意的稳定性是动态的，而不是静态的。前面说过，广义的注意稳定性并不是指注意总是指向同一对象，而是指注意的总方向和总任务不变。在同一活动中，如果没有注意的转移，也就难以保持注意的稳定性。

注意的转移和注意的分配是彼此紧密联系着的。每一次注意的转移，注意的分配也必然发生变化。注意一转移，原来注意中心的对象便转移到注意中心之外，而新的对象进入注意中心，整个注意范围的图景便发生变化。因此，每当注意中心的对象转换时，必然出现新的注意分配的情况。

注意的转移和注意的分散是不同的，虽然都是注意对象的变换。注意的转移是在实际需要时，有目的地把注意转向新的对象，使一种活动合理地为另一种活动所代替。注意的分散是在需要注意稳定时，受无关刺激干扰，或由单调刺激所引起，使注意离开注意的对象。

（四）注意规律在教学中的运用

1. 运用注意规律组织教学

（1）根据注意的外部表现了解学生的听课状态。人们在注意状态下有明显的外部表现。在课堂教学中，学生如果是认真听讲，注意教师的教学活动，也会有相应的外部表现，如目不转睛地盯着教师，认真地记笔记。教师通过观察学生的外部表现，既能够判断学生是否在专心听讲，又能够了解自己的教学效果，从而保证课堂教学的最优化。课堂上，学生表现积极的神情和适应性的动作，说明他在全身心地关注教学，教师可以利用这种积极的学习状态深化知识教学，启发思考，培养创造性。相反，学生若是做小动作，或漫不经心，或心浮气躁，就说明注意力有所分散，教师应该及时提醒，同时也要灵活地组织教学，帮助学生把注意力集中到课堂教学中来。

（2）运用无意注意的规律组织教学。第一，创造良好的教学环境。为了使学生在学习过程中不受外部无关刺激的干扰，应该创造一个安静、整洁的教学环境。教师应该注意教室外的环境对课堂的干扰。例如，冬天风雪大的时候应关紧门窗；夏天日晒的时候要拉上窗帘；如果有噪声、视觉干扰或不良气体侵入，应该尽快排除。还应注意教室内的环境。例如，地面是否干净；桌椅排列是否整齐；教室的布置和装饰是否简洁朴素等。过于华丽、繁杂的室内布置，有时会成为课堂教学的"污染源"，使学生注意力分散。第二，注意讲演、板书技巧和教具的使用。客观刺激物的强度、对比、新颖性和活动性是引起无意注意的重要因素，教师要发挥无意注意的积极作用，就应努力在讲演、板书和教具使用中施加这些影响。在讲课过程中，教师应该音量适中，语音、语调做到抑扬顿挫，遇到重点、难点还要加强语气，伴以适当的手势和表情。声音太大、语调平淡，容易使学生产生疲劳；声音过小，学生听不到或听不清，就很容易分心。板书是课堂教学的重要辅助手段。板书的目的一方面是帮助学生理清知识的结构和脉络、解决疑难问题；另一方面，也是为了吸引学生的注意力，提高课堂学习效率。因此，板书应该做到运用有度、重点突出、清晰醒目，必要时还要用彩色粉笔和图、表格加以强调。许多学科的教学还需要借助教具作为辅助手段，尤其在低幼儿童的教学中，合理使用教具可以激发学生的直接兴趣，吸引学生的无意注意。教具应该新颖直观，能够很好地说明问题。教师用教具时还要给予言语讲解，引导学生正确观察，避免学生只关注表面现象，忽略实际问题。第三，注重教学内容的组织和教学形式的多样化。个体的知识经验是影响无意注意产生的因素，学生更愿意关注与自己知识经验有联系的事物。这就需要教师找出教学内容与学生知识结构的结合点，提供具体的实例，引起学生的直接兴趣，维持学生的注意。教师应该运用多种教学方法和灵活、多样的教学手段，调动学生饱满的情绪状态和学习积极性，如教师在讲解和板书之外，还应穿插使用教具演示、个别提问、角色扮演、集体讨论以及动手操作等教学形式。

（3）运用有意注意的规律组织教学。首先，明确学习的目的和任务。要经常地进行学习目的教育，明确为什么学习、每一部分学习内容的具体要求是什么，目的越明确，注意就越容易集中。其次，培养间接兴趣。除了确立学习目标，还应对学生阐明本学科知识学习的意义和重要性，在知识教学中渗透思想教育。最后，合理组织课堂教学，防止学生分心。要合理地组织教学活动，采取具体措施促使学生保持有意注意。

（4）运用两种注意相互转换的规律组织教学。在教学过程中如果过分地要求学生使用有意注意，则容易引起疲劳；而如果只让学生凭借无意注意来学习，则不利于他们克服学习过程中的困难。所以，无论是在整个教学活动过程中，还是在一堂课上,教师都应充分利用两种注意转换规律来组织教学。

2. 在教学过程中培养学生良好的注意品质

第一,增强注意的稳定性,防止注意的分散。① 要保证整洁、安静的教学环境,防止外部无关刺激的干扰。② 要注重学生良好学习习惯的形成和意志力的锻炼,克服内部干扰。此外,加强学习目的性教育,端正学习态度,组织内容丰富、形式多样的教学活动,也是提高注意稳定性的重要手段。

第二,要扩大注意的广度,需要学生积累本学科相当的知识经验和一定的素养。教师应该指导学生迅速增加知识储备,勤学多练。此外,使学生了解当前活动的性质和要求,适当安排教学任务,也可以扩大注意范围。

第三,注意的分配在教学中有实践意义。为了提高课堂效率,教师需要学生边听课边记笔记,有时需要学生一边动手操作,一边观察教师的演示。根据注意分配的条件,需要增强学生的听讲、书写、表达等基本学习能力的训练,当它们达到高度熟练的程度时,就可以在课堂上做到"一心二用"。另外,对于一些特殊技能的分配,需要特别的训练,增强技能间的协调性。

第四,注意的转移同人的先天的神经活动类型有关,但也可以通过对外在因素的控制和后天训练加以改善和提高。教学活动中经常需要学生进行注意的转移,在两种活动之间一定的信号或言语提示是必要的,在低年级课堂中甚至要给予命令式的要求。

【真题链接】

[2015·下]简答题：简述教师培养学生注意力的方法。

【答案要点】 (1) 运用无意注意的规律组织教学。(2) 运用有意注意的规律组织教学。(3) 运用两种注意相互转换的规律教学。在教学中,教师应充分利用两种注意转换的规律来组织教学。

二、记忆

一张纸被折叠后,会留下一道印痕;一个铁钉被磁铁吸引后,会带有微弱的磁性;一粒石子掉进一潭静水,会在水面泛起阵阵涟漪。所有自然界中的物体在受到外力的作用时,似乎都会留下痕迹。詹姆斯曾经说:"思想之流持续不断,但它的大部分内容都失落在遗忘的无底深渊。有一些是当下就被遗忘了。另外一些在记忆中保持几分钟、几小时或几日。再有一些则在记忆中留下不可磨灭的烙印,并由此可以终身被回忆起来。"过去经历过的事物在大脑这块特殊物质上留下的痕迹,就是记忆,只不过它在形式和内容上要复杂得多。

（一）记忆的概念

记忆是人脑对过去经验的保持和再现。它是比感知觉更为复杂的心理现象,因为记忆的存在,人们的先后反映才能联系起来,人的心理活动的过去和现在才得以联结,人的心理活动才可能成为一个延续的、发展的、统一的整体。

记忆是一种积极、能动的活动。人对外界输入的信息能主动地进行编码,使之成为人脑可以接受的形式。同时,人对外界信息的接受是有选择的,只有那些对人的生活具有意义的事物,才会被有意识地进行记忆。另外,记忆还依赖于人已有的知识结构。

（二）记忆的品质

记忆具有敏捷性、持久性、准确性和准备性的品质。

记忆的敏捷性是指记忆的速度和效率特征。能够在较短的时间内记住较多的东西,就是记忆敏捷性良好的表现。也就是我们日常生活中常说的"记得快"。

记忆的持久性是记忆的保持特征。能够把知识经验长时间地保留在头脑中,甚至终身不忘,这就是记忆持久性良好的表现。在日常生活中,人们把这种现象称为"记性好"。

记忆的准确性是记忆的正确和精确特征,它是指对于所识记的材料,在再认和回忆时,没有歪曲、遗漏、增补或臆测。这也被人们称为"记得准"。

记忆的准备性是记忆的提取和应用特征,它使人能及时、迅速、灵活地从记忆信息的存储库中提取所需要的知识经验,以解决当前的实际问题。记忆的准确性是上述三种品质的综合体现,而上述三种品质,只有与记忆的准备性结合起来,才有价值。

（三）记忆的分类

按照不同的标准,可以对记忆做出不同的分类。以下我们从四种常用的分类标准出发,对记忆的不同类别进行阐述。

(1) 根据记忆的内容和经验的对象,可将记忆分为形象记忆、情景记忆、语义记忆、情绪记忆和动作记忆。

① 形象记忆。以我们感知过的事物形象为内容的记忆。例如,人们游览过万里长城从而在头脑中留下了生动的形象,这就是形象记忆。这种记忆在头脑中保留的是事物具体的形象,它以表象的形式在头脑中存储过去的经验。在形象记忆中,一般人以视觉记忆和听觉记忆为主。

② 情景记忆。以亲身经历的、发生在一定时间和地点的事件(情景)为内容的记忆。情景记忆接受和储存的信息和个人生活中的特定时间、地点有关,并以个人的经历为参照,如自己去过某个地方旅游,当你再次到这个地方的时候,过去在这里旅游的所有记忆都涌现出来,这就是典型的情景记忆。

③ 语义记忆又称语词逻辑记忆。个体对以各种有组织的知识为内容的记忆。语义记忆是以语词所概括的事物的关系以及事物本身的意义和性质为内容的记忆。它表现在概念、定理、公式和规则等形式中,如在上课的时候,记住了老师讲授的物理公式、四则运算规则等。

④ 情绪记忆。个体以曾经体验过的情绪或情感为内容的记忆。它是个体将过去经历过的情绪、情感体验保存在记忆中,并且在一定条件下,这种情绪情感被重新体验到的过程。例如,当某人回想起以前一次战斗胜利的情景时,当时的情绪和情感也会再现,他好像再一次体验到了胜利的喜悦和欢快。比较强烈的、对人有重大意义的情绪和情感保持较久并容易再现。

⑤ 动作记忆又称运动记忆。以做过的运动或动作为内容的记忆。它以过去的动作或操作动作所形成的动作表象为基础,如学习骑自行车的过程中,如何转弯、如何踩踏板等都属于动作记忆,动作记忆一旦形成,这些信息的保持和提取都比较容易,也不容易遗忘,就像我们学会骑自行车后,即使间隔很长一段时间再骑车,对骑自行车也不会很生疏。

(2) 根据信息从输入到提取所经过的时间、信息编码方式和记忆阶段的不同,可以将其分为瞬时记忆、短时记忆和长时记忆三个相对独立的系统。

① 瞬时记忆,又称感觉记忆或感觉登记。当客观刺激停止作用后,感觉信息会在一定极短的时间内保存下来,这种记忆叫瞬时记忆,是记忆系统的开始

阶段。例如，我们经常看的电影，其实是在屏幕上以极快的速度不断替换的一幅幅的静止图像，但是在我们看来这些图像是连续运动的，这就是瞬时记忆存在的结果。

瞬时记忆的特点：第一，时间极短。感觉记忆的信息贮存时间极短，大约为0.25—2秒。图像信息存储时间约为0.25—1秒之间，声像信息存储时间也仅在2—4秒之间。这些信息若不加以注意，很快就会消失；若受到注意，就会转入短时记忆。第二，容量较大。一般来说，凡是进入感觉通道的信息都能被登记，其记忆容量是很大的，以图像记忆为例，记忆容量为9—20个比特（bit）。第三，形象鲜明，瞬时记忆基本保持和外界刺激一样的特征。第四，信息原始，记忆痕迹容易衰退。

瞬时记忆的编码方式有图像记忆和声像记忆两种。图像记忆是瞬时记忆的主要编码形式。有研究发现，听觉通道也存在瞬时记忆。瞬时记忆是记忆系统在对外界信息进行进一步加工前的暂时登记。

② 短时记忆，又称工作记忆。短时记忆是指人脑中的信息在1分钟之内加工与编码的记忆，是信息从感觉记忆到长时记忆的过渡阶段。处在工作状态中的短时记忆，或者在完成当前任务时起作用的短时记忆，就是工作记忆。生活中我们经常需要记住一些简短的信息，比如某人的电话号码，当我们把这个电话号码拨打出去后，大脑中的这串数字很快就模糊了，这种存在时间很短的记忆就是短时记忆。

短时记忆的特点：第一，时间很短。不超过1分钟。第二，容量有限。短时记忆的容量一般是7±2组块。组块是一种记忆单位，如记忆19970701就要比67393757更方便，虽然同样是8个数字，但前者我们可以作为一个时间点来记忆，就是一个组块，而后者我们要单独记住8个数字，即8个组块。第三，意识清晰。第四，操作性强。短时记忆就其心理功能而言是操作性的。第五，易受干扰，比如，我们在数钞票的时候，有人问你一个问题，等你再接着数的时候，已经不记得数了多少张。

短时记忆的编码方式有听觉编码和视觉编码两种，主要是听觉编码。复述是短时记忆信息存储的有效方法。复述有两种，一种是机械复述，即将短时记忆中的信息不断地简单重复；另一种是精细复述，即将短时记忆中的信息进行分析，使之与已有的知识经验建立起联系，如记忆圆周率，你不断重复 3.141 59，就是机械复述，而如果你用"山巅一寺一壶酒"的谐音法来记忆，就是精细复述。

③ 长时记忆，又称永久性记忆。长时记忆是信息经过充分加工，在头脑中长久保持的记忆。长时记忆储存着我们过去所有的知识和经验，为所有的心理活动提供了必要的知识基础。长时记忆分为两类：情景记忆和语义记忆。情景记忆是指人们根据时空关系对某个事件的记忆。语义记忆是指人们对一般知识和规律的记忆，与特殊的时间和地点无关。

长时记忆的特点：第一，容量无限。第二，信息保持时间长久。在理论上认为是永久存在的。一般认为长时记忆中出现的遗忘现象，主要是由于信息受到干扰而使提取信息的过程发生了困难所致。

(3) 根据信息加工与存储的内容不同，记忆分为陈述性记忆和程序性记忆。

陈述性记忆是指对有关事实和事件的记忆，如知识和日常的生活常识。它可以通过言语传授而一次性获得。它的提取往往需要意识的参与。例如，学生在上历史课时，对于历史事件发生的时间和背景的记忆，就是陈述性记忆。

程序性记忆是指对如何做事情的记忆，包括对知觉技能、认知技能和运动技能的记忆。这类记忆往往需要通过多次尝试才能逐渐获得；在利用这类记忆时往往不需要意识的参与。如学习弹琴、舞蹈和体育运动。

(4) 根据记忆时意识参与的程度，可将记忆分为外显记忆和内隐记忆。

外显记忆是当个体需要有意识地或主动地收集某些经验用以完成当前任务时表现出来的记忆。它对行为的影响是个体能够意识到的，因此又称受意识控制的记忆。例如，努力解答一道数学方程式的时候，我们需要从已有的记忆中提取一些相关知识来解答当前的题目，就是运用了外显记忆。

内隐记忆是指在不需要意识参与或不需要有意回忆的情况下，个体的已有经验自动对当前任务产生影响而表现出来的记忆。

（四）记忆的过程

记忆过程包括识记、保持、再现(再认或回忆)三个环节。识记和保持是再认或回忆的前提，再认和回忆是识记和保持的结果，并能进一步巩固和加强识记和保持的内容。从信息加工的角度来看，记忆过程是对输入信息的编码、存储和提取的过程。接下来，我们从识记、保持和再现三个部分对记忆的过程进行阐述。

（1）识记。识记是记忆过程的第一个基本环节，是指个体获得知识经验的过程。它具有选择性的特点，即对信息的识记具有选择性。

① 根据识记有无目的性，识记分为无意识记和有意识记。

无意识记是事先没有预定目的，也不需要运用任何有助于识记的方法和意志努力，自然而然地识记。

有意识记是有明确的识记目的，并运用一定方法的识记，在识记过程中还需要一定的意志努力。有意识记需要有高度的注意力、意志力和积极的思维活动的配合，因而，在其他条件相同的情况下，有意识记的效果优于无意识记。

② 根据识记材料的性质和识记方法的不同，可分为机械识记和意义识记。

机械识记是根据材料的外在联系，采取多次重复的方式所进行的识记，即平时所说的死记硬背。意义识记是在理解的基础上，依据材料的内在联系，并运用已有的知识经验而进行的识记，有人也称为理解记忆或逻辑记忆。

（2）保持与遗忘。在人们识记的过程中，有的被记住了，有的被忘记了，这就是保持和遗忘。诚然，生活中的很多事不会完全被记住，因此，遗忘也是一种正常的心理现象。

保持是指已获得的知识经验在人脑中的巩固过程，是记忆过程的第二个环节。但是，识记的材料在保持过程中总会发生不同程度的变化和遗忘。

遗忘是与保持相反的心理过程，是指对识记过的材料不能回忆或再认，或者表现为错误的回忆或再认。最早对遗忘进行实验研究的是德国心理学家艾宾浩斯，他提出了著名的"遗忘曲线"。艾宾浩斯以意义音节为材料，依据保持效果，绘制了遗忘曲线。遗忘是有规律的，即遗忘的进程是不均衡的，其趋势是先快后慢，先多后少，呈负加速，并且到一定的程度就不再遗忘了。

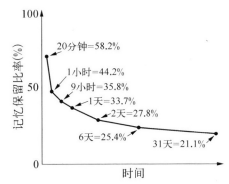

图 1-1　艾宾浩斯遗忘曲线

① 影响遗忘进程的因素。

我们可以将影响遗忘进程的因素总结为以下七点。

第一,学习材料的性质。学习材料的性质指材料的种类、长度、难度以及意义性。如果学习材料长度较短、难度更小、对学习者的意义更大,那么遗忘的速度会更慢,反之更快。例如,一篇四言古诗会比一首现代诗更难遗忘。

第二,系列位置效应。系列位置效应就是指接近开头和末尾的记忆材料的记忆效果好于中间部分的记忆效果的趋势。开头部分和结尾部分的记忆效果较好,分别称为首因效应和近因效应,而效果较差的中间部分被称为渐近部分。例如,一个人如果读一份足够长的名单,他更可能只记得开头和结尾,而忘记中间的大部分。

第三,识记材料的数量和学习程度。一般来说,材料越多,越容易遗忘。实验表明,过度学习达到50%,即学习的熟练程度达到150%时,学习的效果最好;超过150%时,效果并不递增,很可能引起厌倦、疲劳而成为无效劳动。过度学习是指学习达到恰能背诵之后再继续学习。

第四,记忆任务的长久性与重要性。一般来说,长久的识记任务有利于材料在头脑中保持时间的延长,不重要和未经复习的内容则容易被遗忘。

第五,识记的方法。以理解为基础的意义识记比机械识记的效果好得多。掌握一些记忆的策略和方法会使得记忆变得更容易。

第六,时间因素。根据遗忘规律,记忆的最初阶段遗忘的速度快,随后逐渐变慢。学习内容的保存量随时间而减少。

第七,情绪和动机。学习者的情绪和动机等也影响遗忘的进程。学习者情绪差、动机弱、目的不明确都不利于记忆。

② 遗忘的原因。

心理学家对遗忘的原因有不同的看法,归纳起来有下述五种:

第一,消退说。消退说认为,遗忘是记忆痕迹得不到强化而逐渐衰弱,以致最后消退的结果。

第二,干扰说。干扰说认为,遗忘是由于在学习和回忆之间受到其他刺激的干扰所致。一旦干扰被排除,记忆就能恢复,而记忆痕迹不会消退。干扰说可用前摄抑制和倒摄抑制来说明。前摄抑制是先学习的材料对识记和回忆后学习的材料的干扰作用。后学习的材料对保持和回忆先学习的材料的干扰作用,则称为倒摄抑制。

【真题链接】

1.[2014·上]选择题：让小丽先学习两组难易相当、性质相似的材料，随后的检查发现她对前面一组材料的记忆效果不如后面一组好。这是由于受到了（　　）。

A. 倒摄抑制　　B. 前摄抑制　　C. 分化抑制　　D. 延缓抑制

【答案】 A

2.[2015·上]简答题：影响遗忘的主要因素有哪些？

【答案要点】（1）时间因素。（2）识记材料的性质与数量。（3）学习的程度。（4）识记材料的系列位置。（5）识记者的态度。

第三，压抑（动机）说。压抑说认为，遗忘是由于情绪或动机的压抑作用引起的，如果压抑被解除，记忆就能恢复。

第四，提起失败说。遗忘之所以发生，不是因为存储长时记忆的信息消失了，而是因为编码不准确，失去了检索线索或线索错误。一旦有了正确的线索，经过搜寻，所需要的信息就能提取出来。

第五，同化说（认知结构说）。奥苏伯尔认为，遗忘是知识的组织和认知结构简化的过程。当人们学到了更高级的概念与规律之后，就可以以此来代替低级的观念，使低级观念简化，从而减轻记忆负担，这是一种积极的遗忘。

(3) 再认或回忆。

① 再认。再认是指人们对感知过、思考过或体验过的事物，当它再度呈现时，仍能认识的心理过程。再认是记忆的初级表现形式，是比回忆较为容易和简单的一种恢复经验的形式。如好友重逢，一眼就认出了对方；故地重游，处处有熟悉的感觉。

② 回忆及其规律。回忆是过去经历过的事物不在面前，人们在头脑中把它重新呈现出来的过程。例如，考试时，学生根据考试题目回忆起以前学习过的知识。回忆是记忆的最高表现，是比再认更为复杂的一种恢复经验的形式。回忆可以有以下两种不同的分类方式。

第一，根据回忆是否有预定目的、任务和意志努力的程度，可以把回忆分为有意回忆和无意回忆。无意回忆是没有预定目的,也不需要任何意志努力的回忆。有意回忆是有回忆任务并做一定的意志努力。

第二,根据回忆时的条件和方式的不同,又可以把回忆分为直接回忆和间接回忆。由当前事物直接唤起旧经验的重现称为直接回忆;通过一系列中间环节或中介性的联想才能唤起要回忆的旧经验称为间接回忆。

(4)运用记忆规律促进有效学习的方法。

① 明确记忆目的,增强学习的主动性。明确记忆的目的、计划、任务与要求,可以增强与提高学习的自觉性与积极性。应注意,首先,要有长远的记忆目标和意图;其次,记忆的时间意图应准确与明确,以便提高记忆效果;最后,要培养学生直接和间接的学习兴趣和求知欲。

② 理解学习材料的意义。在学习中要以意义记忆为主,机械记忆为辅,发挥两种记忆各自的长处,从而提高整个记忆的效果。

③ 对材料进行精细加工,促进对知识的理解。运用画线、笔记、思维导图、记忆术等多种不同的记忆方法,在理解所学内容的基础上,不断强化,最终达到记忆的程度。

④ 运用组块化学习策略,合理组织学习材料。对记忆材料可以用多种方式组织加工,常见的组织加工方式是类别群集,即把一系列项目按一定的类别来记忆。

⑤ 运用多重信息编码方式,提高信息加工处理的质量。在学习的过程中,我们可以综合运用视觉编码和听觉编码等多种方式,提高我们对知识的加工深度。比如,在学习外语的过程中,运用视频、音频的方式进行学习,比单纯的阅读学习效果更好。

⑥ 有效运用记忆术。记忆术是运用联想的方法对无意义的材料赋予某些人为意义,以促进知识保持的策略。

⑦ 适当过度学习。一般以150%的比例过度学习,记忆效果最好。

⑧ 重视复习方法,防止知识遗忘(根据记忆和遗忘规律,防止遗忘)。学过的知识,如果不经过复习,是不可能长久、完全地保持在记忆中的。克服遗忘最好的方法是加强复习。因此,为了防止遗忘,我们组织有效的复习是很有必要的。

> **【真题链接】**
>
> [2013·下]简答题:简述如何有效地组织复习。
>
> **【答案要点】** 第一,复习时机要得当。① 及时复习。② 合理分配复习时间。③ 间隔复习。④ 循环复习。第二,复习方法要合理。① 分散复习与集中复习相结合。② 复习方法多样化。③ 运用多种感官参与复习。④ 尝试回忆与反复识记相结合。第三,复习次数要适宜。第四,重视对记忆品质的培养。第五,注意用脑卫生。

第四节 想 象

想象,是智力的基本组成部分。爱因斯坦说过"想象力比知识更重要,因为知识是有限的,而想象力概括着世界的一切,推动着进步,并且是知识进化的源泉"。正是因为有了想象,这个世界才充满了创造。在教师的教学过程中,想象也并不是一个陌生的概念,教师会经常要求学生在学习过程中运用想象,想象各种形象和场景,从而达成对认识对象生动的了解。一般认为,想象是在外界刺激物的影响下,在人的头脑中已经存在的表象基础上进行加工改造而建立新形象的心理过程。由此可见,表象对于想象而言,是十分重要的。

一、表象

人们在思考过程中,经常在大脑中会伴有感性的直观形象。例如,在看名著《西游记》中关于猪八戒的描述"卷脏莲蓬吊搭嘴,耳如蒲扇显金睛。獠牙锋利如钢锉,长嘴张开似火盆",人们会在脑海中浮现出猪八戒的形象,这些直观的形象是人们进行理解和思考的感性支柱,就是表象。以下我们将从表象的概念、分类和特征三个方面进行阐述。

(一)表象的概念

表象是事物不在面前时,人在头脑中出现的关于事物的形象。从信息加工的角度来讲,表象是指当前不存在的物体或事件的一种知识表征,这种表征具有鲜明的形象性。比如语文教学中,学生如果没有与课文相关的表象的积累,则难以根据课文的描述产生种种想象,也就难以领会和理解课文内容。

(二) 表象的分类

根据产生的主要感觉通道来划分,表象可分为视觉表象(如想起亲人的面容)、听觉表象(如想起一首喜欢的歌曲旋律)、运动表象(如想起某种体育运动中的动作)等。

根据表象创造程度的不同,可以将表象分为记忆表象和想象表象两种。记忆表象是在记忆中保持的客观事物的形象,比如记起你曾经看过的一部印象深刻的电影中的角色。想象表象是在头脑中对记忆形象进行加工改组后形成的新形象,这些形象可能从未有人经历过,或者世界上还不存在,因而具有新颖性。如魔幻小说作家创造的神鬼角色在现实世界中是不存在的,个人也不可能见过,但是可以根据记忆中的关于神鬼的形象进行改造创新,形成一种全新的形象。

知识链接

证明表象的心理旋转实验

谢巴德等人(1971)的实验发现,当要求被试比较两张图片,判断它们是否代表同一物体的不同方面或两个不同的物体时,大多数被试要在头脑中想象地将两个物体调转到同一方向才能进行比较;而且表象在头脑中旋转的角度越大,作出判断的反应时间越长。如下图中不同角度的"R",人们必须在头脑中将

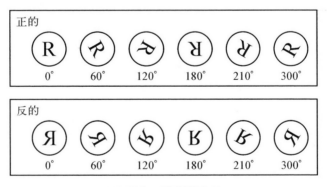

正、反十二种刺激字母

注:图中数字表示刺激在顺时针方向倾斜的度数

其旋转到 0° 才能作出判断。

(三) 表象的特征

(1) 直观性。表象是以生动具体的形象在头脑中出现的。人头脑中产生某种事物的表象,就好像直接看到或者听到这种事物的某些特征一样。表象是在知觉的基础上产生的,因此表象和知觉中的形象具有相似性。但是表象和知觉的形象又有所不同。知觉的形象鲜明生动,表象的形象却比较暗淡模糊;知觉的形象持久稳定,表象的形象不稳定、易变动;知觉的形象完整,表象的形象不完整,时而出现这一部分,时而出现另一部分,甚至有些部分脱落。例如,一棵树的表象不如树的知觉形象鲜明,它的形状、颜色和大小都不很清楚,而且表象的浮现常常不很完整,我们一会儿想到树干、一会儿想到树枝等。

(2) 概括性。表象是关于某个事物或某类事物的概括形象。表象只表征事物的大体轮廓和主要特征,不表征事物的具体和个别的特征。例如,"鸟"的表象,可能只是有翅膀、会飞、有羽毛、有喙无齿等主要的外部特征。这些特征代表了"鸟"的一般的、概括的形象,而不包含某些个别特征。可见表象具有概括性。

(3) 可操作性。由于表象是在知觉材料的基础上形成的。因此人们可以在头脑中对表象进行各种操作,这种操作就类似于人们通过外部动作控制和操作外界客观事物一样,表象的这种特征被称为可操作性。

二、想象

在阅读马致远的《天净沙·秋思》"枯藤老树昏鸦,小桥流水人家,古道西风瘦马,夕阳西下,断肠人在天涯"时,几乎每个人的头脑中都会展现一幅充满感伤的苍凉秋景,这幅景象就是想象。以下我们将从想象的概念、功能、过程和种类进行阐述。

知识链接

2014 年,天津大学神经工程与康复实验室研制的"神工一号"人工神经康复机器人系统,可以帮助中风导致偏瘫的病人通过直接映射的想象动作 BCI (brain computer interface,BCI)训练激活病灶脑区,辅以外部功能电刺激(functional electric stimulation,FES)装置刺激瘫痪肢体,凭意念实现"身随意动,思行合一",新华社、《人民日报》、《光明日报》和《科技日报》等媒体在头版或主要版面争相报道(基于想象动作的BCI-FES原理如图所示)。

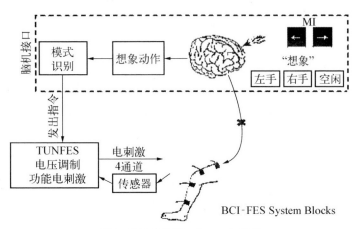

基于想象动作的BCI-FES原理

(一)想象的概念

想象是对头脑中已有的表象进行加工改造,形成新形象的过程。这是一种高级的认知过程。形象性和新颖性是想象活动的基本特点。想象是在感觉和知觉的基础上,改造已有的旧表象,创造新形象的心理过程。它主要处理图形信息,而不是词、符号等抽象信息。想象不仅可以创造人们未曾知觉过的事物的形象,还可以创造现实中不存在的形象。

(二)想象的功能

想象对于我们的生活和工作有很重要的帮助,总的来说,有以下四点功能:

(1)想象具有预见的作用,它能预见活动的结果,指导人们活动进行的方向。同时,想象的新颖性、形象性也是人们创造活动中不可缺少的因素。想象力是人类创新的源泉,人们现实生活所拥有的一切,很多都是几百年前、几十年前人类的美好设想,比如火箭、飞机等。

(2)想象具有补充知识经验的作用。在实际生活中,有许多事物是人们不可能直接感知的,但是通过想象可以补充这种知识经验的不足。例如,《水浒传》中武松打虎的过程是无法直接感知的,但当人们读到小说中武松打虎的片段,通过武松的"闪、轮、劈、揪"等一系列动作,可以感知当时情况的危急,也深深感叹武松的武艺高强。此外,作者把老虎的动作"一扑、一掀、一剪"都写得惟妙惟肖,让人读后如临其境。

(3) 想象还有代替作用。当人们的某些需要不能得到实际的满足时,可以利用想象的方式得到满足或实现。例如,《阿Q正传》中,阿Q经常利用的精神胜利法就是在想象中取得精神上的满足和胜利。又如,幼儿想当一名汽车司机,但由于他们的能力所限而不能实现,于是他们就在游戏中,把排列起来的小板凳想象成小汽车,手握方向盘开起了小汽车。

(4) 想象对机体的生理活动过程也有调节作用,它能改变人体外周部分的机能活动过程。人在仅有动作想象而没有实际动作的情况下,某些生理参数会发生变化,如大脑血液中氧合血红蛋白和脱氧血红蛋白的浓度、血氧饱和度以至心率血压等。例如,当人们想象自己身处安静祥和的环境中,人的心跳和呼吸可以非常规律和平缓。

(三) 想象的综合过程

想象过程是对形象的分析综合过程,它的综合有以下几种独特的形式:

(1) 黏合。黏合是把客观事物中从未结合过的属性、特征、部分在头脑中结合在一起而形成新的形象。通过这种综合活动,人们创造了许多童话、神话中的形象。如独角兽、蓝精灵、蜘蛛精等。黏合的形象在内容上,与社会文化、民族风俗习惯有很大的关系,不同的文化背景下,会有不同的表现形式,如埃及有狮身人面像,中国的传统图腾龙的形象。在科学技术的创造发明中也有运用这种综合方式的。如航空母舰,就是飞机场与船的某些特征的结合。

(2) 夸张。夸张又称为强调。这是通过改变客观事物的正常特点,或者突出某些特点而略去另一些特点在头脑中形成新的形象。例如,文学和影视作品当中的巨人国和小人国,都是采用夸张这种形式。

(3) 典型化。典型化是根据一类事物的共同特征创造新形象的过程。它是文学、艺术创作的重要方式。例如,绘画作品当中一些抽象的植物图案,就是综合现实世界中多种不同植物的典型形态特征绘制而成。

(4) 联想。由一个事物想到另一事物,也可以创造新的形象。想象联想不同于记忆联想,它的活动方向服从于创作时占优势的情绪、思想和意图。如读到王维的诗句,在头脑中产生了诗句所描绘的景色,这个过程是读者利用自己头脑中已有表象,结合诗句,在头脑中创造出新形象的过程。

(四) 想象的种类

按照想象活动是否具有目的性,可以将想象分为无意想象和有意想象。

1. 无意想象

无意想象是一种没有预定目的、不自觉地产生的想象。它是当人们的意识减弱时,在某种刺激的作用下,不由自主地想象某种事物的过程。如,人们睡觉的时候做梦;人们在意识模糊的时候,头脑中产生的幻觉。

2. 有意想象

有意想象则和无意想象不同,它是按一定目的、自觉进行的想象。例如,作家构思的人物形象,就是有意想象的结果。在有意想象中,根据想象内容的新颖程度和形成方式的不同,可分为再造想象、创造想象和幻想。

(1) 再造想象。再造想象是根据言语的描述或图样的示意,在人脑中形成相应的新形象的过程。例如,读者根据武侠小说对于武打场面的文字描述,可以在头脑中想象出精彩纷呈的武打场景。再造想象是在获得一定的信息基础上形成的,有一定程度的创造性,但其创造性的水平较低。

(2) 创造想象。创造想象是在创造活动中,根据一定的目的、任务,在人脑中独立地创造出新形象的过程。在创作新作品、创造新产品时,人脑中构成的新形象都属于创造想象。创造想象比再造想象的创造性程度更高,因此更复杂、更困难。

(3) 幻想。幻想是指向未来,并与个人愿望相联系的想象,它是创造想象的特殊形式。如各种神话、童话中的形象都属于幻想。当人们依据事物发展的客观规律来想象未来时,这种想象叫理想。理想指向于未来,与人的愿望相联系,这和幻想相同。但幻想不一定以客观规律作依据,因而不一定具有实现的可能。而理想体现了事物的发展规律,因而具有实现的可能性。空想不以客观规律为依据,甚至违背事物发展的客观进程,因而是不能实现的想象。

【真题链接】

[2016·下]简答题：简述如何培养小学生创造想象的能力。

【答案要点】 （1）培养学生的创造动机。（2）帮助学生进行丰富的表象储备。（3）让学生积累必要的知识经验。（4）用一些创作原型给学生启发。（5）培养学生积极的思维活动。

第五节　思维与问题解决

托尔斯泰说："知识，只有当它靠积极的思维得来，而不是凭记忆得来的时候，才是真正的知识。"人们在学习、生活中，每当碰到一个不能解决的问题时，往往会说"让我想一想"，"我需要考虑考虑再做决定"。其中的"想""考虑"就是指人的思维活动。柏拉图说："思维是灵魂的自我谈话。"思维是人们头脑中的"内部言语"。

一、思维

人不仅能认识事物和现象的外部联系，而且能认识事物和现象的内在联系与规律。这种认识是通过思维过程来进行的。思维不同于感知觉和记忆，但又是在感知觉的基础上发展起来的。思维是一种更复杂、更高级的认知活动。下文将对思维及其相关概念进行阐述。

（一）思维的概念

思维是借助语言、表象或动作实现的，对客观事物概括的和间接的认识，是认识的高级形式。它揭示事物之间的关系，形成概念，利用概念进行判断、推理，解决人们面临的各种问题。思维不同于感觉、知觉和记忆。感觉、知觉是直接接受外界的刺激输入，并对输入的信息进行初级的加工。记忆是对输入的刺激进行编码、存储和提取的过程。而思维则是对输入的刺激进行更深层次的加工，揭示的是事物之间的关系，并与已有的知识和经验相结合，形成概念，判断推理,解决面临的问题等。不过,思维离不开感觉、知觉、记忆提供的信息。

(二)思维的特点

(1)间接性。所谓间接性,是指思维能对感官所不能直接把握的或不在眼前的事物,借助于某些媒介物与头脑加工来进行反映。例如,内科医生不能直接看到病人内脏的病变,却能以听诊、化验、切脉、试体温、量血压、B超、CT检验等手段为中介,经过思维加工间接判断病人的病情;地震工作者可以根据动物的反常现象或其他仪表的数据来分析和预报震情;教师根据学生的行为表现可以推断学生的内心世界,等等。

(2)概括性。所谓概括性,包含两层意思:一是把同一类事物的共同特征和本质特征抽取出来加以概括。例如,人们把形状、大小各不相同而能结出枣子的树木称之为"枣树";把枣树、苹果树、梨树等依据其根、茎、叶、果等共性称为"果树"。二是将多次感知到的事物之间的联系和关系加以概括,得出有关事物之间的内在联系的结论。例如,每次看到"月晕"就要"刮风",房柱下的石头"潮湿"就要"下雨",就能得出"月晕而风,础润而雨"的结论。

思维的概括反映和间接反映的特点是密切联系的。思维的间接性是以人对事物概括性的认识为前提的。人之所以能够间接地反映事物,是因为人有概括性的知识经验,而人的知识经验越概括,就越能间接地反映客观事物。人能够根据屋顶潮湿作出曾下过雨的推断,是因为知道下雨和屋顶潮湿之间的因果关系,而这种认识正是由思维的概括性所获得的。

(三)思维的类型

根据不同的分类标准,可以将思维分成不同的类型。一般来说,有以下五种分类方式。

(1)根据思维的内容凭借物、任务的性质、发展水平以及解决问题的方式,可以分为直观动作思维、具体形象思维和抽象逻辑思维。

直观动作思维是以实际动作为支柱的思维过程。例如,新手在刚刚开始学开车的时候会在头脑中一边思考油门、离合和刹车的动作步骤,一边进行实际操作。

具体形象思维是以直观形象和表象为支柱的思维过程。例如,雕塑家创作雕塑作品时总是会在头脑中先思考所要创作的作品形象是怎样的,然后根据头脑中的这一形象再完成作品。

抽象逻辑思维则是以词为中介来反映现实的思维过程,也叫词的思维或逻辑思维。抽象思维是人类思维区别于动物思维的最本质特征。如学生学习各种科学知识,科研工作者从事科学研究时都要运用这种思维。

(2) 根据思维过程中是以日常经验还是以理论为指导来划分,可以分为经验思维和理论思维。

经验思维是以日常经验为依据,判断生产、生活中的问题的思维。例如,学前儿童根据自己的经验,认为"鸟是会飞的动物",这就属于经验思维。由于知识经验的不足,这种思维容易产生片面性,甚至得出曲解或错误的结论。

理论思维是以科学的原理、定理、定律等理论为依据,对问题进行分析、判断的思维。例如,人们说"心理是客观现实在人脑中的主观映像",就是理论思维的结果。这种思维往往能抓住事物的本质,使问题得到正确的解决。教师利用理论思维传授科学理论,学生运用理论思维学习理性知识。

(3) 根据结论是否有明确的思考步骤和思维过程中意识的清晰程度和逻辑性,可分为分析思维和直觉思维。

分析思维是遵循严密的逻辑程序和规律,逐步推导,然后得出合乎逻辑的正确答案或做出合理结论的思维。分析思维是以概念、判断、推理的形式来反映客观世界的思维。例如,学生在解数学题时,通过多步的推理和论证得出答案的过程。分析思维具有程序性的特点。

直觉思维是未经逐步分析就迅速对问题答案做出合理的猜测、设想或突然领悟的思维。直觉思维具有敏捷性、直接性、简缩性、突然性(突发性)、猜测性的特点。例如,足球运动员在一瞬间把握球场上对方球员的布局漏洞,不失时机地把球踢进球门,就是直觉思维的表现。灵感现象也是直觉思维的结果。

(4) 根据思维的指向性,可分为聚合思维和发散思维。

聚合思维,也叫求同思维、集中思维、辐合思维、汇聚思维,是指人们解决问题时,思路集中到一个方向,从而形成唯一的、确定的答案。聚合思维的过程是人们根据已知的信息和利用熟悉的规则,产生逻辑的结论从而解决问题的过程。这是一种有方向、有条理、有范围的思维方式。例如,已知 $A>B, B>C$,其结果必然是 $A>C$。

发散思维,也叫求异思维、分散思维、辐射思维,是指人们解决问题时,思路朝着各种可能的方向扩散,从而求得多种答案。发散思维的过程是从给予的信息中产生多种信息的过程。其主要特点是求异与创新。例如,对于如何保护城市的生态环境这个问题,人们可以从不同的角度思考,想出增加绿色植物、减少汽车尾气排放、加大爱护环境的教育措施等等。这种思维在解决问题时可以产生很多答案、假设和结论。但究竟采用那种更好,需要经过检验。

这两种思维又是紧密联系的。例如,某仓库发生了火灾,这火灾是怎样引起的?当我们分析火灾发生的原因时产生许多联想,作出种种假设,这是发散思维;通过调查检验,并放弃这些假设,最后找到唯一正确的答案,这便是聚合思维了。

(5)根据思维的创造程度,分为再造性思维和创造性思维。

再造性思维也称常规性思维或习惯性思维,是指人们运用已获得的知识经验,按现成的方案和程序,用惯常的方法、固定的模式来解决问题的思维方式。例如,学生运用已学会的公式解决同一类型的问题。这种思维创造性水平低。

创造性思维是指以新颖、独特的方式来解决问题的思维方式。例如,新的大型工具软件的开发,新的科学理论的提出都需要创造性思维。例如,德国数学家高斯在小学时就能发现解答"1+2+3+…+100"的简便方法。

【真题链接】

1.[2011·下]选择题:当教师提问"一个四边形,每边边长都是1,面积是否是1?"许多同学肯定的回答是1,刘晓翔却回答说,如果把它压扁,变成一条线,面积就差不多成了0,这体现了发散思维的( )。

　　A. 流畅性　　B. 变通性　　C. 独特性　　D. 独立性

【答案】 C

2.[2012·上]选择题:"一题多解"的教学方式主要用于训练学生的哪一种思维?( )

　　A. 直觉思维　　B. 发散思维　　C. 动作思维　　D. 集中思维

【答案】 B

(四) 思维的基本形式

思维的基本形式有：概念、判断、推理。下文将对这三个基本形式分别进行阐述。

1. 概念

(1) 概念的概念。

概念是具有共同属性的一类事物的总称。人们掌握了概念，认识就能超越感、知觉的范围，透过事物的表面现象，更好地认识事物。如以水果这个概念为例，水果可以包含苹果、西瓜、梨、香蕉、葡萄、桃等，表示的是多汁且主要味觉为甜味和酸味，可食用的植物果实。掌握了水果这个概念，我们就可以更好地认识生活中各种不同种类的水果。

第一，概念的内涵和外延各有差异。每一个概念都包括内涵和外延两个方面。其中，内涵代表概念能够反映事物的本质特征。例如，"鸟"这个概念的内涵就是"有羽毛、有喙"，鸟的内涵使得鸟可以区分于其他物种。外延代表的是概念所能囊括的所有个体或样例。例如，在鸟这个内涵下所能包括的一切有羽毛且有喙的动物，包括金丝雀、麻雀、布谷、鸵鸟等。所以，内涵和外延是相互关联的。一个概念的内涵越丰富，信息量越大，反而所能包含的外延就越小。反之，一个概念的内涵越抽象越概括，其所拥有的外延也就越丰富。

第二，概念是有层次的。概念可以分为不同等级，如鸟是一个概念，金丝雀又是一个概念，它们的层次是不同的。鸟的概念要比金丝雀的概念层次高，所包含的外延也更多。另外，概念还分为不同的层次，上位的概念称为属概念，下位的概念称为种概念。概念有助于将大量的信息组织成有意义的单位，从而大大简化了人的思维过程。

(2) 概念的分类。

根据不同的分类标准，可以将概念分为不同的类别。

根据概念所包含的属性的抽象与概括程度，可分为具体概念和抽象概念。按事物的指认属性形成的概念称为具体概念。按事物内在的本质属性形成的概念称为抽象概念。例如，给幼儿呈现香蕉、苹果、球、口琴等物品，要求他们分类。如果他们将苹果、球归为一类，香蕉和口琴归为一类，这说明他们是根据物体的形状(圆形和长形)分类的，由此形成的概念为具体概念；如果他们将香蕉与苹果归为一类，口琴与球归为一类，说明他们是根据事物的内在特征进行分类的，由此形成的概念为抽象概念。

根据概念反映事物属性的数量及其相互关系，可分为合取概念、析取概念和关系概念。合取概念是根据一类事物中单个或多个相同属性形成的，它们在概念中必须同时存在，缺一不可。例如，"毛笔"这一概念必须同时具有两个属性，即"用毛制作的"和"写字的工具"。析取概念是根据不同的标准，结合单个或多个属性所形成的概念。例如，"好孩子"这个概念可以结合各种属性，"学习努力、成绩好"是好孩子，"待人诚恳、乐于助人"也可称为好孩子。关系概念是指根据事物之间的相互关系形成的概念，如高低、上下、左右、大小等。

根据概念形成的途径，可分为前科学概念和科学概念。前科学概念又称日常概念，是人们在日常交际过程中形成的。科学概念是在有计划的教学过程中形成的，如学习的定义、定律、原理等。

(3) 概念学习的过程。

概念学习的过程包括概念的获得和概念的运用两个环节。

第一，概念的获得包括概念形成和概念同化。

概念形成是指个体通过反复接触大量同一类事物或现象的共同特征或共同属性，并通过肯定（正例）或否定（反例）的例子加以证实的过程。概念形成的标志是把握概念的本质特征，并能在实际中运用。概念形成的操作定义是个体学会了按照一定规则对客观事物进行正确分类的过程。例如，向小学生呈现各种各样的两条直线间的相互关系，告诉他们哪些垂直，哪些不垂直，当他们能够正确区分垂直（正例）和非垂（反例）的情况时，就形成了关于"垂直"的概念。

概念形成一般经历三个阶段：第一，抽象化。概念形成首先是要了解客观事物的属性或特征，因此，必须对具体事物的各种特征与属性进行抽象；第二，类化。概念的形成，除了要在具体事物中抽取共同属性或特征，还需将类似的属性或特征加以归类。在进行类化时，必须归纳客观事物某些属性或特征的相似性或共同性，而忽略事物之间非本质特征或属性的差异性；第三，辨别。对客观事物进行分辨是概念形成的重要一步。辨别渗透于概念形成的全过程，从发觉客观事物的属性或特征（抽象化），到对这些属性或特征的认同（类化），然后过渡到对客观事物的属性或特征之间差异的认识(辨别)。可见,发现学习是概念形成的主要方式。

学生获得概念的主要形式是概念同化,所谓概念同化,就是利用学习者认知结构中原有的概念,以定义的方式直接给学习者提示概念的关键特征,从而使学习者获得概念的方式。在学校教学过程中,学生概念的学习都是以已有的知识经验为基础来进行的,在这一过程中,认知结构中原有的概念可以为一个新概念的吸收提供一个固定点,当学习者在已有的概念和新概念之间建立起一种实质的、非人为的联系以后,学习者就会获得新概念的具体意义。接受学习是概念同化的典型方式。

第二,概念学习的第二个环节是概念的运用。

概念一旦被获得之后,就能在认知活动中发挥作用,从而对认知活动产生影响,这就是概念的运用,它一般反映在两个水平上,分别是知觉水平和思维水平。在知觉水平上运用是指运用已经获得的概念,帮助识别具体的同类事物并将其归入这一类型。在思维水平上运用是指运用概念对事物进行判断、推理或将概念进行重新改组,以满足解决问题的需要。

第三,科学概念的掌握。

概念的掌握是指个人借助词语,在人脑中把人类现有的概念转化为个体的概念的过程。教学是引导学生获得科学概念的主要途径。教师在教学过程中帮助学生掌握概念时应注意:

① 以感性材料作为概念掌握的基础。感性材料是概念形成的基础,感性材料越丰富、全面,概念的掌握就越准确。教学中可利用直观手段和实践活动提供感性材料或经验,如组织学生进行调查访问、参观考察、实验研究等,以加深学生对科学概念的理解。

② 合理利用过去的知识经验。在学习科学概念之前,学生头脑里常常已存在一些日常概念。因此,要充分合理地利用它,使科学概念与之建立联系,发生作用。这就要求教师在教学中要做好以下两点:一是通过比较日常概念与科学概念的差异,确定概念的内涵,形成牢固的科学概念;二是利用直观手段,生动地显示事物的本质特征,使学生的已有经验得到重组和调整。

③ 提供概念范例,配合运用正例和反例,适当运用比较。范例是学生获取

概念的重要条件和基础。范例从外部提供反馈信息,有助于学生掌握概念的主要特征。范例提供的方式多种多样,通常情况下可以向学生展示实物、模型、图像或做实验演示等。

正例又称肯定例证,指包含着概念或规则的本质特征和内在联系的例证;反例又称否定例证,指不包含或只包含了一小部分概念或规则的主要属性和关键特征的例证。一般而言,概念或规则的正例传递了最有利于概括的信息,反例则传递了最有利于辨别的信息。在概念教学中,教师所用的正例和反例都必须是充分和典型的。在提供例证的同时引导学生进行比较也是必要的。比较是将概念的正例和反例匹配呈现,让学生辨别、比较,从而弄清楚概念的有关和无关特征,以利于概念的学习。

知识链接

变式教学是再创造教学的一种表现形式。概念变式是利用概念性变式和非概念性变式来揭示概念的本质属性和非本质属性,使学生获得对概念的多角度的理解进而理解新旧概念的本质联系。概念变式的有效设计要把握住以下五个方面:紧扣概念的本质;注重新旧知识联系,并去适合乃至去改造旧的认知结构;有梯度,注重循序渐进;注重学生参与度并允许学生有犯错的自由和变式"贵在精,而不在多"。

④ 突出有关特征,控制好无关特征的数量和强度,正确而充分地利用"变式"。在概念教学中采用突出有关特征、控制无关特征的方法有利于促进教学。但不能只呈现有关特征,否则学生在面对无关特征较多的实际问题时会不知所措,或注意不到事物之间的细微差异。教师在教学开始时,必须注意强调有关特征,弱化无关特征,以使学生顺利把握概念的实质,然后逐渐增加无关特征,指导学生对无关特征和有关特征进行辨别和区分,使其获得的概念更加准确。

客观事物的本质特征与非本质特征是交融在一起的,这使学生在学习科学概念时,容易混淆事物的本质特征。为了避免这种误解,在概念教学中可采用"变式"。所谓变式,就是变换使用不同形式的直观材料或事例说明事物的属性,使本质属性保持不变而非本质属性或有或无,以便突出本质属性。例如,在生物学中介绍"果实"的概念时,不要只选可食用的果实(如苹果、西红柿、花生等),还要选择一些不可食的果实(如橡树籽、棉籽等),这样才有利于学生看到一切果实都有"种子"这一关键属性,而舍弃"可食性"等无关特征。又如,画图讲解直角三角形的概念时,应保持"一个角是直角"的本质属性,同时变换不同直角三角形直角的位置、边的长短、角的大小等非本质特征,避免出现不准确的概括。变式的有效性并不在于运用变式的数量,而取决于材料呈现方式的典型性和代表性。例如,如果问大家:"鸡鸭是不是鸟?"很多人的答案都是否定的,那就是因为之前的生物课,教师呈现的正例的代表性不够,多是会飞的,于是学生就会把"会飞"这个无关特征作为本质特征来记忆。

教师应该明确,变式的作用在于促进概括,而非取代概括。在运用变式时,如果变式不充分,学生在对教材进行概括时,往往会产生下列两类错误,必须注意预防。一类常见的错误就是把一类或一些事物所共有的特征看作本质特征。例如,在动物分类中,由于鲸和鱼类一样,都有生活在水里的共同特征,于是就把鲸列入鱼类。这种错误常常是在概括中人为地增加或减少事物的本质特征,不合理地缩小或扩大概念。例如,有的学生把直线看成是处于垂直或水平位置的线,而认为处于倾斜位置的线不是直线,这就是直线概念中,人为地增加了一个本质特征——空间位置,从而不合理地缩小了概念。又如,有的学生在掌握圆的概念时,只是抽取出"圆心"与"封闭曲线"这两个本质特征,而遗漏了"圆心到圆周各点距离相等"这一本质特征,人为地把标上所谓圆心的椭圆和不规则图形也看作是圆,从而不合理地扩大了概念。

【真题链接】

[2012·上]选择题:王老师在讲"果实"这个概念时,列举了苹果、花生等可食果实的例子,也列举了棉籽、橡树等不可食果实的例子。这种教学方法称为( )。

A. 变式 B. 范式 C. 原型 D. 演绎

【答案】 A

⑤ 正确运用语言表达，明确提示概念的本质特征。教师在讲解概念时，可将词语与感性材料结合起来运用，取二者之长，使学生全面而深刻地理解概念的内涵，掌握概念的本质，好的概念定义取决于两方面的因素：一是新概念所属的上位概念；二是新概念的定义特征。界定准确的概念不仅能促进学生形成正确的概念关系和概念体系，还有利于区别概念的有关和无关特征。

⑥ 形成正确的概念体系，并运用于实践中。概念不是彼此孤立的，而是相互联系构成一个体系而存在的。掌握概念不仅要分出事物的本质特征，而且要从事物的本质特征出发，把概念纳入一定的概念体系。把学到的概念在实践中加以应用，它可以加深对概念的理解，检验对概念的掌握程度。概念的应用可以表现在两个方面：一是举例说明概念，阐述概念的内涵；二是处理实际问题，如解题、试验、解决社会生活中的问题。

2. 判断

判断是指认识概念与概念之间的联系。它是事物之间的联系和关系在人脑中的反映。判断大都是借助语言、词汇并用句子形式来实现的。判断有肯定判断和否定判断之分。

3. 推理

推理是由一个或几个相互联系的已知判断推出合乎逻辑的新判断的思维形式，是根据已有的知识推出新的结论的思维活动。推理可分为归纳推理和演绎推理两种。

归纳推理是由具体事物归纳出一般规律的推理过程，即从特殊到一般的推理过程。例如，由铁能导电，铜能导电，铝能导电等，推理出"金属能够导电"的结论。演绎推理是从一般到特殊或具体的推理过程。例如，所有的哺乳类动物都是胎生的，虎是哺乳类动物，因此得出的结论是：虎也是胎生的。

就概念而言，判断是概念的继续和展开，是对概念的说明。例如，明确"三角形"这个概念后，继而有了"三角形三个内角之和为180°"这个判断。就推理而言，判断是组成推理的成分。没有判断就没有推理，从而也就无法认识客观世界。

（五）思维的一般过程

思维的一般过程包括分析与综合、比较与分类、抽象与概括、系统化与具体化,其中分析与综合是思维的基本过程,其他过程都是由此派生出来的。

1. 分析与综合

分析是指在头脑中把事物或对象分解成各个部分或各个属性。例如,把一棵树分解为根、茎、叶、花等。综合是在人脑中把事物或对象的个别部分或属性联合为一体。例如,把一个人过去与现在的经历联系起来编成一个短剧;儿童把几个积木块搭成一个小房子的思维过程都是综合。

分析与综合是思维过程的两个侧面,在实际思维活动中,二者是密不可分的,它们相互依赖、互为条件。分析是以事物综合体为前提的,没有事物综合体,就无从分析;综合则是以对事物的分析为基础的,分析越细致,综合就越全面;分析越准确,综合则越完美。例如,学生读一篇文章,既要分析也要综合,经过分析可以理解词义和段落大意;经过综合能找到文章的中心思想,也就获得对文章的整体认识。只有分析没有综合,只能是表面的认识。可见,分析与综合是辩证统一的。

分析和综合的对象既可以是客观事物,又可以是记忆表象,还可以是概括性的语言与材料。没有对象的分析、综合是不存在的。分析、综合既可以在创造性思维中进行,也可以在习惯性思维中进行。

2. 比较和分类

比较是指在人脑中把各种事物和现象加以对比,来确定它们之间的异同点和关系的思维过程。没有比较就没有鉴别,只有通过比较人们才能区分事物间的异同点、鉴别事物的优劣,才能识别事物,把它们归到一定的类别中去。

分类是思想上按照事物的异同,把它们区分为不同种类的思维过程。比较是分类的基础。根据事物的共同点,可以把事物归并为较大的类;根据差异可以把事物划分为较小的类。分类在教学中具有重要作用。这是因为通过分类可使学生掌握的知识更加系统化。

3. 抽象与概括

抽象是在头脑中提炼出各种事物与现象的共同的、本质的特征,舍弃其个别的,非本质的特征的过程。为了进行抽象,首先必须进行分析,将事物的各种属性分离出来。由于考查角度的不同,所提炼出来的共同或本质特征也会有区别,所获得的抽象内容也会有区别。例如,同样是建筑大厦,建筑学家主要从结构性能上面进行考虑,而施工者要从工时、工料上进行考虑,使用者则是更多会从实用角度上进行思考。

概括是在头脑中把事物之间共同的、本质的特征抽象出来加以综合的过程。例如,我们从形态各异的躺椅、餐椅、老板椅、学生椅中抽取出它们的共同特征,如"四条腿""有靠背"等,然后将这些具有共同特征的物体统称为"椅子",这就是一个概括化的过程。虽然"椅子"包括大量的具体样例,但是只要看到这个概念就能够对事物有一个最基本的认识。

通过理解抽象和概括不难发现,抽象和概括都必须从分离对象的属性开始,这就是分析。同时,抽象和概括必须将有关的属性结合起来,这就是综合。抽象更多是结合事物的本质属性,而概括则主要结合了事物的共同属性。同时,抽象可以仅仅针对一个单一的对象,而概括一般要涉及多个对象。抽象主要从考查个别事物属性的角度出发,而概括的方向则决定于所要概括的多个事物本身具有的属性。

知识链接

数学家高斯曾经求解一个问题,数年未得其解,但是正如他在得到解之后的记述中说的那样"终于在两天以前我成功了……像闪电一样,谜一下解开了。我自己也说不清楚是什么导线把我原先的知识和我成功的东西连接了起来"。

实践证明,凡在灵感参与下的发明、创造活动,一般地说某些关键性的思维环节是创造者本人意识不到的。凡在灵感参与下的发明、创造,都具有非线性的独创性。这个特征既是灵感区别于其他思维形式的本质特征,又是灵感所具有的独特的创造性科学价值和社会价值。可见,灵感是新思想产生的火花,对创造性思维的产生起着极其重要的作用。

4. 系统化与具体化

系统化是指人脑把具有相同本质特征的事物归纳到一定类别系统中去的思维过程。例如,把犬科、猫科动物归为哺乳类的过程就是系统化的过程。具体化是指人脑把经过抽象概括后的一般特征和规律推广到同类的具体事物中去的过程。例如,用某数学公式解一道具体应用题的过程就是具体化的过程。

(六) 创造性思维

在大家非常熟悉的历史上"田忌赛马"的故事中,孙膑提出用田忌的下等马对付齐威王的上等马,用上等马对付齐威王的中等马,用中等马对付齐威王的下等马。三场比赛结束后,田忌一败而两胜,最终赢得齐威王的千金赌注。孙膑在这里体现出的就是创造性思维。

1. 创造性思维的概念

创造性思维是指用独特新颖的方法解决问题的思维过程。它是人类思维的高级状态,是智力的高级表现。

知识链接

不同学业成就中学生创造性思维的差异研究

学生的创造性思维与其学业成就水平也有一定的关系。有研究对990名不同学业成就中学生的创造性思维进行研究,结果发现:(1)高学业成就组中学生的创造性思维、发散思维和聚合思维显著高于低学业成就组。(2)高低学业成就组中学生创造性思维、发散思维和聚合思维表现出年级差异性。(3)高低学业成就组中学生的创造性思维都随着年级发展而上升,但是两组的高峰期却出现差异,高学业成就组创造力高峰出现在初一和高一,而低学业成就组出现在高一。(4)发散思维的发展趋势上,高学业成就组呈现出曲折上升的趋势,而低学业成就组整体的发展趋势平稳。(5)高低学业成就组中学生聚合思维的发展趋势相似,都呈现出在初中阶段上升到高中阶段趋于稳定,并且在高中阶段两组的水平接近。

2. 创造性思维的特征

通常认为,创造性思维具有如下四个基本的特征。

第一,新颖独特性。创造性思维不同于一般的思维活动,它要求打破惯常的解决问题的方法,将已有的知识经验进行改组或重建,创造出个体前所未知的或社会前所未有的思维成果。因此,新颖独特性是创造性思维最本质的特征。

第二,创造性思维是多种思维的结晶。创造性思维既是发散思维和聚合思维的统一,也是形象思维和抽象思维的统一,但更多地表现在发散思维上。一个人创造性思维活动的完整过程,是从发散思维到聚合思维,再从聚合思维到发散思维的多次循环、不断深化才得以完成的。只有发散思维与聚合思维的有机结合、协调活动,才有可能发现事物之间的新联系,提出新假设,解决新问题。创造性思维以发散思维为核心。发散思维具有流畅性、灵活性(又称变通性)和独创性(又称独特性)等特点。当然,创造性思维者还要对新颖独特的观念具有高度的敏感性,具有及时把握它们的能力。因此,目前也有人以发散思维的特点来代表创造性思维的特点。

第三,创造性想象的积极参与。创造性想象的积极参与是创造性思维的重要环节。因为创造性想象提供的是事物的新形象,并使创造性思维成果具体化。所以文艺作品中新形象的创造,科学研究中新假说的提出,新机器的发明等都离不开创造性想象。

第四,灵感状态。灵感状态是创造性思维活动的又一典型特征。所谓灵感,是指人在创造性思维过程中,某种新形象、新概念和新思想突然产生的心理状态。它是人在以全部精力集中去解决思考中的问题时,由于偶然因素的触发而突然出现的顿悟现象。任何创造性思维,都离不开灵感。

【真题链接】

[2013·上]材料分析题:在一次讨论课上,老师问学生:"雪融化后变成什么?"张红抢先回答:"雪融化后变成水。"黄阳想了想说:"雪融化后变成泥土。"柳丽慢条斯理回答:"雪融化后变成春天。"老师评价道:"张红反应敏捷,回答准确,可以得满分。黄阳和柳丽,真不知你们是怎么想的,要是给分,只能得0分。"

问题:(1)运用心理学知识评价这位教师的教学行为。(10分)

(2)这个案例对教师教学有何启发?(8分)

【答案要点】(1)材料中这位老师的做法不对:①忽视了对学生发散思维和创造性思维以及想象力的培养。②忽视了学生的认知方式是有差异的,有的学生是沉思型的,有的学生是冲动型的,但是认知方式没有好坏之分。③ 忽视了对学生学习动机的培养,打击学生学习的积极性。④ 忽视了学生已经有的经验世界,根据建构主义学习理论,学生是有经验的主体,是带着经验走进教室的。

(2) 启发:① 教学过程中注重培养学生的创造性思维和想象力,破除知识中心的观念,不能盲目迷信知识。② 教学评价要以发展性的评价和激励性的评价为主。③ 树立新的教师观,教师是学生学习的促进者,要指导学生形成良好的学习动机,培养学生学习的兴趣,和学生一起探寻真理。④ 树立新的学生观,学生是有差异的,有潜能的,要做到相信学生,因材施教。⑤ 树立新的师生观,建立民主平等的师生关系,做到尊重学生,讲民主。⑥ 应该多注重教学过程而不是教学结果。

3. 创造性思维的过程

创造性解决问题比一般性解决问题有着更为复杂的心理活动,并且在它的运行中具有独特的思维活动程序和规律。英国心理学家华拉斯通过对创造过程的分析,提出了创造性思维的四阶段理论,把与创造活动相联系的创造性思维过程分为准备期、酝酿期、豁朗期和验证期。

知识链接

大脑半球在创造性思维中的角色

王敏等人通过事件相关电位(ERP)研究发现在创造想象的早期和晚期阶段存在右半球偏向,反映创造想象的早期阶段是一个提取和相互联系新颖信息的认知过程,创造想象的晚期阶段与工作记忆、认知控制、语义加工和新颖产物有关,然而,在创造想象的中期没有出现半球偏向。另外,再造想象仅在早期阶段出现右半球偏向。

首先,准备期。在这一阶段,创造者收集、整理资料,即收集创造活动所必需的各种信息,组织已有的旧经验,掌握必要的技能。

其次,酝酿期。在准备期收集到的信息并未消极地存储在头脑中,而是按照一种我们目前尚不清楚的方式被加工和重新组织。

再次,豁朗期。这是指创造者经过长期酝酿,新假设产生或对考虑的问题豁然开朗。这种现象叫灵感。豁朗期是创造活动极为重要的阶段。

最后,验证期。在这个阶段,创造者要把头脑中产生的新假设或新观点通过实践加以检验。验证可以对新假设加以确定、修正、补充或完善。

二、问题解决

在日常生活中,人们会遇到各种各样的问题。例如,学生要完成老师布置的作业;技术人员要解决生产过程中遇到的难题;科研人员要完成高水平的论文。解决这些问题都需要思维的直接参与。

(一)问题与问题解决的概念

问题就是个体不能用已有的知识经验直接加以处理并因此感到疑难的情境。现实中的问题多种多样,研究者倾向于将问题分为两类:有结构的问题和无结构的问题。有结构的问题是指已知条件和要达到的目标都非常明确,个体按一定的思维方式即可获得答案的问题;无结构问题的已知条件与要达到的目标都比较含糊,问题情境不明确,各种影响因素不确定,也不容易找出解答线索。任何问题都有三个基本成分:一是初始状态,二是目标状态,三是存在的限制或障碍。

问题解决是由一定的情景引起的,按照一定的目标,应用各种认知活动、技能等,经过一系列的思维操作,使问题得以解决的过程。它也有两种类型:常规性问题解决和创造性问题解决。前者解决的是有固定答案的问题,只需要使用现成的方法来解决;后者解决的是没有固定答案的问题,是通过发展新方法形成新思路和步骤来实现的。问题解决既是能力又是学习,在教学中得到训练和发展。创造性是问题解决的最高表现形式。加涅在对学习进行分类时,将问题解决视为高级规则的学习,强调问题解决是规则的组合,其结果是生成了新的规则,即高级规则。

(二)问题解决的特征

人们遇到的各种各样的问题,一般来说,解决问题都具备三个基本的特征:

(1)目的性。问题解决总是要达到某个特定的目标状态,因而具有明确的目的性。没有明确目的指向的心理活动,如漫无目的的幻想等,不能称为问题解决。

(2) 认知性。问题解决活动是通过内在的心理加工实现的,整个活动的过程依赖于一系列认知操作的进行。自动化的操作,如走路等基本上没有重要的认知成分参与,因而不属于问题解决的范畴。

(3) 序列性。问题解决包含一系列的心理活动,如分析、联想、比较、推论等,仅有一个心理操作不能称为问题解决。而且这些心理操作是有一定序列的,序列出错,问题也无法解决。简单的记忆操作不能称为问题解决,如回忆某人的名字等就不属于问题解决。

(三) 问题解决的过程

在问题解决过程中一般都会经历发现问题、理解问题、提出假设以及检验假设四个过程。

(1) 发现问题。从完整的问题解决过程来看,发现问题是其首要环节。能否发现问题,与个体的活动积极性、已有知识经验等有关。

(2) 理解问题(明确问题)。理解问题即明确问题,就是把握问题的性质和关键信息,摒弃无关因素,并在头脑中形成有关问题的初步印象,即形成问题的表征。因此,理解问题就是分析问题、抓住问题关键、找出主要矛盾的过程。

(3) 提出假设。提出假设就是提出解决问题的可能途径与方案,选择恰当的解决问题的操作步骤。能否有效提出假设,受到个体思维的灵活性与已有知识经验的影响,提出假设是问题解决的关键阶段。

(4) 检验假设。检验假设就是通过一定的方法来确定假设是否合乎实际、是否符合科学原理。检验假设的方法有两种:一是直接检验,即通过实践来检验,通过问题解决的结果来检验;二是间接检验,即通过推论来淘汰错误的假设,保留并选择合理的、最佳的假设。当然,间接检验的结果是否正确,最终还要由直接检验来证明。

【真题链接】

[2014·下]选择题:初三学生小岩晚上在家复习功课,忽然灯灭了,他根据物理课上所学的知识,推测可能是保险丝断了,然后检查了闸盒里

> 的保险丝。这是问题解决过程中哪个阶段？（   ）
> A. 发现问题阶段　　　　　　B. 理解问题阶段
> C. 提出假设阶段　　　　　　D. 检验假设阶段
> 【答案】　D

（四）解决问题的策略

虽然解决问题的方法非常多样化，但是总结起来基本上可以归纳为以下几种策略与方法。

1. 算法策略

算法策略是将所有可能的针对问题解决的方法都一一列举出来并进行尝试，直到最终从根本上解决问题。很明显，算法策略需要在解决问题时进行大量的准备工作，需要花费较大的精力和较多的时间，但是优点是能够确保找到问题解决的途径。例如，解锁密码箱时每一位密码都是 0—9 个数字，那么把所有数字组合一个一个进行尝试直到找到打开密码箱的正确密码，这一过程就是在使用算法策略。

2. 启发法

与算法的思维过程不同，启发法则是基于一定的经验，根据现有问题状态与目标状态之间的内在联系，采用较少搜索而找到解决问题途径的一种策略。启发法不需要像算法策略那样费时费力，往往是一种比较快捷的方法，但是虽然省时省力，却并不能保证一定可以成功地解决问题。以下是几种常见的启发法策略：

（1）手段—目的分析法。手段—目的分析法是指把所需要达到的问题的目标状态分解为若干子目标，通过实现一系列的子目标而最终达到总目标。因此，手段—目的分析法是在不断地减少当前状态与目标状态之间的差距，在解决复杂问题时往往要借用这种方法。

知识链接

在一次课堂教学活动中，老师拿出一支蜡烛、一枚图钉、一盒火柴，要求学生利用这三个条件，把蜡烛点燃，固定在教室直立的墙壁上。全体学生思考了很久,无人想出解决这个问题的方法。这是一个趣味实验,解决这个问题的方法很简单,只需用火柴把蜡烛点燃,然后用图钉把空火柴盒固定在墙上,再用蜡油把蜡烛粘在火柴上,这个问题就这么轻易地解决了。大家之所以没能想出这一解决问题的方法,原因是他们在思考解决问题的过程中,只是把火柴盒看作是装火柴用的,而没想到它还可以用来固定蜡烛。

(2)爬山法。爬山法是采用一定的方法逐步降低初始状态和目标状态的距离,以达到问题解决的一种方法,与手段—目的分析法类似。其不同之处在于,手段—目的分析法包括这样一种情况,即有时人们为了达到目的,不得不暂时扩大目标状态与初始状态的差距,以便最终达到目标。

(3)逆向搜索法。逆向搜索法也叫目标递归策略,是指从目标状态出发,按照子目标组成的逻辑顺序逐级向初始状态递归。例如,人们要去某陌生地方需要先从地图上寻找路线。在寻找路线的过程中往往是先找到目的地,再从目的地出发退回到出发点。在学习过程中,这一策略常常用于证明几何题。

(五)影响问题解决的主要因素

1. 问题情境

问题情境是指问题呈现的知觉方式。问题呈现的知觉方式与人们已有的知识经验越接近,问题就越容易解决;反之,如果与人们已有的知识经验相差甚远,问题解决起来就很困难。

2. 定势与功能固着

定势(即心向)是指重复先前的操作所引起的一种心理准备状态。在定势的影响下,人们会以某种习惯的方式对刺激情境做出反应。定势会对解决问题有积极作用,也有消极作用。人们把某种功能赋予某物体的倾向称为功能固着。在功能固着的影响下,人们不易摆脱事物用途的固有观念,从而直接影响问题解决的灵活性。如吹风机只能吹干头发,却忘了也可以吹干湿衣服。

3. 原型启发

对问题解决起启发作用的事物叫原型。原型启发是指从其他事物上发现解决问题的途径和方法。任何一个人对某一项目的发明创造或革新,都不是凭空想象出来的,在开始时总要受到某种类似的事物或模型的启发。例如,鲁班从丝茅草割破手指得到启发,发明了锯。原型启发在创造性地解决问题时的作用十分明显。通过联想,人们可以从原型中找到解决问题的新方法。原型之所以有启发作用,是因为事物本身的特点与所创造的事物之间有相似之处。某事物能否起启发作用,不仅取决于该事物的特点,还取决于问题解决者的心理状态。在问题解决者的思维活动处于积极但又不过于紧张的状态时,才最容易产生原型启发。

【真题链接】

1. [2013·上]选择题:老师问:"一张桌子四个角,锯掉一个角,还有几个角?"张东不假思索地回答:"三个角。"老师又问:"还有其他答案吗?"张东想了想,没有回答出来。这说明张东在解决问题时受到哪种因素的影响(　　)。

　　A. 功能固着　　B. 原型启发　　C. 心理定势　　D. 垂直迁移

【答案】 C

2. [2013·下]辨析题:心理定势对问题解决只有消极影响。

【答案要点】 (1)该说法错误。(2)心理定势是指重复先前的操作所引起的一种心理准备状态。(3)说明心理定势对问题解决既有积极影响也有消极影响。

4. 已有知识经验

经验水平或实践知识影响问题解决。善于解决问题的专家与新手的区别,就在于前者具备有关问题的大量知识并善于实际应用这些知识来解决问题。有经验的专家在本专业领域内是解决问题的高手,但在其他领域并不一定特别聪明,有时还显得笨拙。这说明实践知识对高效地解决问题的作用是有一定条件的。

5. 情绪与动机

情绪对问题解决有一定影响,肯定、积极的情绪状态有利于问题的解决,而否定、消极的情绪状态则因强度不同,影响的大小也不一样。动机与问题解决的关系遵循"耶克斯—多德森定律"(详细内容见学习动机的相关内容)。

此外,个体的认知结构、个性特征以及问题的特点等也会影响问题的解决。

【真题链接】

[2015·上]材料题:研究者设计了一个"两绳问题"的实验,在一个房间的天花板上悬挂两根相距较远的绳子。被试者无法同时抓住,这个房间里有一把椅子,一盒火柴,一把螺丝刀和一把钳子,要求被试者把两根绳子系住。问题解决的方法是:把钳子作为重物系在一根绳子上,从而把两根绳子系起来。结果发现只有39%的被试者能在10分钟内解决这个问题,大多数被试者认为钳子只有剪短铁丝的功能,没有意识到还可以当作重物采用的问题。上述实验主要说明了哪种因素影响问题的解决?该实验结果对教学工作有何启示?请指出问题解决还受到哪些因素的影响?

【答案要点】 (1)说明功能固着对问题解决的影响。(2)启示:鼓励学生的创造性思维。训练学生思维的变通性。进行思维训练:发散思维训练,推测与假设训练,自我设计训练,头脑风暴训练。(3)其他影响因素:① 问题的特征;② 已有的知识经验;③ 定势;④ 原型启发;⑤ 情绪与动机;⑥ 个体的智力水平。

模拟通关基础练习

一、选择题

1. 闻到苹果香味,看到苹果红色外观,触摸苹果光滑的果皮等所引起的心理活动是( )。

    A. 感觉   B. 知觉   C. 感受性   D. 感觉阈限

2. 人们对暗的适应,是视觉感受性的( )。

    A. 顺应   B. 选择   C. 提高   D. 降低

3. 看见一株玫瑰花并能认识它,这时的心理活动是( )。

    A. 色觉   B. 知觉   C. 感觉   D. 统觉

4. 看同样一个人,由于距离远近不同在视网膜上视像大小相差很大,但我们总认为他并没有什么变化,这是(　　)。

　　A. 知觉的整体性　　　　　　B. 知觉的理解性

　　C. 知觉的选择性　　　　　　D. 知觉的恒常性

5. 学生上课的时候,听着听着就走神了,思绪不知道飞到哪里去了,可能还想着昨天晚上看的一部影片,或者想着一会儿放学回家妈妈要做什么好吃的。这种想入非非的意识状态是指(　　)。

　　A. 注意的分散　　B. 注意的转移　　C. 注意的持续　　D. 注意的分配

6. 告诉你一个电话号码,你可以按照它去拨号,但打过以后,再问你该号码,你又不记得了。这属于(　　)。

　　A. 瞬时记忆　　B. 感觉记忆　　C. 短时记忆　　D. 长时记忆

7. 幼儿园儿童做加减法时会用数手指的方式帮助自己,这种思维类型是(　　)。

　　A. 形象思维　　　　　　　　B. 分析思维

　　C. 直观动作思维　　　　　　D. 直观思维

8. 一个人面对同一问题,能想出多种不同类型的答案,这表明他的思维有(　　)。

　　A. 流畅性　　　B. 变通性　　　C. 指向性　　　D. 独创性

9. 小明在嘈杂的环境中能敏感地听见有人喊他的名字,这表明知觉具有(　　)。

　　A. 理解性　　　B. 整体性　　　C. 选择性　　　D. 恒常性

10. 早上起来背单词的记忆效果最好,这是因为少了(　　)。

　　A. 前摄抑制　　　　　　　　B. 倒摄抑制

　　C. 前摄抑制和倒摄抑制　　　D. 自然消退

11. "余音绕梁,三日不绝于耳。"这属于(　　)。

　　A. 形象记忆　　B. 动作记忆　　C. 情绪记忆　　D. 逻辑记忆

二、简答题

　　教师在板书生字时,把形近字的相同部分与相异部分分别用白色和红色的粉笔写出来,目的是什么?符合哪些规律?

模拟通关基础练习参考答案

一、选择题

1. A 2. C 3. B 4. D 5. A 6. C 7. C 8. B 9. C 10. C 11. A

二、简答题

【答案要点】1. 目的是加大形近字的区别,使学生易于掌握形近字。

2.(1)符合知觉选择性的规律:知觉对象与知觉背景差别越大,对象就越容易被人知觉。(2)符合感觉中同时对比的规律,红白形成鲜明的对比,使学生易于区别形近字。

教师能力训练

一、辨析题

小明上课期间专心致志地看小说,这属于注意的转移。

二、分析题

在实际教学中,有的教师对学生作业采用"漏一补十""错一罚十"的做法,你怎样看待这种现象?请运用记忆的有关规律加以分析。

教师能力训练参考答案

一、辨析题

该观点错误。注意的转移是指注意的中心根据新任务主动地从一个对象或一种活动转移到另一个对象或活动上去,即两种活动都是心理活动所应指向的对象。注意的分散是指个体受到无关对象的刺激,注意离开了心理活动所应指向和集中的对象,即两种活动中只有一种是心理活动所应指向的对象。小明上课期间看小说,说明他的注意被无关对象所吸引,属于注意的分散。

二、分析题

这种做法违背了记忆规律,也是行之无效的。学生识记的效果和识记材料的性质和数量有关,在一定的时间内不宜过多,否则,易引起学生的过度疲劳,降低记忆效果;同时"漏一补十""错一罚十"的做法易使学生丧失学习兴趣、记忆的信心和学习主动性,妨碍其进一步学习。

第二章　学习心理

> **开篇案例**
>
> 我开始工作时,接手了一个新班(初二下学期),并担任了该班班主任一职。该班的插班生李辉引起了我的注意,李辉上课不是睡觉,就是发呆,有时干脆旷课,上课迟到更是"家常便饭",他就是老师眼中的"后进生"。
>
> 通过与李辉父母沟通得知:小学的时候李辉很喜欢学习,也非常努力,成绩在班里一直名列前茅。读初一时,李辉还是继续原来的学习方式,学习时主要以背为主,初中的学习内容相对小学复杂得多,不是所有的内容都能顺利背下来,有些内容即使背下来也未必能真正理解,而且初中学习的科目较多,李辉也不能合理地分配时间,以至于经常在考试前还没复习好。所以每次临近考试时李辉就会很紧张,结果每次考试成绩都不理想。经过多次的失败之后,李辉开始自暴自弃了,逐渐变得不爱学习,逃避学习,甚至厌恶学习。
>
> 发现问题之后,我及时找李辉谈心,他是这样跟我说的:"老师,您能主动关心我,并找我谈心,我真的非常开心。我知道您是为了我好,所以才找我谈心的,但是我觉得我真不是学习的这块料。您看,我当初那么努力,但每次考试的成绩都不理想,有几次甚至都快倒数了。我现在想通了,学习好并不代表以后有出息,所以我现在就是混着过日子,等拿到毕业证就出去打工。"听到这里,我的心凉了半截,没想到眼前这个稚嫩的身躯竟有如此"成熟"的想法,我暗自发誓一定要帮李辉重拾学习的乐趣。

思　考

如果你是这位班主任老师,你打算如何为李辉提供学习策略方面的指导?

李辉之前的学习动机为什么会消失呢？又该如何激发并培养李辉的学习动机呢？

内容提要

本章是教育心理学的核心部分之一。首先阐述了影响学习的重要因素——学习动机的相关概念、学习动机理论、学习动机的培养等，旨在帮助读者理解学生学习动机的基本特点及其影响学业的规律，掌握激发并培养学习动机的方法。其次探讨了学习策略及学习问题，对学习策略的概念及其主要特征、学习策略的分类、学习策略的训练进行了分析，希望能够帮助读者对教育心理学体系中的学习策略及其学习有一个较全面的认知。再次阐述了学习迁移的概念及其类型，介绍了关于迁移研究的多种理论，尤其是当代的理论，在此基础上对影响迁移的一些因素以及在教学中如何促进迁移问题进行了分析。最后介绍了学习与学习的相关理论，主要是行为主义、认知主义、建构主义、人本主义的学习理论流派，旨在帮助读者建立对学习以及学习理论的整体印象，了解其发展的主要脉络和未来方向。

学习目标

1. 了解学习动机的功能，学习策略的分类，学习迁移的分类。

2. 理解学习的实质，学习动机理论，学习迁移理论，行为主义、认知学说、人本主义、建构主义等学习理论。

3. 掌握激发与培养中学生学习动机的方法，认知策略、元认知策略和资源管理策略，有效促进学习迁移的措施。

4. 运用行为主义、认知学说、人本主义、建构主义等学习理论促进教学。

第一节 学习动机

人们的任何活动总是从一定的动机出发，学生的学习活动也离不开学习动机。因此，有必要弄清学生学习动机的形成及其相关规律，这对调动学生学习积极性、提高学习效率有重要的作用。

一、学习动机概述

(一) 学习动机的概念

动机是指引起个体活动,维持已引起的活动,并指引该活动朝向某一目标的心理倾向。由此可知,学习动机是指引起学生学习活动,维持学习活动,并指引学习活动趋向教师所设定的目标的心理倾向。学习动机是直接推动学生进行学习的内部动力。一个学生是否想要学习、学习的努力程度、积极性、主动性等都与学习动机有关。学习动机对学习结果的影响是通过制约学习积极性来实现的,学习积极性是学习动机的一种直接外在表现,是在学习活动中是否认真、主动和投入的状态。

(二) 学习动机的成分

学习动机是由期待因素、价值因素和情感因素等三种心理成分构成的。学习动机的两个基本成分是学习需要与学习期待,两者相互作用形成学习的动机系统。关于学习需要和学习期待需要从以下几个方面来理解:

1. 学习需要与内驱力

学习需要是指个体在学习活动中感到有某种欠缺而力求获得满足的心理状态,包括学习的兴趣、爱好和学习的信念等。学习兴趣是学习动机中最活跃的成分。内驱力也是一种需要,但它是动态的。从需要的作用上来看,学习需要即为学习的内驱力,即学习驱力。

2. 学习期待与诱因

学习期待是个体对学习活动所要达到目标的主观估计。学习期待所指的目标可以是成绩,也可以是奖品、教师的赞扬、名誉、地位等。

学习期待不等于学习目标。学习期待是学习目标在个体头脑中的反映。诱因是指能够激起有机体的定向行为,并能满足某种需要的外部条件或刺激物。诱因可以是简单的物体,也可以是复杂的事物。凡是能使个体产生积极的行为,即趋向或接近某一目标的刺激物称为积极诱因。相反,消极的诱因可以产生负性行为,即离开或回避某一目标。学习期待是静态的,诱因是动态的。学习期待就其作用来说就是学习的诱因。外在诱因可分为三种:(1) 理智诱因,如目标与反馈;(2) 情绪诱因,如表扬与批评;(3) 社会诱因,如竞赛等。

3. 学习需要和学习期待的关系

学习需要和学习期待是学习动机的两个基本成分,两者密切相关。学习需要首先产生于好奇心,其次取决于学习材料的呈现方式,及学生对以往学习成败的体验。学习需要是个体从事学习活动最基本的动力,如果没有这种自身产生的动力,个体的学习活动就不可能发生。所以说,学习需要在学习动机结构中占主导地位。另外,学习需要是产生学习期待的前提之一,因为正是那些能够满足个体的学习需要与那些使个体感到可以达到的目标的相互作用形成了学习期待。学习期待则指向学习需要的满足,促使主体去达到学习目标。因此,学习期待也是学习动机结构中必不可少的成分。美国的托尔曼为学习结果期待说的创立作出了杰出贡献,班杜拉的有效性期待也举世瞩目。

(三) 学习动机的功能

学习动机的功能是指在学习活动的开始、进行和完成的全过程中,与学习动机有关的各因素的作用及其相互关系,以及学习效果对学习动机、学习活动的反馈作用。已有相关研究表明,学习动机推动着学生的学习活动,激发学生的学习兴趣,使学生保持一定的唤醒水平,指向特定的学习活动。具体而言,学习动机一般有以下三种功能:

(1) 激发功能。学习动机能激发个体产生某一学习行为。学习动机是引起某种学习行为的原动力,对学习行为起着始动作用。例如,一名学生知道自己的外语听力比较差,产生要训练听力的动机,他便会在这一动机的驱动下,出现相应的行为,如收看电视中播放的国外原版片、听英语故事等。

(2) 指向功能。学习动机能使个体的学习行为指向某一具体目标。学习动机是引导某种学习行为的指示器,对学习行为起着导向作用。在上述例子中,那名学生在要训练听力的动机引导下,将收听英语资料的行为明确指向训练听力这一目标,把注意力集中于外国原版片中人物的对话上。

(3) 维持和调节功能(强化功能)。学习动机能调节个体学习行为的强度、时间和方向。学习动机是调节某种学习行为的控制器,对学习行为起着调控作用。在上述例子中,那名学生在收听英语资料时把注意力集中于人物对话这一行为的强度、维持时间的长短,都受到该学习动机的制约。如果这一行为活动未达到训练听力的预定目标,该学习动机还会驱使他转换行为活动方向,比如放弃看外国原版片,而选择听外语录音训练磁带,以达到既定目标。一般来说,学习动机在整个学习过程中具有激发功能、指向功能、强化功能。此外,学习动机对学习的作用还取决于学习动机的类型,德怀克曾根据学习者所具有的学习动机的目标定向的差异,将学习动机划分为掌握目标定向和成绩目标定向两大类。以下将详细介绍学习动机的分类。

(四) 学习动机的分类

根据动机产生的诱因来源,可以分为内部学习动机和外部学习动机。内部学习动机是指诱因来自学习者本身的内在因素而产生的动机,即学生应对活动本身发生兴趣而产生的动机。比如,一个喜欢英语并认为自己有较好的外语学习能力的学生,在考试之后仍能保持对这门课程的兴趣,并能控制自己学习英语的行为。外部学习动机是指诱因来自学习者外部的某种因素而产生的动机,即在学习活动以外,由外部的诱因激发出来的学习动机。能够激起学生外部学习动机的诱因一般可以分为三类:① 理智的诱因,如目标与反馈(确立学习目标,让学生知道学习的结果);② 情绪的诱因,如表扬与批评;③ 社会的诱因,如个人或团体竞赛。

根据学习动机的社会意义,可以分为高尚的学习动机和低级的学习动机。判断动机高尚与低级的标准是是否有利于社会和集体。高尚的学习动机的核心是利他主义,如学生把当前的学习同国家和社会的利益联系在一起,把学习看成是对社会多做贡献和应尽的义务,则是高尚的学习动机;低级的学习动机的核心是利己的、自我中心的,学习动机只来源于自己眼前的利益,如把学习看成是猎取个人名利的手段,则是低级的学习动机。这种划分标准有时难以被正确把握,在教学实践中以此为标准判断时要持谨慎态度。

根据学习动机起作用时间的长短,可以分为近景的直接性学习动机和远景的间接性学习动机。近景的直接性学习动机是指由活动的直接结果所引起的对某种活动的动机,这种动机很具体,但不够稳定,易随环境的变化而变化。远景的间接性学习动机是指由于了解活动的社会意义、活动结果的社会价值而引起的对某种活动的动机,这种学习动机既具有一定的社会性和理想色彩,又与个人的志向、世界观相联系,具有较强的稳定性和持久性。

【真题链接】

[2015·上]选择题：最近，王华为了通过下个月的出国考试而刻苦学习外语。这种学习动机是（　　）。

A. 外在远景动机　　　　　　B. 内在远景动机
C. 外在近景动机　　　　　　D. 内在近景动机

【答案】　B

按动机在活动中作用的大小，可以分为主导性学习动机和辅助性学习动机。复杂的活动中往往存在多种动机，所起的作用各不相同。有的动机在学习活动中起着主要的支配作用，被称为主导性学习动机；有的动机起次要的辅助作用，叫辅助性学习动机。

根据学校情境中的学业成就动机，奥苏伯尔等人将动机分为认知内驱力、自我提高内驱力和附属内驱力。认知内驱力，即一种要求了解和理解的需要，要求掌握知识的需要，以及系统地阐述问题并解决问题的需要。一般来说，这种内驱力大多数从好奇倾向派生出来。但个体的这些好奇倾向或心理素质最初只是潜在的而非真实的动机，还没有特定的内容和方向，只有通过个体在实践中不断取得成功才能真正表现出来，并获得特定的方向。在有意义学习中，认知内驱力是最重要而且稳定的动机。这种动机指向学习任务本身(为了获得知识)，满足这种动机的奖励(知识的实际获得)是由学习本身提供的，属于内部动机。

自我提高内驱力是指个体由自己的学业成就而获得相应的地位和威望的需要。自我提高内驱力并非直接指向学习任务本身，而是把成就看作赢得地位与自尊心的根源，属于外部动机。

附属内驱力是指个体为了获得长者们(如家长、教师)的赞许或认可而表现出把工作、学习做好的一种需要。它既不直接指向学习任务本身，也不把学业成就看作赢得地位的手段，而是为了从长者或同伴那里获得赞许和接纳。附属内驱力是一种间接的学习需要，属于外部动机。

认知内驱力、自我提高内驱力和附属内驱力在动机结构中所占的比重并非一成不变,通常是随着年龄、性别、个性特征、社会地位和文化背景等因素的变化而变化。在儿童早期,附属内驱力最为突出,他们努力获得学业成就,主要是为了实现家长的期待,并得到家长的赞许。到了儿童后期和少年期,附属内驱力的强度有所减弱,来自同伴、集体的赞许和认可逐渐替代了对长者的依附。在这期间,赢得同伴的赞许就成为一个强有力的动机因素。而到了青年期,认知内驱力和自我提高内驱力成为学生学习的主要动机,学生学习的目的在于满足自己的求知需要,并获得相应的地位和威望。

【真题链接】

[2015·上]选择题：进入初中后,小磊为了赢得在班级中的地位和满足自尊需要而刻苦学习。根据奥苏贝尔的理论,小磊的学习动机属于(　　)。

A. 认知内驱力　　　　　　B. 自我提高内驱力

C. 附属内驱力　　　　　　D. 生理内驱力

【答案】　B

(五) 学习动机对学习的作用

学习动机是学习活动顺利进行的支持性条件。学习动机对学习的作用可表现在两个方面：影响学习进程与影响学习效果。

1. 学习动机对学习过程的影响

学习动机对学习过程的影响主要表现在：学习动机对学习行为有启动、定向和维持作用。当学生有了某些需要时,就可能引发其学习的内驱力,唤起内部状态,激起一定的学习行为。且这种学习行为被激起以后,学习动机的水平还可使学习活动稳定和维持在既定的学习任务上,并对学习过程进行调控,以促使学习目标的最终实现。

2. 学习动机与学习效果的关系

(1) 学习动机对学习效果的影响可分为两个方面：一方面是总体上整个动机水平对整个学习活动的影响；另一方面是具体的学习活动中学习动机对学习效果的影响。

① 在一般情况下,学习动机与学习效果的关系是一致的。学习动机越强,

有机体对学习活动的积极性就越高,学习效果就越佳,表现为学习动机可以促进学习,提高成绩。

但是,学习动机对学习效果的促进作用并不是直接的,而是通过一些中介机制间接地增强与促进学习的效果,所起的作用具体表现在:唤醒学习的情绪状态;加强学习的准备状态;集中注意力;提高努力程度和意志力。同时,还必须通过学习者的学习行为这一中间环节才能作用于学习结果,而学习效果又不单纯只受学习动机的影响,它还受一系列主客观因素,如学习基础、教师指导、学习方法、学习习惯、智力水平、个性特点、健康状况等的制约。因此,学习动机与学习效果之间的关系并不是完全成正比的,只有把学习动机、学习行为、学习效果三者放在一起加以考察,才能看出学习动机与学习效果之间既一致又不一致的关系。

表 2-1 学习动机与学习效果的关系

	正向一致	负向一致	正向不一致	负向不一致
学习动机	+	−	−	+
学习行为	+	−	+	−
学习效果	+	−	+	−

(注:"+"表示好或积极,"−"表示坏或消极)

从表 2-1 中可以看出,在四种学习动机与学习效果的关系类型中,有两种类型的学习动机与学习效果的关系是一致的,另外两种类型的学习动机与学习效果的关系则不一致。一致的情况是:学习动机强,学习积极性高,学习行为也好,则学习效果好(正向一致);相反,学习动机弱,学习积极性不高,学习行为也不好,则学习效果差(负向一致)。不一致的情况是:学习动机不强,但如果学习行为好,其学习效果也可能好(正向不一致);相反,学习动机强,学习积极性高,学习行为不好,学习效果差(负向不一致)。据此,我们便可以得出这样的结论:学习动机是影响学习行为、提高学习效果的一个重要因素,但却不是决定学习活动的唯一条件。在学习中,激发学习动机固然是重要的,但应当把改善各种主客观条件以提高学习行为水平作为重点来抓。只有抓住这个关键,才能保持正向一致和正向不一致,消除负向一致与负向不一致。

② 对一项具体的学习活动而言，学习动机与学习效果的关系并不是那么简单。只有当学习动机的强度处于最佳水平时，才能产生最好的学习效果。

耶克斯—多德森定律(见图2-1)表明，动机不足或过分强烈都会影响学习效果，具体表现如下：

第一，动机的最佳水平随着任务性质的不同而不同。在比较容易的任务中，行为效果(工作效率)随着动机的提高而上升；随着任务难度的增加，动机的最佳水平有逐渐下降的趋势。

第二，一般来讲，最佳水平为中等强度的动机。

第三，动机水平与行为效果呈倒U型曲线。

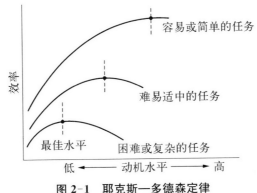

图2-1 耶克斯—多德森定律

【真题链接】

[2009·下]选择题：著名的耶克斯—多德森定律告诉我们，中等程度的动机激起水平，对学习效果的提高（　　）。

A. 也是中等　　B. 不利　　C. 关系不大　　D. 最有利

【答案】 D

(2) 学习效果反作用于学习动机。所学知识的增多，学习成就的取得可以进一步激发学生的好奇心和求知欲，进一步提高学生的自信心等，从而增强学生进一步学习的动机。教师在强调动机对学习的重要作用的同时，也应该看到所学的知识反过来又可以增强学习的动机。对于那些尚无学习动机或者学习动机不高的学生,尤其是年龄较小的学生,教师没有必要推迟学习活动。教学的最好办法是,把重点放在学习的认知方面而不是动机方面,致力于有效地教他们掌握有关知识,让他们获得成功的体验。学生尝到了学习乐趣,就有可能产生或者增强学习动机。

二、学习动机理论

由于学习动机的多样化,导致对学习动机作用的解释也多种多样,由此派生出多种不同的动机理论。下文将主要介绍学习动机的强化理论、需要层次理论、成就动机理论、成败归因理论、成就目标理论以及自我效能感理论。

(一)强化理论

行为主义有关学习动机的基本看法是,行为是由驱力所推动的,而驱力则由生理上的需要产生。动机是由外部刺激引起的一种对行为的冲动力量,强化是引起动机的重要因素。人的学习行为倾向完全取决于某种行为与刺激因强化而建立的稳固联系,受到强化的行为比没受强化的行为更倾向于再次出现。

行为主义的学习动机理论对学校教育的实际活动有着广泛影响,主要表现为采用强化原则,通过奖励与惩罚的措施来维持学生的学习动机。在教育上广为流行的程序教学与计算机辅助教学的心理基础,就是通过强化原则来维持学生的学习动机。但是,强化理论只讨论外部因素或环境刺激对行为的影响,忽略人的内在因素和主观能动性对环境的反作用。

实践表明,强化理论对某些简单的操作反应,如在驯化动物、知识学习、儿童行为教育、弱智及在特定条件下的行为矫正中,可以得到相当的效果;但应用到常态的成年人行为干涉中,或者人们思维中对成败因素的主观思维判断、预期期望意识、本能欲望倾向等占了上风时,强化理论往往便无法适用了。

(二)需要层次理论

1. 基本观点

美国心理学家马斯洛是该理论的提出者和代表人物。早期,他根据需要出现的先后及强弱顺序,把需要分成了五个层次,即生理需要、安全需要、归属与爱的需要、尊重需要和自我实现需要。这里的自我实现的需要由低到高可以分为认知需要、审美需要和自我创造需要。后来他又补充了求知需要和审美需要,即需要由五个层次扩充为七个层次(如图2-2所示)。

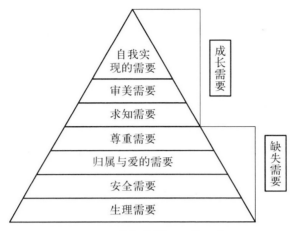

图2-2 马斯洛需要层次理论

(1) 生理需要。生理需要是人对食物、水分、空气、睡眠、性等的需要。它是人的所有需要中最基本、最原始,也是最强有力的需要,是其他一切需要产生的基础。

(2) 安全需要。安全需要是指希求受保护与免遭威胁从而获得安全感的需要。人在生理需要相对满足的情况下,就会出现安全的需要。人们希望得到较稳定的职位,愿意参加各种保险,都表现了他们的安全需要。

(3) 归属与爱的需要。归属与爱的需要,也称社交需要,是指每个人都有被他人或群体接纳、爱护、关注、鼓励及支持的需要。它是更高一级的需要,包括被人爱与热爱他人、保持友谊、被团体接纳等。

(4) 尊重需要。尊重的需要是在生理、安全、归属与爱的需要得到基本满足后产生的对自己社会价值追求的需要,包括自尊和受别人尊重两个方面。这种需要得到满足,就会感受到自信、价值和能力,否则就会产生自卑或保护性反抗。

(5) 求知需要。求知的需要,又称认知与理解的需要,是指个人对自身和周围世界的探索、理解及解决疑难问题的需要。马斯洛将其看成克服障碍的工具,但求知需要受挫时,其他需要的满足也会受到威胁。

(6) 审美需要。审美需要是指对对称、秩序、完整结构以及对行为完美的需要。审美需要与其他需要是相互关联、不可截然分开的,如对秩序的需要既是审美的需要,也是安全的需要、认知的需要(如数学、数量方面)。

(7) 自我实现的需要。这是最高层次的需要,是在上述需要得到满足后产生的。所谓"自我实现",即追求自我理想的实现,是充分发挥个人潜能、才能的心理需要,也是一种创造和自我价值得到体现的需要。

马斯洛对以上七种需要进行了进一步的区分:位于需要层次底部的四种需要被称为缺失需要,它们是个体生存所必需的。后三种需要是成长需要,它虽不是我们生存所必需的,但对于我们适应社会来说却有很重要的积极意义。较低级的需要至少必须部分满足之后才会出现对较高级需要的追求。与缺失需要相反,成长需要是永远得不到完全满足的需要。

2. 需要层次理论的教育启示

虽然马斯洛的需要层次论本身没有直接的教育意义,马斯洛也并未直接研究学习动机问题,但是需要层次理论却对教育、教学、学习等产生了间接的影响。需要层次理论说明,在某种程度上学生缺乏学习动机可能是由于某种缺失性需要没有得到充分满足而引起的。

(1) 教师发现学生行为异常时,要了解学生的日常状况,看低级的生理需要是否得到满足。

(2) 个体要有一个秩序、规范的生活环境和生活方式,这是一种生存的需要,是在生理的需要满足以后产生的。生理需要和安全需要虽然并不直接推动学习,却是保证学生进行有效学习的前提条件。这两种需求得不到满足,不仅学习活动无法进行,而且会导致学生出现身心疾病。

(3) 归属与爱的需要是学生交往的动力,在学校环境中,师生交往、同伴交往既是学习的条件,也是学习的内容。教师和家长要尽可能地给学生以爱,要创造一个良好和善的学习环境;要重视师生之间的交互作用,要让学生在集体中受到欢迎和接纳,得到友情、友谊,而千万不能使学生遭到拒绝或排斥。

(4) 尊重需要是推动学生学习的重要动力,学生具有好胜心、求成欲、自尊的动机和避免失败的心愿,因此,教师要很好地利用这一特点,要使学生有成功和获得赞许的机会,使他们从中获得成功的体验,同时要重视和珍惜他们的每一点进步和每一次成功。

(5) 求知需要就是学习动机,审美需要在很大程度上也是学习动机,它们推动人去求真、求善、求美。

(6) 自我实现的需要推动人发挥自己的潜能,是学校教育应该加以重点培养的。培养自我实现的需要在学习上至关重要,同时也是教育的主要目标。

(三) 成就动机理论

知识链接

阿特金森于1963年提出了成就动机模型,用量化的形式对成就动机理论进行说明。追求成功的动机由三个因素决定:成就需要或渴望成功的动机(Ms);成功完成任务的可能性(Ps);成功的诱因值(Is)。成就动机(Ts)是这三者的乘积,即 $Ts=Ms \times Ps \times Is$。在该公式中,$Ts$代表追求成功的倾向;$Ms$代表成就动机的水平,是个体追求成功的相对稳定的倾向;Ps代表成功的可能性,是个体认为自己完成某一任务成功的可能性;Is代表成功的诱因值(其中 $Is=1-Ps$),是指成功结果对个体而言的价值如何。由该公式可推断出,当任务难度为中等时($Ps=0.5$),动机作用最大,此时个体的成功欲望越大(即 Ms 越大),对个体的吸引力越大。

1. 基本观点

美国的奥苏泊尔认为,成就动机应该是学习动机的核心。成就动机理论的主要代表人物是阿特金森。成就动机是指个体努力克服障碍,施展才华,力求又快又好地解决某一问题的愿望或趋势[①],它是人类所独有的,是后天获得的具有社会意义的动机,能促使个体产生成就行为,并追求在某一社会条件下人们认为重要的社会目标。在学习活动中,成就动机是一种主要学习动机。阿特金森把个体的成就动机分为两类:力求成功的动机和避免失败的动机。力求成功者的目的是获取成就即通过各种活动努力提高自尊心和获得心理上的满足,成功概率为50%的任务是他们最有可能选择的。避免失败者则往往通过各种活动防止自尊心受伤害和产生心理烦恼,倾向于选择非常容易或者非常困难的任务。

---

① 陈琦,刘儒德主编.当代教育心理学[M].北京:北京师范大学出版社,2007:222.

【真题链接】

[2013·上]选择题：成就动机理论的主要代表人物阿特金森认为，避免失败者的目的是避免失败，减少挫败感，所以他们倾向于选择非常容易或非常难的任务。当一项任务的成功率为50%，他们会(　　)。

A. 可能选择　　　　　　　　B. 犹豫不决

C. 回避这项任务　　　　　　D. 坚决选择

【答案】　C

2. 成就动机理论的教育启示

成就动机理论对教育的启示主要表现为以下几方面：

(1) 在教育实践中对力求成功者，应通过给予新颖且有一定难度的任务，安排竞争的情境，严格评定分数等方式来激发其学习动机；

(2) 而对于避免失败者，则要安排少竞争或竞争性不强的情境，如果取得成功则要及时表扬给予加强，评定分数时要求稍稍放宽些，并尽量避免在公共场合下指责其错误；

(3) 由于力求成功的动机比避免失败的动机具有更大的主动性，因此，对学生还应增加他们力求成功的成分，使他们不以避免失败为满足，而以获取成功为快乐，这样才能真正调动一个人的积极性。

(四) 成败归因理论

1. 基本观点

归因是人们对自己或他人活动及其结果的原因所做的解释和评价。在学习和工作当中，人人都会体验到成功与失败，同时还会去寻找成功与失败的原因，这就是对行为进行归因的过程。人们会把成败归结为不同的原因，而产生相应的心理变化，并影响今后的行为。

美国心理学家韦纳对此进行了系统的研究。他把人经历过的事情的成败归结为六种原因：能力、努力程度、工作难度、运气、身体状况、外界环境；又把上述六项因素按各自的性质，分别归入三个维度(见表2-2)：内部归因、稳定性归因、非稳定性归因、可控制归因和不可控制归因。

表 2-2　韦纳成败归因理论中的六因素与三维度

因素 \ 维度	成败归因维度					
	稳定性		因素来源		可控性	
	稳定	不稳定	内在	外在	可控	不可控
能力	√		√			√
努力程度		√	√		√	
工作难度	√			√		√
运气		√		√		√
身心状况		√	√			√
外界环境		√		√		√

知识链接

习得性无助感的概念最初来自美国心理学家塞利格曼等人的经典实验。他们在实验室中先将狗固定在架子上进行电击，狗既不能预料也不能控制这些电击。在这之后，他们把狗放在一个中间用矮板墙隔开的实验室里，让狗学习回避电击。电击前十秒室内亮灯，狗只要跳过矮墙就可以回避电击。对于一般的狗来说，这是非常容易学会的，可是实验中的狗绝大部分没有学会回避电击，它们先是乱抓乱叫，后来干脆趴在地板上甘心忍受电击，不进行任何反应。塞利格曼认为，这一实验结果表明，动物在有了"某些外部事件无法控制"的经验后，会产生一种叫作习得性无助感的心理状态，这种无助感会使动物表现出反应性降低等消极行为，妨碍新的学习。后来以人为被试的许多研究，也得出了相似的结论。观察长期失败的儿童、久病缠身的患者、无依无靠的老人，在心态上也会出现习得性无助感的特征。

习得性无助感的产生过程分为四个阶段：一、获得体验。努力进行反应却没有结果的状况被称为"不可控状况"，在这种情况下人会体验各种失败与挫折。二、在体验的基础上进行认知。这时人会感到自己的反应与结果没有关系，产生"自己无法控制行为结果或外部事件"的认知。三、形成"将来结果也不可控"的期待，"结果不可控"的认知与期待会使人觉得自己对外部世界无能为力或感到无所适从，自己的反应无效，前景无望，即使努力也不能取得成果。也就是说,"结果不可控"的认知和期待使人产生了无助感。四、表现出动机、认知和情绪上的损害,影响后来的学习。

韦纳认为,每一个维度对动机都有重要影响。控制点维度与个体成败的情绪体验有关。稳定性维度与个体对未来成败的期望有关。可控制维度既与情绪体验有关,又与个体未来成败的预期有关。一个总是失败并把失败归于内部的、稳定的和不可控的因素(即能力低)的学生会形成一种习得性无助的自我感觉。习得性无助感是指由于连续的失败体验而导致个体产生的对行为结果感到无力控制、无能为力的心理状态。

2. 帮助学生正确归因以提高学生的学习成绩

(1) 教师根据学生的自我归因可预测此后的学习动机。学生自我归因虽未必正确,但却是重要的。因为归因促使学生在从了解自己到认识别人的过程中,建立起明确的自我概念,促进自身的成长;而如果学生有不正确的归因,则更表明他们需要教师的辅导和帮助。

(2) 长期消极的归因不利于学生的人格成长,这就需要教师利用反馈的作用,并在反馈中给予鼓励和支持,帮助学生正确归因,重塑自信。韦纳发现,在师生交互作用的教学过程中,学生对自己成败的归因,并非完全以其考试分数的高低为基础,而是受到教师对他的成绩表现所做反馈的影响。

(3) 通过归因训练改变学生消极的自我认识,提高学习动机。根据归因理论,学生将成败归因于努力比归因于能力会产生更强烈的情绪体验。努力而成功,体验到愉快;不努力而失败,体验到羞愧;努力而失败,也应受到鼓励。因此,教师在给予奖励时,不仅要考虑学生的学习结果,而且要联系学生学习进步与努力程度的状况来看,强调内部、稳定和可控制的因素。在学生付出同样努力时,对能力低的学生给予更多的鼓励;对能力低而努力的人给予最高评价;对能力高而不努力的人则给予最低评价,以此引导学生进行正确归因。归因训练的具体方法参见本节中"内在学习动机的培养与激发"。

(五)成就目标理论

成就目标理论是以成就动机理论和成败归因理论为基础,在德伟克能力理论的基础上发展起来的一种学习动机理论。德伟克认为,人们对能力持有两种不同的内隐观念,能力增长观和能力实体观。持能力增长观的个体认为,能力是可改变的,随着学习的进行是可以提高的;持能力实体观的个体则认为,能力是固定的,是不会随学习而改变的。

【真题链接】

[2011·下]材料分析题:李湘是一个十分聪明的学生,他的最大特点就是贪玩,学习不用功,每次考试他都有侥幸性心理,希望能够靠运气过关。这次期末考试他考得不理想,他认为这次是自己的运气太差了。请运用韦纳的归因理论来分析:

(1)他的这种归因是否正确?这种归因对他以后的学习会产生怎样的影响?

(2)如不正确,正确的归因应是怎样的?

(3)对教师来讲,正确掌握韦纳归因理论有何意义?

【答案要点】 (1)不正确。他将行为的原因归因为外部的不可控制的因素,这样他就不用对自己的行为负责,因此学习动机不高,学习成绩也不会提高,甚至越来越差。

(2)他应该将考试失败归因于自己的内部的可控制因素,如不努力。如果他认为学习失败是不努力造成的,那他将会相信只要自己努力,学习一定可以获得成功。

(3)有助于教师了解心理活动发生的因果关系,有助于根据学生行为及其结果推断出个体的稳定心理特征和个性差异,有助于从特定的学习行为及其结果预测个体在某种情况下可能产生的学习动机,对于改善其学习行为,提高其学习效果也会产生一定的作用。归因训练还有助于提高自我认识。

由于人们持有的能力内隐观念不同,因而他们的成就目标也存在差异。持能力增长观的个体倾向于确立掌握目标,他们希望通过学习来提高自己的能力;持能力实体观的个体倾向于确立表现目标,他们希望在学习过程中证明或表现自己的能力。研究表明,虽然这两类成就目标都可促进个体主动而有效地从事挑战性任务,但它们在更多的方面是不同的,具有不同的学习效果。在任务选择方面,掌握目标者倾向于选择能提供最多的学习机会的任务。表现目标者倾向于采取防御(保护)性策略,选择能证明其能力,避免显得无能的任务。在评价标准方面,掌握目标者根据是否取得进步来评价学习结果,是个性化的、自主的标准。表现目标者根据与他人的比较来评价自己的学习结果,因此容易产生在乎输赢的情绪。在情绪反应方面,从事简单的学习任务或付出较少的努力即可获取经验,这使掌握目标者感到无聊和失望,相反,经过艰苦努力,即使仍然失败,他们也对结果感到满意。对于表现目标者而言,从事简单的学习任务或付出较少努力即可获取经验,会使他们感到满意、自豪或解脱。他们只对成功的结果感到满意。在对学习结果的归因方面,掌握目标者认为努力是改善能力不可缺少的,关注努力而不是能力,往往把结果的成败归因于努力的多少。表现目标者将成败的结果归因于能力或运气,认为努力是低能的标志,并将错误视为失败或无能的反映。在学习策略的使用方面,掌握目标学习者倾向于应用那些能促进真正理解学习材料的策略(如有意义学习、精细加工、理解监控等)。表现目标者则倾向于应用那些较为机械的、应付目前学习任务的学习策略(如机械重复、抄写、机械记忆等)。在控制感方面,掌握目标学习者认为努力与学习结果之间的关系是直接的,可以控制与目标获得有关的因素,如个人努力。表现目标者认为在学习与学习结果之间有许多因素是由外界控制的,如他人的操作、评价者的评价标准等,个体自己无法控制。在对教师的作用与角色的看法方面,掌握目标者将教师看作帮助学习的资源和向导。表现目标者则认为教师是给予奖惩的法官。

(六)自我效能感理论

自我效能感指人们对自己是否能够成功地进行某一成就行为的主观推测和判断。这一概念最早由班杜拉提出来,在 20 世纪 80 年代以后得到了丰富和发展,也得到了大量实证研究的支持。

1. 基本观点

班杜拉指出,人的行为受行为的结果因素与先行因素的影响。行为的结果因素是强化,行为的先行因素是人在认知到行为与强化之间的依随关系之后产生的对下一步强化的期待。期待包括结果期待和效果期待。结果期待是指人对自己的某一行为会导致某一结果的推测。效能期待是指人对自己能够进行某一行为的能力的推测与判断,它意味着人是否确信自己能够成功地进行带来某一结果的行为。当个体确信自己有能力进行某一活动,他就会产生高度的"自我效能感",并努力实施该活动。

2. 自我效能感的作用

自我效能感形成后,对人的行为将产生极为深刻的影响,主要表现在决定人们对活动的选择以及对活动的坚持性。自我效能感水平高者倾向于选择富有挑战性的任务,在困难面前能坚持自己的行为;而自我效能感水平低者刚好相反。

自我效能感会影响人们面对困难时的态度。自我效能感水平高者敢于面对困难,富有自信心,相信通过坚持不懈的努力可以克服困难;而自我效能感水平低者在困难面前则缺乏自信,畏首畏尾,不敢尝试。

自我效能感不仅影响新行为的习得,而且影响已习得行为的表现。

自我效能感还会影响活动时的情绪。自我效能感高者活动时信心十足,情绪饱满,而自我效能感低者则充满恐惧和焦虑。

3. 影响自我效能感的因素

(1) 个人自身行为的成败经验。一般来说,成功经验会提高效能期望,反复的失败会降低效能感。当然,成功经验对效能期望的影响还要取决于个体对成败的归因方式。如果个体把成功归因于外部的、不可控的因素就不一定会影响效能感。

(2) 替代经验。个体的许多效能期望是来源于对他人的观察,如果看到一个与自己一样或不如自己的人成功,自己的效能感就会提高。

(3) 言语暗示。他人的言语暗示能提高自己的效能感,但缺乏经验基础的言语暗示效果是不巩固的。

(4) 情绪唤醒。班杜拉发现,高水平的情绪唤醒使成绩降低而影响自我效能感。当人们不为厌恶刺激所困扰时更能期望成功,但个体在面临某项活动任务时的心身反应、强烈的激动情绪通常会妨碍行为的表现而降低自我效能感。

上述四种因素对效能期望的作用依赖于个体的认知和评价,人们必须权衡与能力有关的因素和非能力因素对成败的作用。

三、学习动机的培养与激发

在教学实践中,教师要注意培养学生的学习动机,让学生做到真正的好学、乐学。下文将主要谈一谈如何培养和激发学生的学习动机。

(一) 学习动机培养的原则与条件

1. 学习动机培养的原则

培养和激发学生的学习动机非常重要,在培养的过程中应遵循如下几个基本原则:

(1) 在教学活动中培养学习动机。如前所述,学习动机有普遍性与特殊性之分。从任课老师的角度来看,他所关心的是学生对他教的科目有无学习动机。可以确定的是,学生对某一学科的热爱,是先学会而后才喜欢的。这说明学习动机只能在教学活动中培养,离开教学活动,学习动机是无从产生的。

(2) 先求满足学生的缺失性动机。学生之间的个别教育不仅表现在智能的高低,而在生理、安全、归属与爱以及尊重等各方面的需要,也同样存在着很大的个体差异。如果这些缺失性动机得不到满足,就难以培养出以求知需要为基础的学习动机。因此,先满足学生的缺失性动机才有其他的可能。

(3) 让学生确切了解学习的性质。教学活动是以学生为主体的,只有让学生确切了解学习活动的性质,他才会按教师设定的教学目标去用心学习。因此,在每一单元教学之初,教师必须让学生了解几个方面的问题:① 要他学的是什么,是知识还是技能;② 用什么方法去学习;③ 怎样考试。学生了解这些问题之后,由于对自己的学习有了目标与方向,在心理上就会比较乐于学习。

(4) 使每个学生都获得成功的体验。学习动机在性质上是追求成功的内在动机。假如追求成功的努力屡遭失败,学习动机自然不能维持。因此,教师必须针对学生的个别差异,设法使每个学生都获得成功的体验,以使他在努力之后获得满足,从而肯定自己的价值。因此,教师在对学生的作业进行评定时,不宜只按团体标准,而应重视个人的进步,以进步作为成功的指标。

(5) 善于利用反馈激发学生士气。如前所述,教师对学生学习行为的反馈,对学生以后的学习动机有很大的影响。无论教师的反馈是正面的(赞许或鼓励),还是负面的(批评或训斥),都会成为学生对自己学习成败归因的根据。根据教师的反馈进行归因之后,学生就可能对自己以后的行为形成一种预期:如果预期自己会成功,他就会努力去追求成功;如果预期自己会失败,他就会稍遇困难立即退缩放弃。于是,个人对自己未来的预期与以后的成败之间,无形中变成了因果关系。这是我们教师应该注意的。

2. 学习动机培养的条件

(1) 从外在动机转化为内在动机。学习动机的形成有外在和内在两种原因,前者是指学习动机由外在诱因引起,而后者是由个体自己内在需求引起。故教师在教学之初,应做好学情和教材分析,精心设计教法和教学活动,使之具有诱因的特征,从而引导学生喜欢学习。当外在学习动机获得适度满足之后,就有可能转化为内在学习动机,有了内在学习动机才能持续长久地学习。

(2) 从基本需要提升到成长需要。根据马斯洛的需要层次理论可知,要使学生产生求知需求,必须是先满足求知需求之下的其他四层更基础的需求。所以,要培养学生求知需求(该需求为内在的学习动机),就必须先满足学生的基本需求;否则,学生的求知需求就不会成为他成长的动力。

(3) 从需要满足发展到价值追求。教育的根本目的是从了解人性中去改变人性。从教育心理学的观点来看,了解人性和改变人性的构想落实在学校教育上,就是配合并选择学生心理上的需要,给予适度的满足,从而使其产生价值感,进而自发地去追求。

(4) 从成败经历中学到合理的归因。由归因理论可知,学生对其学业成败的归因是影响其以后学习动机强弱的重要因素。而且,对学习成就而言,成功与失败的经历都无法避免,也不应该避免。所以,教师应该注意培养学生对自己的成败做出合理的反省与归因解释。

(二) 学习动机的激发

学生的学习动机是学生爱上学习的心理表征。在教学过程中,教师非常关注学生的学习动机激发。怎么样才能更好地激发学生的学习动机呢?

(1) 创设问题情节,激发兴趣,维持好奇心。兴趣和好奇心是内部动机最为核心的成分,是培养和激发学生内部学习动机的基础。创设问题情境是指提供能使学生产生疑问、渴望从事活动、探究问题的情境,经过一定的努力能成功地解决问题的学习材料、条件和实践。成功的教学应不断创设问题情境,以激发学生的好奇心、求知欲,激发学生的内部学习动机。创设问题情境应遵循以下四个原则包括四个方面:一是问题要小且精;二是与学生生活经验相关;三是要有适当的难度(关于这一点具体参见"控制作业难度,恰当控制动机水平");四是要富有启发性。

(2) 设置适当的目标。当目标是由个体自己设定,而不是由他人设定时,个体通常会付出更多的努力。在设定一个目标时,教师可以与学生讨论过去设定的目标的实现情况,哪些成功了,哪些失败了,原因何在,并以此作为设置新目标的参考。教师要帮助学生设定一个既具有挑战性,但是又现实的目标,并表扬学生对目标的设定及实现。

(3) 控制作业难度,恰当控制动机水平。根据耶克斯—多德森定律,教师在教学时,要根据学习任务的不同难度,恰当控制学生学习动机的激起程度。所谓"平时如战时,战时如平时",就是要求在学习较容易、较简单的课题时,应尽量使学生集中注意力,使学生尽量紧张一点,动机激起水平达到中等偏高的最佳状态;而在学习较复杂、较困难的课题时,则应尽量创造轻松自由的课堂气氛,让动机激起水平处于中等稍低的最佳状态;在学生遇到困难或出现问题时,要尽量心平气和地慢慢引导,以免学生过度紧张而焦虑。从这个角度看,平日在学生中流传的"大考大耍,小考小耍,不考不耍"的调皮话,在一定程度上是有积极意义的。

(4) 表达明确的期望。学生需要清楚地了解自己应该做什么,如何被评价,以及成功之后会有什么收获,教师把期望明确地传达给学生是十分重要的。

(5) 提供明确的、及时的、经常性的反馈。通过反馈,学生能及时了解学习的结果,包括运用所学知识解决问题的成效、作业的正误、考试成绩的优劣等,从而产生相当大的激励作用。需要注意的是,反馈必须明确、具体,并紧随学生的学习结果。① 反馈必须明确、具体,特别是对年幼的学生,从而帮助学生形成有动机效应的努力归因;② 反馈必须及时,紧随个体的学习结果,以免学生延续类似的错误;③ 反馈必须是经常性的,使学生能付出最大的努力。频繁给予小的奖励比偶尔给予大的奖励更能促进学生的学习。

(6) 合理运用外部奖赏。外部奖赏在此是指物质上的奖励。对学生的学习行为和学习结果给予奖励能有效地促进其学习。但外部奖励运用不当,也很可能会引起意想不到的负面效果,可能会破坏内部动机。只有当内部动机缺乏时,物质奖励才能起到很好的激励作用。教师要根据学生的具体情况进行奖励,把奖励看成某种隐含着成功的信息,其本身并无价值,只是用来吸引学生的注意力,促使学生由外部动机向内部动机转换,对学习任务本身产生兴趣。有许多研究表明,如果滥用外部奖励,不仅不能促进学习,而且可能破坏学生的内在动机。

(7) 有效地运用表扬。表扬在课堂教学中的作用主要是通过鼓励学生表现出期望行为并对其适当的行为进行强化。教师对学生的肯定性评价具有积极的强化作用,能鼓励学生产生再接再厉、积极向上的心态,赞扬、奖励一般比批评、惩罚更具激励作用。表扬应注意两个方面,首先,表扬的方式比表扬的次数更重要。当表扬是针对某一行为结果,并且具体可信时,表扬就是一种有效的激励因素。其次,表扬应该是针对优于常规水平的行为,也就是说,如果学生平常就做得比较好,那么就不宜对他达到常规水平的行为进行表扬。而对那些平时表现不佳,但是有所进步的学生,教师就应该给予表扬。

表扬的有效性取决于它的具体性、可靠性以及行为结果的依随性,教师在运用表扬与批评时,要根据学生的年龄特征与个别差异,做到客观、公正、全面、恰到好处,既要赏罚分明,又要以理服人,这样才能收到预期的教学效果。虽然,表扬和奖励对学习具有推动作用,但使用过多或者使用不当,也会产生消极影响。所以,在教学中要根据学生的具体情况进行适当奖励,当然,对于某些学生而言,适度而善意的批评有时也能促进学习。

(8) 对学生进行竞争教育,适当开展学习竞争。竞争是激发学习动机的重要手段。教师在运用竞争时需要注意以下几点:① 教师要教育学生认识竞争的利弊,教给学生公平竞争的手段;② 按学生的能力等级进行竞争;③ 进行多指标竞争,让每个人都获得成就感;④ 提倡团体竞争;⑤ 鼓励个人的自我竞争和团体的自我竞争。

(三) 内在学习动机的培养与激发

激发与培养内部学习动机主要有以下四种方法:激发兴趣,维持好奇心;设置合适的目标;培养恰当的自我效能感;归因训练。前两种方法与"学习动机的

激发"这一部分中的前两种方法相同,可参照了解相应内容,在此不再赘述。下面我们重点阐述后两种方法:

(1) 培养恰当的自我效能感。在个体拥有了相应的知识技能后,自我效能感就成为个体行为的决定性因素。许多学生尤其是学业成绩不良的学生,由于对自己的学习能力持怀疑态度,表现出很低的自我效能感,在学习中放弃尝试和应有的努力,进而影响其学习成绩。教师可以通过为他们选择难易合适的任务,让他们不断地获得成功体验,进而提高自我效能感;让他们观看和想象那些与自己差不多的学生的成功操作,通过获得替代性经验和强化来提高他们的自我效能感,使他们确信自己也有能力完成相应的学习行为,从而推动学习的进行;教师还可以通过归因训练改变学生对自己学习能力的错误判断,形成正确的自我效能感判断。

(2) 归因训练。改变学生不正确的归因、提高学习动机可以从两方面入手:① "努力归因",无论成功或失败都归因于努力与否的结果。因为学生将自己的成败归因于努力与否会提高学生学习的积极性,当学习困难或成绩不佳时,一般不会因一时的失败而降低将来会取得成功的期望。② "现实归因",针对一些具体问题引导学生进行现实归因,以帮助学生分析除努力这个因素之外,影响学习成绩的因素还有哪些,是智力、学习方法,还是家庭环境、教师等因素。这些因素在多大程度上影响其学习成绩,并尽力指出解决这些问题的方法,以提高学生克服困难的勇气,增强自信心。这种归因训练的好处在于,在学生做"努力归因"时又联系现实,在做"现实归因"时又强调努力。

【真题链接】

1. [2013·下]简答题:结合实际阐述如何激发学生的学习动机。

【答案要点】 可结合实际从以下几方面展开阐述:(1)创设问题情节,激发兴趣,维持好奇心;(2)对学生进行竞争教育,适当开展学习竞争;(3)有效地运用表扬;(4)提供明确的、及时的、经常性的反馈;(5)表达明确的期望;(6)控制作业难度,恰当控制动机水平;(7)合理运用外部奖赏;(8)设置适当的目标。

2. [2012・下]简答题：简述激发与维持内在学习动机的措施。

【答案要点】 可结合实际从以下几方面展开阐述：(1) 激发兴趣，维持好奇心；(2) 设置合适的目标；(3) 培养恰当的自我效能感；(4) 训练归因。

第二节 学习策略

联合国教科文组织在《学会生存：教育世界的今天和明天》一书中指出："教育应该较少地致力于传递和储存知识(尽管我们要留心，不要过于夸大这一点)，而应该努力寻求获得知识的方法(即学会怎样学习)。"学会学习的关键是掌握学习策略，只有掌握了有效的学习策略，才能真正找到获取知识的金钥匙。

一、学习策略概述

对学习策略的研究，不可能绕开对学习策略的界定，下文将阐述学习策略及其相关概念。

(一) 学习策略的概念与特征

学习策略就是指学习者为了提高学习的效果和效率，有目的、有意识地制定的有关学习过程的复杂方案。它既可以是内隐的规则系统，也可以是外显的操作程序与步骤。

学习策略的特征：(1) 主动性。学习策略是学习者为了完成学习目标而积极主动地使用的。一般学习者采用学习策略都是有意识的心理过程。学习者在学习时，先要分析学习任务和自己的特点，然后依此制定适合自己的学习计划。对于较新的学习任务，学习者总是在有意识、有目的地思考着学习过程的计划，只有对于反复使用的策略才能达到自动化的水平。(2) 有效性。学习策略应是有效学习所需的。所谓策略，实际上是相对效果和效率而言的。一个人在做某件事时，使用最原始的方法，最终也可能达到目的，但效果未必很好，效率也不见得高。比如,记英语单词表,如果一遍一遍地朗诵,只要用足够的时间,最终也能记住,但是保持的时间不会太长,如果采用分散记忆或尝试背诵的方法,记忆的效果和效率会得到很大的提高。(3)过程性。学习策略应是有关学习过程的。即它应规定学习时做什么不做什么,先做什么后做什么,用什么方式做,做到什么程度等问题。(4)程序性。学习策略是学习者制定的学习计划,由规则和技能构成。每一次学习都有相应的计划,并且这些计划大多不同。但对于同一类型的学习存在着基本相同的计划,而这些基本相同的计划就是一些常见的学习策略。

【真题链接】

[2008·上]简答题:简述学习策略的特征。

【答案要点】 (1)有效性;(2)主动性;(3)过程性;(4)程序性。

(二)学习策略与自我调节学习

自我调节学习是为了保证学习成功、提高学习效果、达到学习目标,主动运用与调控元认知、动机与行为的过程。它强调学生能够积极激励自己拥有与调用适当的学习策略进行学习。

1. 自我调节学习的条件

学生要进行自我调节学习,必须具备四个条件:(1)能够自己确立学习目标;(2)能够意识到自己拥有的学习策略并确信它对自己学习的价值;(3)确信自己能够成功地进行自我调节学习;(4)具有为自己学习的意识、愿望与动机,并把学业作为一个积极的过程去探究、追求与享受。

2. 教师在自我调节学习中的作用

在学生自我调节学习的过程中,教师的作用有:(1)唤起学生有意识的自我监控;(2)通过演示自我调节和策略选择的方法程序,教给学生自我调节的技巧;(3)鼓励学生积极进行自我监控,以达到改进自我调节策略的目的。

二、学习策略的分类

不同的学者对学习策略有不同的理解,对学习策略的成分和层次提出了不同看法,并依次对学习策略作出了不同的分类。下文将选择几种有代表性的分类进行阐述。

(一) 丹瑟洛的分类

丹瑟洛认为学习活动是由多种内容紧密关联的活动构成的复杂活动系统,并提出了 MURDER 学习策略,其中 M 代表情绪的调整和维持,U 代表理解,R 代表回忆,D 代表消化和细述,E 代表扩展,R 代表复习和检查。

(二) 沃克斯福德的分类

沃克斯福德认为学习策略包含五个层面的内容,分别是:(1) 元认知策略,即用来帮助学生计划、管理以及评估学习过程的策略;(2) 情感策略,即用来提高学习兴趣和态度的策略;(3) 社会策略,即用来促进学生之间合作的策略;(4) 记忆与认知策略,即用来记忆与思考的策略;(5) 补偿性策略,即用来与学习者沟通,帮助学生克服知识上不足的策略。

(三) 皮连生的分类

皮连生根据信息加工过程将学习策略分为:(1) 促进选择性注意的策略,如自我提问、做读书笔记、记听课笔记等;(2) 促进短时记忆的策略,如复述、记笔记、组块等;(3) 促进新信息内在联系的策略,如分析材料的内在逻辑结构;(4) 促进新旧知识联系的策略,如通过比较新旧知识的异同,快速学习新知识;(5) 促进新信息长期保存的策略,如记忆术、提高加工水平等。

(四) 迈克卡的分类

迈克卡等人认为,学习策略可分为认知策略、元认知策略以及资源管理策略三种。具体的分类如图 2-3 所示。

1. 认知策略

认知策略是学习者在信息加工时所用的方法和技术。其基本功能有两个:一是对信息进行有效的加工与整理;二是对信息进行分门别类的系统存储。常用的认知策略有如下几种:

(1) 复述策略。复述策略是指在工作记忆中为了保持信息,运用内部语言在大脑中重现学习材料或刺激,以便将注意力维持在学习材料上的方法。它是短时记忆的信息进入长时记忆的关键。常用的复述策略有:① 在复述的时间上,采用及时复习、分散复习的方法;② 在复述的次数上,强调过度学习;③ 在

```
                  ┌ 复述策略(如及时复习、分散复习、过度学习、运用有意识记和无意识记、排除
                  │         互相干扰、运用多种感官协同记忆、整体识记与分段识记相结合、复
           认知   │         习形式多样化、画线)
           策略  ─┤ 精加工策略(如记忆术、做笔记、提问、生成性学习、运用背景知识和联系客观
                  │         实际)
                  └ 组织策略(如归类、纲要)
  学习    元认    ┌ 计划策略(如设置目标、浏览材料、设置思考题、分析)
  策略 ─ 知策 ─ ─ ┤ 监控策略(如阅读时对注意跟踪、对材料自我提问、考试监控速度和时间)
           略     └ 调节策略(如调节阅读速度、重新阅读、复习、使用应试策略)
                  ┌ 时间管理策略(如统筹安排学习时间、高效利用最佳时间、灵活利用零碎时间)
           资源   │ 环境管理策略(如调节自然条件、设计好学习的空间)
           管理 ─ ┤ 努力管理策略(如激发内在的动机、树立正确的学习信念、选择有挑战性的任
           策略   │         务、调节成败的标准、正确归因、自我奖励)
                  └ 学业求助策略(如寻找教师/伙伴帮助、使用伙伴/小组学习、获得个别指导)
```

图 2-3　学习策略的分类

复述的方法上,包括运用有意识记和无意识记、排除互相干扰、运用多种感官协同记忆、整体识记与部分识记相结合、复习形式多样化、画线等方法。如果我们对某事感兴趣,或者对它持积极态度,就会记得牢固;反之,则容易遗忘。

　　(2)精加工策略。精加工策略是指把新信息与头脑中的旧信息联系起来从而增加新信息意义的深层加工策略。它常被描述成一种理解记忆的策略,其要旨在于建立信息间的联系。联系越多,能回忆信息原貌的途径就越多,即提取的线索就越多。精加工越深入越细致,回忆就越容易。对于比较复杂的课文学习,精加工策略有说出大意、总结、建立类比、用自己的话做笔记、解释、提问以及回答问题等。

　　第一,记忆术。通过把那些枯燥无味但又必须记住的信息"牵强附会"地赋予意义,使记忆过程变得生动有趣,从而提高学习记忆的效果。常用的记忆术主要有:第一,形象联想法。这种方法是通过人为联想,使无意义的难记的材料和头脑中的鲜明奇特的形象相结合,从而提高记忆效果。想象的形象越鲜明越具体越好,形象越夸张越奇特越好,形象之间的逻辑联系越紧密越好。第二,谐音联想法。这种方法是通过谐音线索,运用视觉表象,假借意义进行人为联想。例如,把圆周率"3.141 592 653 5……"编成顺口溜"山巅一寺一壶酒,

尔乐苦煞吾……"等。第三,首字连词法。这种方法是利用每个词语的第一个字形成缩写,或者用一系列词语描述某个过程的每个步骤,然后将这一系列提取首字作为记忆的支撑点。第四,位置记忆法。这是一种传统的记忆术,最早被古希腊演讲家使用。它是通过与熟悉的地点顺序相联系起来记忆一些名称或者客体顺序的方法。位置记忆法对记忆有顺序的系列项目特别有用。第五,缩简和编歌诀。缩简就是将识记材料的每条内容简化成一个关键性的字,然后变成自己所熟悉的事物,从而将材料与过去经验联系起来。

第二,做笔记。做笔记策略是使用较为普遍的精加工策略。俗话说,好记性不如烂笔头。对于复杂的知识,教师可以指导学生做笔记。做笔记不仅可以有效地控制自己的认知加工过程,还有助于概括新的知识和建立新旧知识之间的联系。做笔记有利于保持学习者的注意和兴趣,以及有效地组织材料。

第三,提问。无论阅读还是听讲,学生要经常评估自己的理解状态,思考这样一些问题:这些新信息意味着什么,与课文中的其他信息以及以前所学的信息有什么联系等。或许他还可以用例子来说明这种新知识。如果教师在阅读时教学生提一些"谁""什么""哪儿"和"如何"的问题,他们可能领会得更好。

第四,生成性学习。生成性学习就是要训练学生对所阅读的东西产生的一个类比或表象,如图形、图像、表格和图解等,以加强其深层理解。这种方法最重要的一点,就是需要积极的加工,不是简单的记录和记忆信息,也不是从书中寻章摘句或稍加改动,而是要改变对这些信息的知觉。在教学中,教师要指导学生拟写课文中没有的、与课文中某些重要信息相关的或用自己的话组成的句子,从而把所学的信息和自身的知识经验联系起来。

【真题链接】

1.[2014·下]选择题:小丽在学习时为了记住数字、年代等枯燥无味的知识,常对其赋予意义,使记忆过程生动有趣,小丽使用的学习策略是(   )。

A. 复述策略   B. 精加工策略   C. 组织策略   D. 计划策略

【答案】 B

> 2.[2011·上]选择题:谐音联想属于学习策略中的(   )。
> A. 精加工策略   B. 复述策略   C. 组织策略   D. 元认知策略
> 【答案】 A

第五,运用背景知识,联系客观实际。对于意义性较强的学习材料则可以通过新知识与旧知识之间的连接,用头脑中已有的图式使新信息合理化。要充分利用背景知识,应注意在对新材料理解的基础上进行学习,而不是机械记忆式地学习,适时建立类比。也可以利用先行组织者策略,在新材料学习之前,温习与新材料有关的已有背景知识,以理解和记忆新知识。

(3)组织策略。组织策略是指将经过精加工提炼出来的知识点加以构造,形成知识结构的更高水平的信息加工策略。组织策略主要有两种:一种是归类策略,用于概念、词语、规则等知识的归类整理;另一种是纲要策略,主要用于对学习材料结构的把握。第一,归类策略。亦即组块,组块的方法有很多,有相似归类、对比归类、从属归类、递进归类等。归类是把材料分成小单元,再把这些单元归到适当的类别里。归类策略的应用能使人理清头绪,各知识点与概念之间不致混淆,方便知识的理解、记忆以及提取。

知识链接

符号纲要法简介

系统结构图。学完一科知识,对学习材料进行归类整理,将主要信息归为不同水平或不同部分,然后形成一个系统结构图。复杂的信息一旦被整理成一个金字塔式的层次结构,就容易理解和记忆。在金字塔结构里,较具体的概念要放在较抽象的概念之下。

流程图。流程图可用来表现步骤、事件和阶段的顺序。流程图一般是从左向右展开,用箭头连接各步。

模式或模型图。模式图就是利用图解的方式来说明在某个过程中各要素之间是如何相互联系的。模型示意图是用简图表示事物的位置(静态关系),以及各部分的操作过程(动态关系)。

网络关系图。网络关系图也称为概念图或网络图,在学习与教学中越来越受重视,被广泛应用。利用关系图可以图解各种观点是如何相互联系的。做关系图时,首先应找出课文中的主要观点;然后找出次要的观点或支持主要观点的部分;接着标出这些部分,并将次要的观点和主要的观点联系起来。在关系图中,主要观点位于图的正中,支持性的观点位于主要观点的周围。

第二,纲要策略。纲要策略也称提纲挈领,是掌握学习材料纲目的方法。纲要可以是用语词或句子表达的主题纲要,也可以是用符号、图式等形象表达的符号纲要。该类策略常见的方法为:① 主题纲要法。主题通常是学习材料的各级标题,有时也需要自己进行提炼。列提纲时要先对材料进行系统分析、归纳和总结,然后按材料的逻辑关系,以简要的词语写下主要与次要的观点,也就是以金字塔的形式呈现教材的要点,每一具体的细节都包含在高一级的类别中。② 符号纲要法。符号纲要法是采用图解的方式体现知识的结构,即做关系图。它比主题纲要法更直观形象,但要求学习者对符号相当熟悉。在做关系图时,应先识别主要知识点,然后识别这些知识点之间的关系,再用适当的图解来标明这些知识点之间的内在联系。

2. 元认知策略

(1) 元认知。元认知是对认知的认知,即个体对认知活动的自我意识与调节,包括:元认知知识、元认知体验和元认知监控。元认知知识是个体关于自己或他人的认识活动、过程、结果以及与之有关的知识,即知道做什么,它包括三个方面内容:① 有关学习者本身的知识。这类知识又可分为三类:关于个体内差异的知识、关于个体间差异的知识、关于主体认知水平和影响认知活动的各种主体因素的认识。② 有关任务的知识。③ 有关学习策略及其使用的知识。元认知体验是个体伴随认知活动而产生的认知体验或情感体验。元认知监控是指个体在认知活动中,对自己的认知活动进行积极监控,并相应地进行调节,以达到预定目标,即知道何时做,如何做。

(2) 元认知策略。学习的元认知策略是指学生对自己整个学习过程的有效监视及控制的策略。元认知策略大致可分为三种:① 计划策略。计划策略是指根据认知活动的特定目标,在认知活动开始之前计划完成任务所涉及的各种活动、预计结果、选择策略,设想解决问题的方法,并预估其有效性的策略。元认知计划策略包括设置学习目标、浏览阅读材料、设置思考题以及分析如何完成学习任务等。② 监控策略。监控策略是指在认知过程中,根据认知目标及时检测认知过程,寻找两者之间的差异,并对学习过程及时进行调整,以期顺利实现有效学习的策略。它具体包括领会监控、策略监控和注意监控。领会监控是指学习者在阅读过程中将自己的阅读领会过程作为监控意识对象,不断对其进行积极的监控和调整;策略监控是为了防止学习者在学习了某种策略后,不加利用,而仍沿用以往的习惯;注意监控是为了调节自己的注意,使其集中在学习任务上,而获得较好的学习效果。监控策略包括阅读时对注意加以跟踪和对材料进行自我提问、考试时监视自己的速度和时间等。③ 调节策略。调节策略是指在学习过程中根据对认知活动监视的结果,找出认知偏差,及时调整策略或修正目标的策略。在学习活动结束时,评价认知结果,采取相应的补救措施,修正错误,总结经验教训等。调节策略能帮助学生矫正自己的学习行为,补救理解上的不足。调节策略与监控策略有关。例如,当学习者意识到他不理解课的某一部分时,他们就会退回去读困难的段落;在阅读困难或不熟的材料时放慢速度;复习他们不懂的课程材料,测验时跳过某个难题先做简单的题目,等等。调节策略能帮助学生矫正自己的学习行为,补救理解上的不足。总之,元认知策略的这三个方面总是相互联系在一起工作的。

(3) 元认知策略的获得

元认知策略可以通过以下三条途径获得:一是通过学生的自身学习经验自发地获得;二是结合学科教学培养学生元认知的能力;三是通过专门的训练获得。元认知策略训练的方法主要有自我提问法、相互提问法和知识传授法三种。元认知策略具体的培养方式有:提高学生元认知学习的意识性;丰富学生关于元认知的知识和体验;加强对学生元认知操作的指导;给学生创立和谐、民主的反馈条件;注重引导学生对非智力因素的调控。

【真题链接】

[2013·上]选择题:丁力有意识地对自己的学习活动进行检查与监

控,他所运用的学习策略是(　　)。
　　A. 复述策略　　B. 调节策略　　C. 监控策略　　D. 计划策略
【答案】C

3. 资源管理策略

资源管理策略是辅助学生管理可用的环境和资源的策略,主要包括时间管理策略、环境管理策略、努力管理策略和学业求助策略。成功使用这些策略可以帮助学生适应环境或调节环境以适应自己的需要。

(1) 时间管理策略。该策略要求学生要做到如下三点:① 统筹安排学习时间。② 高效利用最佳时间。首先,要根据自己的生物钟安排学习活动。其次,要根据一周内学习效率的变化安排学习活动。再次,要根据一天内学习效率的变化安排学习活动。此外,要根据自己的工作曲线安排学习活动。因为随着学习的进行,人的精神状态和注意力会发生变化。一般来说,存在三种变化模式:先高后低;中间高两头低;先低后高。因此,每个人都要根据自己的模式,安排学习内容,确保状态最佳时学习最重要的内容。③ 灵活利用零碎时间。

(2) 环境管理策略。该策略主要表现为:① 注意调节自然条件,如流通的空气、适宜的温度、明亮的光线以及和谐的色彩等;② 设计好学习的空间,如空间范围、室内布置、用具摆放等良好的学习环境对于学生保持良好的心态具有重要作用。

(3) 努力管理策略。为了使学生维持自己的意志努力,需要不断鼓励学生进行自我激励。所以该策略包括:① 激发内在的动机;② 树立正确的学习信念;③ 选择有挑战性的任务;④ 调节成败的标准;⑤ 正确归因;⑥ 自我奖励等。

(4) 学业求助策略。学业求助策略指当学生在学习上遇到困难时,向他人请求帮助的行为。学业求助不是自身能力缺乏的标志,而是获取知识、增长能力的一种途径,是一种重要的学习策略。

(五) 张大均的分类

张大均根据学校学习的不同环节将学习策略分为学习准备的策略、课堂学习策略和课后巩固的策略。学习准备的策略包括制订学习计划的策略、学习心理准备的策略、课前预习的策略；课堂学习的策略包括陈述性知识学习的策略、策略性知识学习的策略和听课策略；课后巩固的策略包括课后复习的策略、运用与反思的策略。

三、学习策略的训练

有不少学生经常会把学习中的困难归因于能力不够，而实际上，他们的问题在于，从来没有人或很少有人教他们学会如何学习。教师的任务不应仅限于知识和技能的传授，学习策略的教学也应成为教学的重要目标。所以，学习策略的训练就显得尤为重要了。

（一）学习策略训练的原则

学习策略是可以通过训练获得的，在训练过程中应该遵循的一些基本原则有：

（1）主体性原则。主体性原则是指在学习策略教学中应该发挥和促进学生的主体作用。它既是学习策略训练的目的，又是必要的方法和途径，任何学习策略的使用都依赖于学生主动性和能动性的充分发挥。

（2）内化性原则。内化性原则是指在学习策略的学习过程中，学生能够不断实践各种学习策略，逐步将其内化成自己的学习能力，熟练掌握并达到自动化的水平，从而能够在新的情境中灵活应用。

（3）特定性原则。特定性原则是指学习策略一定要适于学习目标和学生的类型。同样的策略，不同的学生使用起来效果是不一样的。教师要针对学生的年龄、已有的知识水平以及学习动机类型，帮助学生选择学习策略或改善对其学习不利的学习策略。

（4）生成性原则。生成性原则是指在学习过程中要利用学习策略对学习的材料重新进行加工，产生某种新的东西。也就是说，学习者应该利用学习策略对学习材料进行生成性加工，而不是简单利用别人已有的知识和经验。

（5）有效监控原则。有效监控原则是指学生应该把注意力集中在学习结果和学习过程之间的关系上，监控自己使用每种学习策略所导致的学习结果，以便确定所选策略是否有效。经过这样的监控实践，学生就能够灵活把握何时、何地以及如何使用某种策略，甚至在这些策略运作时能将它描述出来。

(6) 个人效能感原则。个人效能感原则是指学生在执行某一任务时对自己胜任能力的判断和自信程度,它是影响学习策略选择的一个重要的动机因素。

(二) 训练学习策略的教学

1. 训练学习策略的一般要求

注重元认知监控和调节训练。在加强学习策略教学的同时注重元认知监控和调节的教学是提高学习策略教学的有效技术。元认知能意识和体验学习情境中各种变量间的关系及其变化,并导致感情活动的形成,而成熟的学习调节与控制则根据上述体验来监视并控制学习方法的使用,使之自始至终伴随学习过程并适合新的情境下的学习。

有效运用教学反馈。反馈能改进学习,提高学习效果。研究证明,如果降低训练的速度,增加反馈,使学生知道他们运用策略的不足之处,评价训练的有效性,理解学习策略的效应,或者体会到学习策略的确改善了他们的学习,学生就更有可能把学习策略运用于更为现实的学习情境中去。

提供足够的教学时间。学习的调节与控制是否自动化、学习方法的使用是否熟练,是学习策略持续使用和迁移的条件之一。为此,提供给学生足够的策略训练的时间,使之达到自动化的程度就显得十分必要。

2. 训练学习策略的教学模式

在学习策略的训练教学中,非常讲究教学方法。只有根据训练原则,应用相应的教学模式才能真正帮助学习者掌握有效的学习策略。

(1) 指导教学模式。指导教学模式的基本思想是学生在教师的引领下学习有关的学习策略,由激发、讲演、练习、反馈和迁移等环节构成。在教学中,教师先向学生解释所选定学习策略的具体步骤和条件,然后在具体应用中,教师不断给出提示,让学生口头叙述和明确解释所操作的每一个步骤以及请学生报告自己应用学习策略时的思维。同时,教师在教学中依据每种策略来选择许多恰当的事例来说明其应用的多种可能性。提供的事例应从学生的认知水平出发,由简到繁。

(2) 程序化训练模式。根据加涅的学习层次理论,程序化训练就是将活动的基本技能分解成若干有条理的小步骤,在其适合的范围内作为固定程序。学习者要按程序进行活动,经过反复练习使之达到自动化程度。① 将某一活动技能按有关原理分解成可执行、易操作的小步骤,而且使用简练的词语来标志每个步骤的含义。② 通过活动实例示范各个步骤,并要求学生按步骤活动。③ 学生记忆各步骤并坚持练习,直至达到自动化程度。

(3) 完形练习模式。完形练习模式就是在直接讲解策略之后,提供不同程度的完整性材料促使学生练习策略的某一个成分或步骤,然后逐步降低完整性程度,直至完全由学生自己完成所有成分或步骤。这种教学模式能够使学生有意识注意每一个成分或步骤,而且每一步训练所需的心理努力都是学生能够胜任的。更为重要的是,每一步训练都给学生以策略应用的整体印象。

(4) 交互式教学模式。交互式教学模式,是由教师和一组学生(大约6人)一起进行的,主要是为了把擅长阅读的人的心智模型,通过策略外化成不擅长阅读的学生能操作的程序,以帮助成绩差的学生阅读领会。此外,交互式学习还是一种很好的改善人际关系的学习方式,学生在互帮互学的过程中增加交往活动。

一开始,教师朗读一段课文做一个示范,并就其核心内容进行提问,最后概括出本段课文的中心大意。在这里,教师先树立一些榜样性行为,示范四种主要策略:① 提问——提出与要点有关的问题。提问是为了引起讨论,提问要通过思维并且应该是建立在对阅读材料熟悉的基础上。② 总结——总结段落内容。学生在总结的过程中必然要调动组织原有的记忆。③ 析疑——明确材料中的难点。析疑进一步把注意力指向文章的难点。④ 预测。预测下文出现什么。预测是综合能力的表现,还有助于小组成员为阅读下一段课文做准备。然后,教师指定一个学生扮演教师,彼此提问,教师改变自己的角色,在学生不会使用策略时给以必要的帮助,起一个促进者和组织者的作用,旨在促进学生练习和掌握这四种策略。

【真题链接】

[2011·上]填空题:为了掌握预测、提问、解释、总结等四种策略,教师和学生不断互换角色的学习策略训练模式是_____模式。

【答案】 交互式教学

(5) 合作学习模式。有人通过实验研究,将这样一种学习形式模范化了,并称之为"合作性讲解"。在这种学习活动中,两个学生一组,一节一节地彼此轮流向对方总结材料,当一个学生主讲时,另一个学生听着,纠正错误和遗漏,然后,两个学生彼此变换角色,直到学完所学材料为止。合作性讲解的两个参与者都能从这种学习活动中受益,而主讲者比听者获益更大。

在实际教学中,教师不管采用什么方法进行学习策略的教学,都要结合学科知识。教师要善于不断探索并优化自己的教学步骤,为学生提供可以效仿的活动程序;同时要根据学生原有的学习方式和基础来启发学生的思路,让其有意识地内化有效的学习策略。

第三节 学习迁移

学习迁移是教育心理学研究的一个既古老又充满活力的领域。在整个20世纪中,学习迁移问题始终是教育心理学的热点。教育心理学之所以一直关注和重视学习迁移问题,是因为迁移将所学的知识、技能与行为方式应用于新的问题情境当中,是完整的知识学习的一个环节。

一、学习迁移概述

学习迁移也叫训练迁移,即一种学习对另一种学习的影响,或习得的经验对完成其他活动的影响。迁移广泛存在于各种知识、技能与社会规范的学习中。由于学习活动总是建立在已有的知识经验之上,这种利用已有知识经验不断地获得新知识与技能的过程,可以被认为是广义上的迁移。而新知识与技能的获得也不断地使已有的知识经验得到扩充和丰富。我们常说的"举一反三""触类旁通"等都可以用迁移的道理加以解释。通过迁移,各种经验得以沟通,经验结构得以整合。

教育心理学研究的学习迁移是狭义的迁移,特指前一种学习对后一种的学习的影响或者后一种学习对前一种学习的影响。

二、学习迁移的类型

根据不同的角度,学习迁移可以划分为许多类型。将学习迁移划分不同类型反映了学习迁移的复杂多样性,也反映了教育心理学对学习迁移研究的变化和发展。

(一) 正迁移、负迁移和零迁移

根据迁移的性质和结果,可分为正迁移、负迁移和零迁移。正迁移也叫"助长性迁移",是指一种学习对另一种学习的促进、助长作用。学习是利用过去的知识经验的过程,过去的知识经验对新的学习起着积极的促进作用,同时,新的学习也会进一步扩充已有的知识经验,学生的知识、技能正是在这种过程中不断地获得发展。例如,学生掌握了圆锥体体积计算公式 $V=\dfrac{1}{3}sh$,就有助于学习三棱锥、四棱锥的计算方法。

【真题链接】

[2012·上]辨析题:学习迁移是学习过程中的常见现象,它对新知识、新技能的学习起促进作用。

【答案要点】 该说法错误。学习迁移也称训练迁移,是指一种学习对另一种学习的影响,或习得的经验对完成其他活动的影响。学习迁移按照不同的分类标准,会有不同的分类结果。如根据迁移的性质和结果来划分,可以把学习迁移分为正迁移和负迁移,其中正迁移对学习起促进的积极作用,负迁移对学习起干扰、阻碍的消极作用。由此,笼统地说学习迁移对学习新知识起促进作用是不准确的。

负迁移也叫"抑制性迁移",是指一种学习对另一种学习的干扰或阻碍作用,对另一种学习产生了消极的影响。例如,学习了汉语拼音之后再学习英语音标的发音,最初常常受到干扰。两种学习也可能不发生相互影响,这种状态称为零迁移,它是迁移的一种特殊形式。

(二) 顺向迁移和逆向迁移

根据迁移发生的方向,可分为顺向迁移和逆向迁移。顺向迁移是指在学习过程中,学习迁移可以是先前学习对后继学习产生的影响,或者是当学习者面临新的情境或问题时,利用已有的知识经验去面对新情境,解决新问题。后进行的学习对先前学习也会产生影响,这就是逆向迁移。逆向迁移主要表现为通过后面的学习对已获得的知识技能予以扩充、改组或修正,从而进一步理解和丰富已有的知识经验。

(三) 纵向迁移和横向迁移

根据知识所处的不同层次,可以将迁移分为纵向迁移和横向迁移。纵向迁移也称为垂直迁移,是指概括与抽象程度不同的学习之间的相互影响。垂直迁移表现在两个方面:一是自下而上的迁移,即下位的较低层次的经验影响上位的较高层次经验的学习;二是自上而下的迁移,即上位的较高层次的经验影响下位的较低层次经验的学习。例如,学习"角"概念之后,再学习"直角""锐角"等概念。横向迁移也称水平迁移,是指同一层面的学习间的相互影响。例如,学习了"直角"的概念之后,再学习"锐角""钝角"等概念。

【真题链接】

[2015·上]选择题:学生小辉由于会打羽毛球,很快就学会了打网球,这种现象为( )。

A. 顺向正迁移 　　　　B. 逆向正迁移
C. 顺向负迁移 　　　　D. 逆向负迁移

【答案】 A

(四) 一般迁移和特殊迁移

根据迁移内容的不同,分为一般迁移和特殊迁移。一般迁移是指一种学习中所习得的一般原理、原则和态度对另一种具体内容学习的影响,即原理、原则和态度的具体应用。例如,数学学习中形成的认真审题的态度及其审题的方法也将影响到化学、物理等学科中的审题活动。特殊迁移即具体迁移,是某一领域或课题的学习对学习另一领域或课题所产生的影响。例如,英语学习中,当学完单词 eye(眼睛)后,再学习 eyeball(眼球)时,即可以产生特殊迁移,也就是说,利用具体的相同字母组合的迁移来进行新的学习。

(五) 近迁移和远迁移

根据迁移程度不同,可分为近迁移和远迁移。近迁移主要指已习得的知识或技能在与原先学习情境相似的情境中加以运用,例如,在教学中学生学习写"记我熟悉的人"这类题材的作文时,教师先教学生写《记我的妈妈》,等学生掌握规则后,可以把规则迁移到《记我的老师》等写作中去。远迁移是指已习得的知识或技能在新的不相似情景中的运用,如将校内学习的知识经验迁移到校外的实际生活中去。

(六) 低路迁移和高路迁移

根据迁移的路径,可以分为低路迁移和高路迁移。低路迁移是指以一种自发的或自动的方式所形成的技能的迁移。这种迁移是通过在各种情境中的练习获得的,其发生几乎不需要或很少需要意识、思维的参与。高路迁移则是有意识地将某种情境中学到的抽象知识应用于另一种情境中的迁移。

在低路迁移中,通过在各种情境中不断的练习而习得技能,不需要或者很少需要意识、思维的参与。在高路迁移中,技能的习得则是有意识的。比如,当学生在一种学习情境中抽取出了一种规则、原则、范例、图式等,然后运用到新的情境,这就属于高路迁移。

(七) 同化性迁移、顺应性迁移和重组性迁移

根据迁移过程中所需的内在心理机制的不同,迁移也可以划分为同化性迁移、顺应性迁移和重组性迁移。同化性迁移是指不改变原有的认知结构,直接就将原有的认知经验应用到本质特征相同的一类事物中去。原有认知结构在迁移过程中不发生实质性的改变,只是得到某种充实。顺向迁移指将原有认知经验应用于新情境中时,需调整原有的经验或对新旧经验加以概括,形成一种能包容新旧经验的更高一级的认知结构,以适应外界的变化。重组性迁移指重新组合原有认知系统中某些构成要素或成分,调整各成分间的关系或建立新的联系,从而应用于新情境。在重组过程中,基本经验成分不变,但各成分间的结合关系发生了变化,即进行了调整或重新组合。

三、学习迁移理论

学习迁移是人们很早就关心的一种现象,但是对这种现象进行系统的理论探讨和研究则开始于 18 世纪中叶以后。自此,许多心理学家从不同的心理学立场出发,或者通过精心的实验,或者结合教育、教学的实际,对学习迁移发生

的原因、过程以及影响因素等方面进行了研究和说明,形成了众多的关于学习迁移的理论或观点。

(一) 早期的迁移理论

1. 形式训练说

形式训练说是最早的关于迁移的理论,以官能心理学为心理学基础,代表人物有德国的沃尔夫。官能团心理学认为人心是由若干官能组成,比如说注意、意志、记忆、知觉、推理、想象等,它们都是一个个独立的实体,各种官能就像人的肌肉一样,可以通过训练得到增强。因此,形式训练说认为训练和改进心的各种官能是教学的重要目标,教育的任务就是要改善学生的各种官能,而改善以后的官能就能够自动地迁移到其他的学习中去,一种官能的改进也能增强其他的官能。

2. 共同要素说

桑代克等人认为,迁移是非常具体的、有条件的,需要有共同的要素。只有当两个机能的因素中有相同要素时,一个机能的变化才会改变另一个机能的习得。两种情境中的刺激相似、反应也相似时,迁移才会发生。两种情境中相同要素越多,迁移的量也就越大。几乎与此同时,另一位心理学家武德沃斯通过研究也得出了与桑代克相同的结论,因此,把相同要素说改为共同要素说。根据共同要素说,如果两种学习活动含有共同成分,无论学习者是否意识到这种成分的共同性,都会产生迁移现象。这些理论对学习迁移的研究和实际教学产生了积极的影响,但它只看到学习情境的作用,完全忽略了主体因素对学习迁移的影响,只从一个维度讨论学习间的影响问题,忽略了一种学习也可能会对另一种学习产生干扰作用。

3. 概括化理论

概括化理论也称为经验类化(泛化)说,由美国心理学家贾德提出,其主要观点是,一个人只要对自己的体验进行了概括,就可以完成从一个情境到另一个情境的迁移。他认为先前的学习之所以能迁移到后来的学习中,是因为在先前学习中获得了一般原理,这种一般原理可以部分或全部地运用于后面的学习中。对理解了解、概括得越好,迁移效果也越好。贾德在 1908 年所做的"水下击靶"实验,是概括化理论的经典实验转换说的经典实验。

知识链接

"水下击靶"实验

1908年,贾德进行了一个很著名的"水下击靶"实验。实验中,贾德把小学五、六年级的学生分为A、B两组,练习向置于水中的靶子投掷标枪。A组学生在练习投掷以前先深入学习光学"折射原理",B组学生不学折射原理直接进行投掷。当靶子置于水面3 cm时,两组成绩没有太大区别,因为所有的学生首先必须学会运用标枪,所学理论还没有起作用。后来,当向离水面10 cm的靶子投掷时,两组的成绩有了明显的差别,掌握了"折射原理"的学生不论在投掷的速度还是准确程度上,都超过了B组的学生,B组学生则表现出很大的混乱。

4. 关系转换理论

格式塔心理学家提出关系转换理论,也称为关系转换说或转换理论。认为迁移是学习者突然发现两个学习经验之间关系的结果,是对情境中各种关系的理解和顿悟,而非由于具有共同成分或原理而自动产生,学习迁移的重点不在于掌握原理,而在于觉察到手段与目的之间的关系。他们认为学生"顿悟"与情境之间的关系,特别是手段—目的之间的关系,是实现迁移的根本条件。苛勒所做的"小鸡觅食"实验是支持关系转换说的经典实验。

知识链接

格式塔心理学的苛勒在1929年做了著名"小鸡觅食"实验。实验中他给小鸡呈现两张不同颜色的纸,一张是浅灰色的,一张是深灰色的,食物总是放在颜色较深的纸上面。经过400到600次的训练,小鸡都学会了在深颜色的纸上找到食物。然后用更深颜色的纸代替原来的浅灰色纸。实验表明,小鸡不是在原来的深色纸上去找食物,而更多的是从更深颜色的纸上寻找食物。

(二)当代的迁移理论

这些早期的迁移理论从不同的角度对迁移进行了探讨,但局限于研究手段的落后、研究范围的狭窄以及缺乏其他相关学科的新观念的影响,迁移的研究并无实质性的进展。随着认知科学与信息技术加工理论的产生与发展,研究者试图用认知的观点与术语来解释、研究迁移问题,并提出了一些新的迁移理论。

1. 认知结构迁移理论

所谓认知结构,简单地说就是学生头脑中的知识结构。从广义上讲,认知结构是学生已有观念的全部内容及其组织;从狭义上讲,认知结构是指学生在某一学科的特殊知识领域内的观念的全部内容及其组织。所以,认知结构主要是由两部分构成的,一是指人在以前学习和经验的过程中所形成的知识经验本身,是以观念的形式存在于人的头脑当中;二是指对这些知识经验的组织。

奥苏伯尔在有意义接受学习理论的基础上提出了认知结构迁移理论,认为一切有意义的学习都是在原有认知结构的基础上产生的,不受原有认知结构影响的有意义学习是不存在的。一切有意义的学习必然包括迁移,迁移是以认知结构为中介进行的,先前学习所获得的新经验,通过影响原有认知结构的特征影响新学习。

认知结构迁移理论指出,学生学习新知识能否发生迁移受到原有认知结构中已有观念的可利用性、认知结构中原有的观念和新知识的可辨别性、认知结构中原有的知识的巩固性三个因素的影响。简单地说,认知结构可利用性、可辨别性和稳定性影响新知识学习的迁移。"为迁移而教"实际上是塑造学生良好认知结构的问题。在教学过程中,可以通过改革教材内容和教材呈现方式改进学生的原有认知结构变量以达到迁移的目的。

2. 产生式理论

产生式理论是针对认知技能的迁移提出来的。其基本思想是:前后两项学习任务产生迁移的原因是两项任务之间产生式的重叠,重叠越多,迁移量越大。两项任务之间的迁移,是随其共有的产生式的多少而变化的。所谓产生式就是有关条件和行动的规则,简称 C-A 规则。产生式迁移理论是根据安德森的思维适应性控制理论(简称 ACT)发展而来的。根据 ACT 理论,技能的学习分两个阶段:(1) 规则以熟悉知识的形式进入学习者的命题网络。(2) 经过变式练习转化为以产生式表征的程序性知识。当两项任务之间有共同的产生式或产生式的重叠时,迁移就会产生。也就是说,产生式的相似是迁移产生的条件。

安德森设计了大量实验来验证这一迁移理论,但对该理论的研究目前仍停留在计算机模拟阶段。尽管如此,它对实际教学的意义还是十分明显的。两项任务共有的产生式数量决定迁移水平,因此,要注重基本概念、原理和规则的教学,以便为后继的学习做准备。因此,必须充分练习先前学习的内容,才易于迁移。

在实际的学习情境中,教育者应该利用这些理论来创设完成学习的情境。各种理论的综合应用比单用其中任何一种可能会更有效。学习有不同的类型,宜用不同的理论来解释,这样才能更好地将迁移理论运用于指导实际的学习活动。

四、影响学习迁移的因素

学习迁移是学习过程中普遍存在的一种现象,学习过程中许多因素都会直接或间接地影响学习的迁移。

1. 学习材料的特点

学习材料作为学生学习的对象和知识的主要来源,对学习迁移有着重要影响。很多迁移理论都在其理论假说中提及材料对迁移的重要作用,如桑代克的共同要素说。例如,英语和法语在字形、读音和语法结构上有相同或相似的地方,学习这两门外语,在听、说、读、写能力以及记忆、思维等心理过程方面有共同要求,所以学习时就易产生正迁移。又如平面几何、立体几何之间共同因素比较多,学习时也有正迁移。相反,学习对象没有或缺少相同因素,学习时就易产生负迁移。或虽有共同因素,但要求学习者在学习时做出不同的反应时,则可能产生负迁移。总之,共同因素是学习迁移产生的客观必要条件,但不是唯一的条件。

2. 原有的知识结构

奥苏伯尔的认知结构迁移理论认为原有结构的特征直接决定了迁移的可能性及迁移的程度。原有认知结构对迁移的影响表现在以下三个方面:

(1) 学习者是否拥有相应的背景知识,这是迁移产生的基本前提条件。已有的背景知识越丰富,越有利于新的学习,迁移越容易。认知结构中是否有适当的起固定作用的观念可以利用,是决定新的学习与保持的最重要因素。

(2) 原有的认知结构的概括水平对迁移起到至关重要的作用。根据概括化理论,产生学习迁移的关键是学习者能概括出两种学习存在的共同原理,也就是已有经验的泛化水平,这必然要影响到迁移的效果。

(3) 学习者是否具有相应的认知技能或策略、对认知活动进行调节以及控制元认知的策略对迁移的产生有重要影响。有时学习者虽然掌握了某种迁移所必需的知识,且学习对象也具有相似性,但仍不能产生迁移,其原因之一就是缺乏必要的认知和元认知技能与策略。拥有认知策略和元认知策略,可以使学习者沿着正确、合理的程序分析问题,使其注意力集中到迁移的问题上,促使个体知道何时、何处、如何迁移某种经验,也可以在一定程度上增强对学习内容的理解。掌握必要的认知策略和元认知策略,是提高迁移发生可能性的有效途径。

3. 对学习情境的理解

大多数心理学理论都强调学习情境在迁移中具有重要作用。学校环境下真实学习活动中的情境化内容,就是以学习者为中心,创建实习场,在这个实习场中学生遇到的问题和进行的实践与今后校外遇到的问题是一致的。此外,还应密切关注知识经验获得的情境与知识应用的情境,如情境中事物之间的关系、问题呈现的方式与空间位置、两种情境的类似情况等。

4. 学习的心理准备状态

心理准备状态是在过去学习或活动过程中形成的,又会对未来的学习或活动产生影响,这种影响有时候是积极的,有时候也有可能是消极的。学习定势在迁移研究中是被较多讨论的一种心理准备状态。

所谓定势就是指由先前影响所形成的往往不被意识到的心理准备状态,它将支配人以同样的方式去对待同类后继活动。定势是在连续活动中发生的,它使人倾向于在认识方面或外显行为方面以一种特定的方式进行反应。定势实际上是关于活动方向选择方面的一种倾向性,这种倾向性本身是一种活动经验。它往往为分析问题、解决问题提供思路或线索,因此定势会影响学习迁移。定势的作用有两重性:一是积极的促进作用,二是消极的阻碍作用。

学生在学习活动中的思维定势和学习方法定势会影响到迁移的性质、程度。根据定势对迁移影响的双重性,要求教师在实际教学过程中,预见到定势的消极影响,既要考虑所学课题与原有经验的同一性,利用积极的定势帮助学生迅速掌握解决一类课题的方法;同时又要变化课题,有意识地进行提示和分化,培养学生思维活动的灵活性、流畅性和创造性的品质,防止定势的负迁移影响。

5. 学习策略的水平

学习策略和方法对学习迁移效果的影响范围非常广泛,主要表现在认知策略与元认知策略对迁移的影响。研究表明,儿童学习策略主要是通过自发的形式获得,并且大体分为三个时期。学前期儿童、小学期儿童以及初高中时期的学生,其学习策略在不断发展,各个时期均有不同特点。因此,不同时期学习策略发展的水平不可避免地会影响知识学习、问题解决和迁移。策略对迁移的影响主要表现在发展水平、策略的丰富程度以及依据情境的变化灵活运用等方面。

6. 认知结构的特点

认知结构是人们过去对外界事物进行感知、概况的一般方式或经验所构成的观念,其质量,如知识经验的准确性、知识经验的丰富性、知识经验间联系的组织特点等都会影响学生对新知识的学习,影响解决问题时提取已有知识经验的速度和准确性,影响学习的迁移。

7. 教师的指导

教师有意识的指导能令学习者发生正迁移。教师要启发学生注意对学习材料进行必要的概括总结,还可以直接教给学生一般性的原则,有效地指导学生的实践。"授人以鱼,不如授人以渔",教师还应该关注学习方法和策略的传授,让学生学会学习。

五、教学中如何促进学习迁移

(一)改革教材内容

根据认知结构迁移理论,认知结构中是否有适当的起固定作用的观念可以利用,是决定新的学习与保持的重要因素。为了促进迁移,教材中必须有那种具有较高概括性、包容性和强有力的解释效应的基本概念和原理。好的教材结构可以简化知识,产生新知识,有利于知识的运用。这种结构必须适合学习者的能力。

1. 精选教材,提高对概念和原理的理解水平

教材内容设计上,最关键的是要包含基础知识和原理。各种各样的知识技能都包含某些一般原理和共同成分,即基础知识、基本技能。它们就是知识结构的"骨干",是教材的中心、教学的重点,也是学生学习的核心,比个别经验和事实更具普遍性,更有实现正迁移的可能性。但也必须配合具有典型代表性的事例,并阐明这些概念原理的使用条件,这有利于迁移的产生。

2. 合理编排教学内容,突出知识的组织特点

教材内容还要保持结构化、一体化与网络化的统一,才能更好地促进迁移的发生。结构化是指教材内容的各构成要素具有科学的、合理的逻辑联系,能体现事物的各种内在关系,如上下、并列、交叉等关系。只有结构化的教材,才能在教学中促进学生重构教材结构,进而构建合理的心理结构,才能通过同化、顺应与重组的相互作用不断建构心理结构。网络化是指教材各要素之间上下左右、纵横交叉联系要沟通、要突出各种基本经验的联结点、联结线,这既有助于了解原有学习中存在的断裂带及断裂点,也有助于预测以后学习的发展带、发展点,为迁移的产生提供直接的支撑。

(二)合理编排教学方式

教师在组织教学时,一方面要抓住教材内容的核心,另一方面要合理安排教学程序,使得学生顺利地将所学习的内容融会贯通,提高迁移的效果。

(1)教学过程中应当按照从一般到个别,从整体到细节,渐进分化。认知心理学研究发现,当人们接触一个完全不熟悉的知识领域时,从已知的较一般的整体中分化细节,要比从已知的细节中概括出整体容易一些。人们关于某一学科的知识在头脑中组成一个有层次的结构,最具有包容性的观念处于这个层次的顶点,它下面是包容范围较小和越来越分化的命题概念和具体知识。因此,根据人们认识新事物的自然顺序和头脑中认知结构的组织顺序,教学过程也应遵循由整体到细节的顺序。

(2)应当注意将各个内容综合贯通,促进知识的横向联系。事实上,许多教学内容是彼此依赖的,前面的知识没有学会,后面的教学就不能进行。例如,语文是其他学科的基础,数学是物理化学的基础,对这些教材内容加强横向联系是非常重要的教学方法。教师在教学中应引导学生努力探讨观念之间的联系,指出它们的异同,消除学生认识中表面的或与实际存在的不一致之点。

(3)依据学生学习的特点,教学过程应由浅入深、由易到难、从已知到未知。实现迁移的重要条件是已有知识与新知识之间的共同点,因此教学次序要合理,尽量在回忆旧知识的基础上引出新知识,新旧知识技能的学习应当是有一定联系的。两者衔接得好,联系的时间和难度都可以减少,知识、技能的组织也非常系统。前面的学习是基础和准备,后面的学习是发展和提高。

(4)在具体的操作上,可以将知识分成若干单元,每个单元还可以分成若干小步子,让后一步的学习建立在前一步的基础之上,前一步的学习为后一步提供固定点。教师在制定教学计划时必须安排好教学内容的顺序,使教学内容的联结达到最佳化。最佳的序列要反映知识的逻辑结构,体现不断分化和综合贯通的原则,还要适合学生的认知能力发展水平。教师选择和合理组织教学内容有利于学生获得知识,也有利于促进概念、原理的学习迁移作用。

（三）教授学习策略,提高学生的迁移意识

学习不只是要让学生掌握一门或几门学科的具体知识与技能,而且还要让学生学会如何学习,即掌握学习方法的知识与技能。只有掌握了良好的学习方法,才能把所学知识技能顺利地加以应用,促进更广泛更一般的迁移。

学习方法是一种学习经验,它可以对后继学习产生比较广泛的一般性迁移。学习方法包括概括方法、思考的方法、应用原理的方法、归纳总结的方法、整理知识的方法和研究探讨的方法。学习方法这种经验中不仅包含有关的知识,而且还包括有关的技能。因此,掌握学习方法不仅仅是知晓一些知识性的东西,还必须通过一定的练习掌握必要的心智技能,如阅读技能、观察技能、解析技能、构思技能等。

教师在教学中要重视引导学生对各种问题进行深入分析、综合、比较、抽象、概括,帮助学生认识问题之间的关系,寻找新旧知识或课题的共同特点,归纳知识经验的原理、法则、定理、规律的一般方法,发现学生分析问题和概括问题的能力,必须重视对学习方法的学习,以促进更有效的迁移。

（四）改进对学生的评价

教学条件下的评价作为教学活动的组成部分,同样具有教育性,有效运用评价手段对学生形成积极的学习态度和对学习迁移都具有积极的作用。

第四节　学习心理理论

"学习"是心理学研究中比较核心的课题。当提及学习一词时,首先想到的是学校中各种学习活动。但学习绝不是仅限于学校生活,实际上,我们每天都在不断学习,例如,小朋友学习如何堆积木,青少年关注流行乐坛的形形色色的新闻等。可见,学习甚至可以是无意识的,不论你是否愿意,都会发生在你身上。

一、学习

(一) 学习实质与内涵

长期以来,心理学中对学习的界定有多种说法。但目前广泛被接受的是:学习是个体在特定情境下由于练习或反复经验而产生的行为或行为潜能的相对持久的变化。学习的内涵可以从以下几方面去理解:第一,学习是人与动物共有的普遍现象,无论低级动物或高级动物乃至人类,在整个生活中都贯穿着学习。第二,学习是有机体后天习得经验的过程。有机体有两类行为:一类是先天遗传的经验;另一类是后天的、习得的经验。第三,学习表现为个体行为由于经验而发生的较稳定的变化。这种变化,有时直接见诸行为,有时则可能要经过很长时间才能反映于行为。

学生学习的主要特点表现为:(1) 学习形式:接受学习是学习的主要形式;(2) 学习过程:学习过程是主动构建过程,具有自主性、策略性和风格性,是师生互动的过程;(3) 学习内容:以系统学习人类的间接知识经验为主,具有间接性;(4) 学习目标:具有全面性;(5) 学生的学习具有一定程度的被动性。

(二) 学习的分类

学习是一种复杂的现象,心理学家们根据不同的标准,提出了多种学习分类学说。

从学习主体来说,学习可分为动物学习、人类学习和机器学习。

按学习结果,心理学家加涅将学习分为五类:言语信息、智慧技能、认知策略、动作技能和态度。言语信息,表现为陈述观念的能力。智慧技能,表现为使用符号与环境相互作用的能力。认知策略,表现为用来调节和控制自己的注意、学习、记忆、思维和问题解决过程的内部组织起来的能力。动作技能,表现为平稳而流畅、精确而适时的动作操作能力,如体操技能、写字技能、作图技能、操作仪器技能等。态度,表现为个体对人、对动物、对某些事件的选择倾向。

加涅根据学习情境由简单到复杂、学习水平由低到高的顺序,把学习分为八类,建构了一个完整的学习层级结构:信号学习、刺激—反应学习、连锁学习、言语联结学习、辨别学习、概念学习、规则或原理学习和解决问题学习。信号学习是指学习者对某种信号刺激做出的一般性和弥散性的反应。其过程是刺激—强化—反应。刺激—反应学习是指学习与一定的反应相联结,并得到强化,学会以某种反应去获得某种结果。其过程是情景—反应—强化。连锁学习是指学习联合两个或两个以上的刺激—反应动作,以形成一系列刺激—反应动作联结。言语联结学习是指形成一系列类似的刺激,并对每种刺激做出适当的反应。辨别学习是指学习一系列类似的刺激,并对每种刺激做出适当的反应。概念学习是指学会认识一类事物的共同属性,并对同类事物的抽象特征做出反应。规则或原理学习是指学习两个或两个以上概念之间的关系。解决问题学习是指在各种情况下,使用所学原理或规则去解决问题。

按学习时的意识水平,美国心理学家阿瑟·雷伯将学习分为内隐学习和外显学习。

按学习的性质与形式,奥苏伯尔将学习分为接受学习和发现学习,机械学习和有意义学习。

按学习的内容,我国学者一般把学习分为知识的学习、技能的学习、行为规范的学习。

二、行为主义学习理论与教学

行为主义学习理论认为,一切学习都是通过条件作用,在刺激 S 和反应 R 之间建立直接联结的过程。强化在刺激—反应联结的过程中起着重要作用。行为主义心理学流派的思想肇始于桑代克,后经巴甫洛夫、华生、斯金纳、班杜拉等心理学家代表不断完善和充实。

【真题链接】

[2014·下]辨析题:学习所引起的行为或行为潜能的变化是短暂的。

【答案要点】 此观点是错误的。因为学习是个体在特定情境下由于练习和反复经验而产生的行为或行为潜能的相对持久的变化。

(一) 桑代克的试误—联结学习理论

1. 桑代克的经典实验

桑代克设计了"饿猫迷箱"实验。将饿猫关进迷箱中,在箱外放一条鱼,饿猫急于冲出迷箱去吃鱼,但是要想打开箱门,饿猫必须一气完成三个分离的动作。首先要提起两个门闩,然后是按压一块带有铰链的台板,最后是把横于门口的板条拨至垂直的位置。经观察,刚放入迷箱中的饿猫以抓、咬、钻、挤等各种方式想要逃出迷箱,这些尝试之后,它可能无意中一下子抓到门闩或踩到台板或触及横条,结果使门打开,多次实验后,饿猫的无效动作越来越少,最后一入迷箱就会立即以一种正确的方式去触及机关开门。

2. 基本观点

(1) 学习的实质——形成情境与反应的联结。学习的实质在于形成情境与反应之间的联结。联结公式是 S-R。桑代克认为刺激与反应之间的联结是直接的,并不需要中介作用。学习的过程就是形成刺激与反应之间联结的过程,而联结是通过尝试错误的过程建立的。

(2) 学习的过程——一种渐进的、盲目的、尝试错误的过程。学习的过程是一种渐进的、盲目的、尝试错误的过程。再次过程中随着错误反应的逐渐减少和正确反应的逐渐增加,而最终在刺激与反应之间形成牢固的联结。这种理论又被称为尝试—错误论,简称试误论。

3. 学习的规律:准备律、练习律、效果律

准备律是学习者在学习开始时的预备定势。学习者有了心理准备而又实施了活动就会感到满意,有心理准备而未实施活动会感到烦恼,没有心理准备而强制实施活动也会感到烦恼。

练习律是指联结的强度决定于使用联结的频次,即练习和使用 S-R 联结的频次越多,则联结得越强;反之,则变得越弱。

效果律是如果一个动作跟随以情境中一个满意的变化,那么,在类似的情境中这个动作重复的可能性将增加;反之,如果跟随的是一个不满意的变化,那么,这个行为重复的可能性将减少。

(二) 巴甫洛夫的经典性条件作用理论

1. 巴甫洛夫的经典实验

俄国生理学家巴甫洛夫在研究狗的进食行为时发现:狗吃到食物时,会分泌唾液。这是自然的生理反应,不需要学习,这种反应叫无条件反射,引起这种反应的刺激是食物,称为无条件刺激。如果在狗每次进食时发出铃声,一段时间后,即使没有食物,狗只要听到铃声也会分泌唾液,这时作为中性刺激的铃声由于与无条件刺激联结而成了条件刺激,由此引起的唾液分泌就是条件反射,后人称之为"经典性条件作用"。

2. 巴甫洛夫的经典性条件作用理论的主要规律

(1) 泛化与分化。机体对与条件刺激相似的刺激做出条件反应,属于刺激的泛化。如果只对条件刺激做出条件反应,而对其他相似刺激不做反应,则出现了刺激的分化。

刺激泛化和刺激分化是互补的过程。泛化是对事物的相似性的反应,分化则是对事物的差异性的反应。泛化能使我们的学习从一种情境迁移到另一种情境;而分化则能使我们对不同的情境做出不同的恰当反应,从而避免盲目行动。

(2) 获得与消退。在条件作用的获得过程中,条件刺激与无条件刺激之间的时间间隔非常重要。一方面,条件刺激和无条件刺激必须同时或近于同时呈现,间隔太久则难以建立联系;另一方面,条件刺激作为无条件刺激出现的信号,必须先于无条件刺激而呈现,否则也将难以建立联系。在条件刺激与无条件刺激之间建立联结的过程叫作条件反应的习得过程,即条件反射的获得。条件反射形成以后,如果得不到强化,条件反应会逐渐减弱,直至消失,称为消退现象。

(3) 恢复。消退现象发生后,如果个体得到一段时间的休息,条件刺激再度出现,这时条件反射可能又会自动恢复。这种未经强化而条件反射自动重现的现象被称为恢复。

(三) 斯金纳的操作性条件作用理论

1. 斯金纳的经典实验

斯金纳运用一种特殊的实验装置——迷箱对白鼠等动物进行了精密实验。箱内有一个伸出的杠杆,下面有一个食物盘,只要箱内的动物按压杠杆,就会有一粒食丸滚到食物盘里,动物即可得到食物。斯金纳将饥饿的白鼠关在箱内,白鼠便在箱内不安地乱跑,活动中偶然压到了杠杆,则一粒食丸滚到食物盘中,于是白鼠吃到了食丸。以后白鼠再次按压杠杆,又可得到食丸。由于食物强化了白鼠按压杠杆的行为,因此,白鼠在后来按压杠杆的速度迅速加快。

2. 操作性条件作用的基本规律有:强化、逃避条件作用与回避条件作用、消退、惩罚。

(1) 强化。强化是采用适当的强化物而使有机体反应频率、强度和速度增加的过程。能增强行为频率的刺激或事件叫作强化物。斯金纳认为,强化是塑造行为的有效而重要的条件,塑造行为的过程,就是学习的过程。

强化有正强化和负强化之分。正强化也称积极强化,是通过呈现想要的愉快刺激来增强反应频率;负强化也称消极强化,是通过消除或终止厌恶、不愉快刺激来增强反应频率。

强化的类型多种多样,包括连续强化和间隔强化、固定比例强化和变化比例强化、固定时间强化和变化时间强化等。其中,连续强化指每次行为之后都给予强化,如一开灯就亮;间隔强化指间隔一定时间或比例才给予强化。固定比例强化指间隔一定的次数给予强化,如每隔五次给予一次强化、计件工资、每举三次手给一次发言机会等;而变化比例强化指每两次强化之间间隔的反应次数是变化不定的,如老虎机、钓鱼、买彩票等。固定时间强化指间隔一定的时间给予强化,如每隔五分钟给予一次强化、计时工资、每周五测验等;而变化时间强化指两次强化之间间隔的时间是变化的,如冲浪运动、随时小测验等。强化既能影响行为的习得速度与反应速度,也能影响行为的消退速度。

(2) 逃避条件作用与回避条件作用。逃避条件作用是指当厌恶刺激出现时,有机体做出某种反应,从而逃避了厌恶刺激,则该反应在以后类似情境中发生的概率便增加的一类条件作用。在日常生活中,逃避条件不乏其例,如看见路上的垃圾后绕道走开、感觉屋内人声嘈杂时暂时离屋等。回避条件作用是指当预示厌恶刺激即将出现的刺激信号呈现时,有机体也可以自发地做出某种反应,从而避免了厌恶刺激的出现,则该反应在以后的类似情境中发生的概率便增加的一类条件作用。它是在逃避条件作用的基础上建立的,是个体在经历过厌恶刺激的痛苦之后,学会了对预示厌恶刺激的信号做出反应,从而免受痛苦等的行为。

逃避条件作用和回避条件作用都是负强化的条件作用类型,但二者又有着明显的不同。在逃避条件作用中,厌恶刺激或不愉快的情境在个体做出反应之前就已经出现了,个体实际经受了由厌恶刺激带来的痛苦;而在回避条件作用中,厌恶刺激或不愉快的情境因有机体事先做出的反应而得以避免,个体并未实际遭受厌恶刺激的袭击。正因为如此,采用回避条件作用来维持行为比采用逃避条件作用更主动,这也就是我们在德育工作中应注意"防患于未然"的理论基础。

(3) 消退。消退是指条件刺激形成以后,如果得不到强化,条件反应会逐渐减弱,直至消失的现象。

【真题链接】

[2014・下]选择题:小伟为获得老师和同学的关注,在课堂上总扮鬼脸,老师和同学都不予理睬,于是他扮鬼脸的行为逐渐减少。这体现了哪种强化原理(　　)。

　　A. 消退　　　　B. 负强化　　　　C. 惩罚　　　　D. 正强化

【答案】　B

(4) 惩罚。惩罚是指当有机体做出反应以后,呈现一个厌恶刺激,以消除或抑制此反应的过程。惩罚与负强化有所不同,负强化是通过厌恶刺激的排除来增加反应在将来发生的概率,而惩罚则是通过厌恶刺激的呈现来降低反应在将来发生的概率。依据刺激是呈现还是移除,惩罚可以分为呈现性惩罚和移除性惩罚,其中呈现性惩罚指在行为后施加厌恶刺激以抑制或减少该行为的发生概率。例如,小孩子在过马路乱跑时打孩子的屁股,以打屁股的厌恶刺激减少孩子过马路乱跑的危险行为的发生,这是呈现性惩罚。移除性惩罚是指在行为后移去满意刺激,以减少行为的发生。例如,老师要求学生"不写完作业就不能出去玩",用"出去玩"这个满意刺激的移除来减少学生"不写作业行为"的发生,这就是移除性惩罚。

总之,根据操作性条件作用论,在教育过程中,教师应多用正强化的手段来塑造学生的良性行为,用不予强化的方法来消除消极行为,同时应慎重地对待惩罚。

【真题链接】

1.[2011·下]选择题:一名调皮的学生屡次扰乱课堂,教师请他站到教室后面,教师运用了(　　)。

A. 正强化　　　B. 负强化　　　C. 惩罚　　　D. 消退

【答案】　C

2.[2011/2012·下]辨析题:负强化就是(等同于)惩罚。

【答案要点】　此观点是错误的。因为负强化与惩罚是不同的强化类型。负强化是通过厌恶刺激的排除来增加反应在将来发生的概率,而惩罚则是通过厌恶刺激的呈现来降低反应在将来发生的概率。

(四)班杜拉的社会学习理论

1. 班杜拉的经典实验

班杜拉将被试儿童分为甲组、乙组。在实验的第一阶段,让两组儿童分别看一段录像片,甲组儿童看的录像片是一个大孩子在打一个玩具娃娃,过一会儿来了一个成人,给大孩子一些糖果作为奖励。乙组儿童看的录像片开始也是一个大孩子在打一个玩具娃娃,过一会儿来了一个成人,打了这个大孩子,惩罚他打玩具娃娃的行为。看完录像片后,班杜拉把两组儿童一个个分别送进一间放着一些玩具娃娃的小屋里,结果发现,甲组儿童都会学着录像片里大孩子的样子打玩具娃娃,而乙组儿童却很少有人敢去打一下玩具娃娃。这一阶段的实验说明对榜样行为的奖励能使儿童表现出榜样的行为,对榜样行为的惩罚则使儿童避免榜样行为。在实验的第二阶段,班杜拉鼓励两组儿童学录像片里大孩子的样子打玩具娃娃,谁学得像就给谁糖吃。结果两组儿童都争先恐后地使劲打玩具娃娃。这回说明通过看录像,两组儿童都已经学会了攻击行为。第一阶段乙组儿童之所以没有人敢打玩具娃娃,只不过是因为他们害怕打了以后会受到惩罚,从而暂时抑制了攻击行为,但条件许可,他们也像甲组儿童一样把学习到的攻击行为表现出来。

2. 基本观点

(1)学习的实质——观察学习。

班杜拉以儿童的社会行为习得为研究对象,形成了其关于学习的基本思路,即观察学习是人的学习最重要的形式。班杜拉认为,学习是个体通过对他人的行为及其强化结果的观察,从而获得某些新的行为反应或已有的行为反应得到修正的过程。观察学习有明显的特点:① 观察学习并不依赖于直接强化;② 观察学习不一定具有外显的行为反应,人们可以通过观察他人的示范行为,在自己尚未行动时就已经学到了如何去做,这样就可以避免许多不必要的错误和危险的结果;③ 观察学习具有认知性。

(2) 观察学习的过程。

班杜拉把观察学习的过程分为注意、保持、复现和动机四个子过程。① 在注意过程中,观察者注意并知觉榜样情境的各个方面。榜样和观察者的几个特征决定了观察学习程度。观察者比较容易观察那些与他们自身相似的或者被认为是优秀的、热门的和有力的榜样。② 在保持过程中,观察者记住从榜样情境中了解的行为,以表象和言语形式将它们在记忆中进行表征、编码以及存储。③ 在复现过程中,观察者将头脑中有关榜样情境的表象和符号概念转为外显的行为。观察者需要选择和组织榜样情境中的反应要素,进行模仿和练习,并在信息反馈的基础上精炼自己的反应。④ 在动机过程中,观察者因表现所观察到的行为而受到激励。他还认为习得的行为不一定都表现出来,学习者是否会表现出已习得的行为,会受到强化的影响。

3. 观察学习的基本规律:对强化的重新解释

与行为主义的其他理论家一样,班杜拉也强调人的行为塑造过程中强化的作用和价值。但班杜拉却提出了与斯金纳不同的强化类型。他认为,强化主要有三种类型:

(1) 直接强化。直接强化是指观察者因表现出观察行为而受到强化。

(2) 替代强化。替代强化是指观察者因看到榜样的行为被强化而受到强化。

(3) 自我强化。自我强化是指对自己表现出的符合或超出标准的行为进行自我奖励。

班杜拉的社会学习理论关于学习的实质问题的基本看法就是,学习是指个体通过对他人的行为及其强化性结果的观察,从而获得某些新的行为反应,或已有的行为反应得到修正的过程。

(五) 联结派学习理论在教学中的应用

1. 试误—联结说的教育意义

桑代克的试误—联结理论虽然是从动物实验推导出来的,但对于人类学习和学生学习仍有很大的借鉴意义。根据中学生的学习特点,这一理论特别强调"做中学",即在实际的操作过程中学习有关的概念、原理、技能和策略等。具体而言,对教育有以下指导意义:

在这一过程中,教师应该允许学生犯错误,并鼓励学生多尝试,从错误中学习,这样获得的知识才会更牢靠。

任何学习都应该在学生有准备的状态下进行,不能经常搞"突然袭击"。(准备律)

在学习过程中,应加强合理的练习,并注意学习结束后不时地进行练习。(练习律)

在实际教育过程中,教师应努力使学生的学习能得到自我满足的积极结果,防止一无所获得到消极的后果。(效果律)

2. 强化的应用

在学习过程中,强化物有很多种类,如表扬、奖励、自我强化等。表扬或奖励可以根据具体的情况采用不同的形式:关注、特权、拥抱、活动、实物和金钱等。没有一种强化形式适合于所有人,当采用的表扬或奖励方式对学生无效时,并不是强化无效,而是没有选择正确的强化方式。在对学生的行为进行奖励时,应注意避免外部奖励对内部兴趣的破坏。在很多情况下,维持行为的强化物是活动本身带来的快乐,这时再给予外部的奖励,就会使学生活动的目的逐渐变为获得外部奖励。因此,当学生已经自行从事某种活动时,教师应谨慎考虑奖励是否必要,避免给予不必要的奖励。奖励虽然是塑造行为的有效手段,但是奖励的运用必须得当,否则便会强化不良行为。例如,小孩的许多无理取闹的行为实际上是学习的结果,因为他们通过哭闹能得到诸如玩具、冷饮等强化物。

3. 消退的应用

消退是一种无强化过程,起作用于降低某种反应在将来发生的概率,以达到消除某种行为的目的。例如,小孩会通过哭闹索要玩具,为矫正这种行为就不应再给予强化,因为父母的无端让步实际上正起着强化不正确行为的作用。

不去强化而是淡化不正确行为,既可消除不正确行为,又不会带来诸如惩罚等导致感情受挫的副作用。再比如,如果学生上课扮鬼脸是为了得到老师或同学的关注(强化),老师与同学可以不予理睬,不给予其希望得到的强化,那么此类行为就会逐渐减少。因此,消退是减少不良行为、消除坏习惯的有效方法。

4. 惩罚的应用

惩罚并不能使行为发生永久性的改变,它只能暂时抑制行为,而不能根除行为。惩罚的运用必须慎重,惩罚一种不良行为应与强化一种良好行为结合起来,方能取得预期的效果。一般来说,要尽可能少用惩罚,在必要的时候才使用。一个经常惩罚孩子的家长或教师,本身就给孩子树立了一个不好的榜样,惩罚的目的可能没有达到,反而使孩子学会了粗暴的不顾别人自尊的处事方式。惩罚的运用应该积极,即在学生做出某种行为之后,应立即给予惩罚。惩罚紧紧跟在错误行为之后,与错误的行为之间建立联结。在惩罚时,最好选择一样替代反应进行强化,即指出正确的行为方式,在孩子做出正确的行为后给予强化。

5. 程序教学

程序教学是斯金纳操作性条件作用学习理论运用于教学的典范。程序教学是指练习将各门学科知识按其中的内在逻辑分解为一系列的知识项目,这些知识项目之间前后衔接、逐渐加深,然后让学生逐个学习每一项知识,并及时给予强化,使学生最终掌握所学的知识。斯金纳的程序教学思想和方法为计算机辅助教学(CAI)奠定了基础。程序教学的原则有:(1)小步子原则;(2)积极反应原则;(3)自定步调原则;(4)及时反馈原则;(5)低错误率原则。

6. 观察学习的教学应用

学校课堂中存在着大量的观察学习。教师需要明确意识到它们的存在,并按照观察学习的过程来指导学生的观察学习。在观察学习过程中,观察学习的对象称为示范,示范有多种多样的形式,班杜拉将示范区分为以下几种基本类型:真实的示范、象征性示范、创造性示范。示范过程包括以下三个子过程:

(1)在教学情境中确认适当的榜样。班杜拉对最能引起儿童模仿的榜样的特点进行了研究,发现:① 儿童喜欢模仿他心目中最重要的人物。② 儿童喜欢模仿与他同性别的人。③ 儿童喜欢模仿曾得到荣誉、出身于高层社会及富有家庭的儿童的行为。④ 同级团体里,有独特行为甚至曾受到惩罚的人,一般不是儿童喜欢模仿的对象。⑤ 同年龄同社会阶层出身的儿童彼此间较喜欢相互模仿。

(2) 建立行为的机能价值。在教学中建立教学事件的机能价值,对这种行为价值的预期可增强学生对工作的注意,并且能使学生积极地预测未来工作完成后的结果。

(3) 引导学习者的认知和动作的再造过程。在认知性和动作性技能教学中,教师要向学生提供下列机会:把观察到的行为编成视觉意象或文字符号,在内心演练示范行为。

三、认知派学习理论与教学

认知派学习理论认为,有机体获得经验的过程是通过积极主动的内部信息加工活动形成新的认知结构的过程。

(一) 格式塔学派的完形—顿悟学习理论

1. 苛勒的经典实验

格式塔心理学家苛勒对黑猩猩解决问题的行为进行了系列实验。他把黑猩猩放在笼子内,笼外放有食物,食物与笼子之间放有木棒。对于简单的问题,黑猩猩只要使用一根木棒便可获取食物,复杂的问题则需要黑猩猩将两根木棒接在一起方能获取食物。在复杂的棒子问题情境中,最初只见黑猩猩一会儿用小竹竿、一会儿用大竹竿来回试着拨香蕉,但怎么也拨不着。它只得把两根竹竿拉在手里飞舞着,突然之间,它无意地把小竹竿的末端插入了大竹竿,使两根竹竿连成了一根长竹竿,并马上用它拨到了香蕉。黑猩猩为自己的这一"创造发明"而高兴,并不断重复这一接棒拨香蕉的动作。第二天重复这一实验时,苛勒发现黑猩猩很快就能把竹竿连起来取得香蕉,而没有漫无目的地尝试。

2. 基本的观点

(1) 学习的实质:形成新的完形。

从学习的结果来看,学习并不是形成刺激—反应的联结,而是形成了新的完形。该完形与新的情境相对应,反映了情境中各事物的联系与关系。

(2) 学习的过程:顿悟过程。

从学习的过程来看,学习是通过顿悟过程实现的。① 学习不是简单地形成由此及彼的神经通路的联结活动,而是在头脑中主动积极地对情境进行组织的过程。②学习过程中知觉的重新组织,不是渐进的尝试错误的过程,而是突然的顿悟。因此,学习不是一种盲目的尝试,而是由于对情境的顿悟而获得的成功。所谓顿悟,就是领会到自己的动作和情境、特别是和目的物之间的关系。他们认为顿悟产生有两个原因:一是刺激情境的整体性和结构性;二是人的"心"本身有一种本能的组织功能,它具有一种使自身的心理模式与感官所接收到的刺激趋于完整的活动倾向。

(二)托尔曼的符号学习理论

托尔曼是一位受格式塔学派影响的行为主义者,他提出的认知学习理论和内部强化理论对现代认知学习理论的发展有一定的贡献。他关于学习的主要观点包括:(1)学习是有目的的,是期望的获得。学习的目的性是人类学习区别于动物学习的主要标志。期望是个体依据已有经验建立的一种内部准备状态,是通过学习而形成的关于目标的认知和期待。期望是托尔曼学习理论的核心概念。(2)学习是对完形的认知,是形成认知地图的过程。托尔曼主张将行为注意 S-R 公式改为 S-O-R 公式,O 代表机体的内部变化。中介变量就是在有机体内正在进行的东西,包括需求变量和认知变量。需求变量本质上就是动机,包括性欲、饥饿和面临险境时安全的需要、长时间持续活动后休息的需要等。认知变量包括对客体的知觉、对探究过的地点的载入,如动作、技能等。中介变量是不能被直接观察到的,但它同可以观察的周围事件和行为表现相关联,并从这些事件和表现中推断出来。

托尔曼的上述观点得到了他和他的同事们所做实验的支持,其中,最有说服力的动物学习实验有位置学习实验和潜伏学习实验等。

(三)布鲁纳的认知—发现学习理论

布鲁纳是美国著名的认知教育心理学家,他主张学习的目的在于以发现学习的方式使学科的基本结构转变为学生头脑中的认知结构。因此,他的理论常被称为认知—结构教学论或认知—发现学习说。

1. 学习观

布鲁纳认为学生的学习知识主要是通过类别化的信息加工活动,积极主动地形成认知结构或知识的类目编码系统的过程。

(1) 学习的本质在于主动形成认知结构。

认知结构是指一种反映事物之间稳定联系或关系的内部认识系统,或者说,是某一学习者的观念的全部内容与组织。

布鲁纳认为,人不是一个知识的被动接受者。个人的学习都是通过把新得到的信息和原有的认知结构联系起来,去积极地建构新的认知结构。

(2) 学习包括获得、转化和评价三个过程。

布鲁纳认为学习包括三种几乎同时发生的过程,这三种过程是:新知识的获得、知识的转化、知识的评价。这三个过程实际上就是学习者主动地建构新认知结构的过程。新知识可能是以前知识的精炼,也可能与原知识相违背。知识的转化就是超越给定的信息,运用各种方法将它们变成另外的形式,以适合新任务,并获得更多的知识。知识的评价是对知识转化的一种检查,通常包含对知识的合理性进行判断。

2. 教学观

(1) 教学的目的在于理解学科的基本结构。

由于布鲁纳强调学习的主动性和认知结构的重要性,所以他主张教学的最终目标是促进学生对学科结构的一般理解。所谓学科的基本结构,是指学科的基本概念、基本原理及其基本态度和方法。学生理解了学科的基本结构,就容易掌握整个学科的具体内容,就容易记忆学科知识,就能促进学习迁移,促进儿童智力和创造性的发展,并且可以提高学习兴趣。

(2) 掌握学科的基本结构的教学原则。

第一,动机原则。所有学生都具有内在的学习愿望,内在动机是维持学习的基本动力。学生具有三种最基本的内在动机,即好奇内驱力(即求知欲)、胜任内驱力(即成功的欲望)和互惠内驱力(即人与人之间和睦共处的需要)。教师如果能善于促进并调节学生的探究活动,便可激发他们的这些内在动机,有效地达到预定的学习目标。

第二,结构原则。任何知识结构都可以用动作、图像和符号三种表象形式来呈现。动作表象是借助动作进行学习,无需语言的帮助;图像表象是借助图像进行学习,以感知材料为基础;符号表象是借助语言进行学习,经验一旦转化为语言,逻辑推导便能进行。至于究竟选用哪一种呈现方法为好,则视学生的知识背景和课题性质而定。

第三，程序原则。引导学生有条不紊地陈述一系列问题或大量知识的结构，以提高他们对所学知识的掌握、转化和迁移的能力。通常每门学科都存在着各种不同的程序，对学生来说，有难有易，不存在对所有的学生都适用的唯一的程序。

第四，强化原则。教学规定适合的强化时间和步调是学习成功的重要一环。知道结果应恰好在学生评估自己作业的那个时刻。知道结果过早，易使学生慌乱，从而阻扰其探究活动的进行；知道结果太晚，易使学生失去受帮助的机会，甚至有可能接受不了正确的信息。

在引导学生理解教材结构的过程中，应该注意教学本身的新奇性，同时跨度应适当，其难度不能过高或过低，以激发学生的好奇心和胜任感；应根据学生的经验水平、年龄特点和材料性质，选取灵活的教学程序和结构方式来组织实际的教学活动过程；应注意提供有助于学生矫正和提高的反馈信息，并教育学生进行自我反馈，以提高学习的自觉性和能动性。

3. 发现学习

布鲁纳认为，发现是教育儿童的主要手段，学生掌握学科的基本结构的最好方法是发现学习。发现学习是指给学生提供有关的学习材料，让学生通过探索、操作和思考，自行发现知识、理解概念和原理的教学方法。布鲁纳认为，教学不仅应当尽可能使学生牢固地掌握科学知识，还应当尽可能使学生成为自主、自动的思想家。这样的学生在结束正规的学校教育后，才能独立地向前迈进。研究发现，发现学习具有四方面的作用和优点：(1) 能提高智慧的潜力，培养学生的直觉思维；(2) 有助于外在动机向内在动机的转化，培养学生的内在动机；(3) 有利于学生学会发现探索的方法，培养发现的技巧；(4) 有利于所学材料的保持和提取。但它也受到学生的先前知识、学生的智力水平、学习材料的性质、教师的指导及教学时间等因素的制约。

（四）奥苏伯尔的有意义接受学习理论

奥苏伯尔从两个维度对学习做了区分：从学生学习的方式上，将学习分为接受学习与发现学习；从学习内容与学习者认知结构的关系上，又将学习分为有意义学习和机械学习。

1. 有意义学习的本质

奥苏伯尔认为学校中的学习应该是有意义的接受学习和有意义的发现学习,但他更强调有意义的接受学习,因为有意义的接受学习可以在短时期内使学生获得大量的系统知识。有意义学习的本质就是以符号为代表的新观念与学习者认知结构中原有的适当观念建立起非人为的和实质性的联系的过程,是原有观念对新观念加以同化的过程。所谓非人为的联系,是指有内在联系而不是任意的联想或联系,指新知识与原有认知结构中有关的观念建立在某种合理的逻辑基础上的联系,而不是一种任意附加上的联系。所谓实质性的联系,是指表达的词语虽然不同,但却是等值的,也就是说这种联系是非字面的联系。例如,学习"矩形是有一个直角的平行四边形"这一新概念时,学生会在头脑中已有的"平行四边形"的概念或表象的基础上,对之加以改造,从而产生对矩形的表象或概念。这样,新知识"矩形"就与原有认知结构中的平行四边形之间建立了实质性联系。此外,"矩形"与"平行四边形"之间的联系就不是任意的,它符合逻辑上特殊与一般的联系,这种联系就是人为的联系。

2. 有意义学习的条件

有意义学习的外部条件是有意义学习的材料本身,必须合乎这种非人为的和实质性的标准,也就是说,学习材料必须具有逻辑意义。这种逻辑意义指的是材料本身与人类学习能力范围内的有关观念可以建立非人为的和实质性的联系。

有意义学习的内部条件,是指来自学习者自身因素的影响。主要表现在:(1) 学习者必须具有有意义学习的心向;(2) 学习者认知结构中必须具有适当的知识,以便与新知识进行联系;(3) 学习者必须积极主动地使这种具有潜在意义的新知识与认知结构中的有关的旧知识发生互相作用。

3. 有意义学习型的类型

有意义学习可以分为三种类型:表征学习、概念学习和命题学习。其中,表征学习是指学习单个符号或一组符号的意义,或学习这些符号代表什么。概念学习实质上是指掌握同类事物的共同的本质属性和关键特征。命题学习是指学习以命题的形式表达观念的新意义。

4. 接受学习

接受学习是指学生通过教师呈现出的材料来掌握现成知识的一种学习方

式。对于学生来说,学习只要求他们把教学内容整合到自己的认知结构中,以便将来能够提出和应用。

学生接受知识的心理过程表现为:首先,在认知结构中找到能同化新知识的有关观念;然后,找到新知识与起固着点作用的观念的相同点;最后,找到新旧知识的不同点,使新概念与原来概念之间有清晰的区别,并在积极的思维活动中融会贯通,使知识不断系统化。

5. 有意义学习的原则与策略

(1) 逐渐分化原则。逐渐分化原则即首先应该传授最一般、包容性最广的观念,然后根据具体细节对它们逐渐加以分化,这样可以为每个知识单元的教学都提供理想的固定点,即对新知识起固定作用的先前知识。

(2) 整合协调原则。整合协调原则,是指如何对学生认知结构中现有要素重新加以组合。

(3) 有意义学习的策略——先行组织者。奥苏伯尔同时提出"先行组织者"概念,即先于某个学习任务本身呈现的引导性学习材料。先行组织者的抽象概念和综合水平高于学习任务,并与认知结构中的原有观念及新的学习任务相关联。

奥苏伯尔认为,先行组织者不仅能够帮助学生学习新知识,而且可以帮助其保持知识。具体表现在以下几个方面:第一,能够将学生的注意力集中在将要学习的新知识中的重点部分;第二,突出强调新知识与已有知识的关系,为新知识提供一种框架;第三,能够帮助学生回忆起与新知识相关的已有知识,以便更好地建立联系。

(五) 加涅的信息加工学习理论

1. 学习结构模式

加涅将学习过程看作是信息加工过程。1974年,他描绘出一个典型的学习结构模式图。这一模式表示,来自学习者的环境中的刺激作用于他的感受器,并通过感觉登记器进入神经系统。信息最初以映像的形式保存在感觉登记器中。当信息进入短时记忆再次被编码,这里的信息以语义的形式储存下来。信息经过复述、精细加工和组织编码还可以被转移到长时记忆中进行储存,以备日后的回忆。从短时记忆或长时记忆中检索出来的信息通过反应发生器,让其中的神经传导信息使效应器活动起来,产生一个影响环境的操作行为。在这个信息加工过程中,一组很重要的结构就是图上的"执行控制"和"期望"两个部分。"执行控制"即已有的经验对现在的学习过程的影响,"期望"即动机系统对学习过程的影响,整个学习过程都是在这两个结构的作用下进行的。

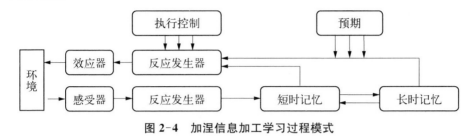

图 2-4 加涅信息加工学习过程模式

2. 学习过程的阶段性

加涅认为学习的外部条件和内部条件应加以区别,发生在学生头脑里(中枢神经系统)的内部活动是学习过程,它是在外界影响下发生的。教学是有目的、有计划地发动、激发、维持和提高学生学习的一整套外部条件。在此基础上,加涅提出了学习过程的八个阶段和相应心理过程的假设:

动机阶段——激发学生的学习动机。

了解(领会)阶段——注意和选择性知觉。

获得阶段——所学的信息进入短时记忆,并编码和储存。

保持阶段——将已编码的信息进入长时记忆储存。

回忆阶段——进行信息的检索。

概括阶段——实现学习的迁移。

操作阶段——反应发生阶段。学生通过作业表现其操作活动。

反馈阶段——证实预期,获得强化。

四、人本主义学习理论与教学

人本主义心理学是 20 世纪五六十年代在美国产生和发展起来的,被称为有别于行为主义与精神分析理论的心理学"第三势力"。人本主义强调研究人类真实的内在自我,不主张用客观的方法研究那些表面化的东西;强调意向性在人格与行为研究中的重大意义,注重将心理研究与人类生活实际相结合。马斯洛、罗杰斯等人都是人本主义心理学的代表人物。

（一）有意义的自由学习观

根据学习对学生的个人意义，人本主义将学习分为无意义学习和有意义学习两类。

1. 无意义学习

所谓无意义学习是指学习没有个人意义的材料，类似于心理学上的无意义音节，不涉及感情或个人意义，仅仅涉及经验累积与知识增长，与完整的人（具有情感和理智的人）无关，学得吃力，而且容易遗忘。

2. 有意义学习

有意义学习，是指一种涉及学生是完整的人，使个体的行为、态度、个性以及在未来选择行动方针时发生重大变化的学习，是一种与学生各种经验融合在一起的、使个体全身心地投入其中的学习。例如，让一个学生取一杯冰水，他就可以学到"冷"这个词的意义，并知道冰加热能融化，而在夏天，装冰水的杯子外面会有水滴等。

人本主义者倡导有意义的自由学习观，有意义学习关注学习内容与个人之间的关系。它不仅是理解记忆的学习，而且是学生所做出的一种自主、自觉的学习，要求学生能够在相当大的范围内自行选择学习材料，自己安排适合于自己的学习情境。

有意义学习包含四个要素：(1) 学习是学生自我参与的过程，整个人都要参与到学习之中，既包括认知参与，也包括情感参与。(2) 学习是学生自我发起的，内在动力在学习中起主要作用。(3) 学习是渗透性的，它会使学生的行为、态度以及个性等都发生变化。(4) 学习的结果由学生自我评价，他们知道自己想学什么和学到了什么。

表 2-3　罗杰斯有意义学习与奥苏伯尔有意义学习比较

比较范畴	奥 苏 伯 尔	罗 杰 斯
概念	有意义学习是以符号为代表的新概念与学生认知结构中原有的适当观念建立起非人为的和实质性的联系	有意义学习是指所学的知识能够引起变化、全面渗入人格和人的行为之中的学习

(续表)

概念范畴	认知范畴	知情统一
学习结果	在对事物理解的基础上,依据事物的内在联系所进行的学习,即新的学习材料如何纳入已有知识的系统之中	学习不局限于知识的简单积累,而是渗入到个人的行为之中,渗入到他为了未来而选择的一系列活动之中。学习使其态度和人格发生变化,是智德融为一体的人格教育和价值观的熏陶

(二) 学生中心的教学

罗杰斯提出的非指导性教学过程包括五个阶段:(1) 确定帮助的情境,即教师要鼓励学生自由地表达自己的情感。(2) 探索问题,即鼓励学生自己来界定问题,教师要接受学生的感情,必要时加以澄清。(3) 形成见识,即让学生讨论问题,自由地发表看法,教师给学生提供帮助。(4) 计划和抉择,即由学生计划初步的决定,教师帮助学生澄清这些决定。(5) 整合,即学生获得较深刻的见识,并做出较为积极的行动,教师对此要予以支持。

罗杰斯认为,促进学生学习的关键不在于教师的教学技巧,而在于特定的心理氛围。它包括:(1) 真实或真诚。(2) 尊重、关注和接纳。(3) 移情性理解。

五、建构主义学习理论与教学

20世纪80年代中期以来,建构主义作为一种新的认知论和学习理论在教育研究领域产生了非常深刻的影响。下文从知识观、学习观以及学生观三个方面对建构主义学习理论进行介绍。

(一) 建构主义知识观

建构主义在一定程度上对知识的客观性和确定性提出质疑,强调知识的动态性。它强调:

(1) 知识并不是对现实的准确标准,而会随着人类进步不断改正并随之出现新的假设和解释。

(2) 知识并不能精确地概括世界的法则,而是需要针对具体情境进行再创造。

(3) 知识不可能以实体的形式存在于具体个体之外,尽管我们通过语言符号赋予了知识一定的外在形式,但学生仍然会基于自己的经验背景进行理解并建构属于自己的知识。

(二) 建构主义学习观

建构主义在学习观上强调学习的主动建构性、社会互动性和情境性三方面。

(1) 学习的主动建构性是指学生能够主动地对已有知识经验进行综合、重组和改造,从而用以解释新信息,并最终建构属于个人意义的知识内容。

(2) 社会互动性主要表现在学生和学习都不是孤立的,而是在一定的社会文化环境下进行的。虽然很多时候从表面上看,学生是一个人在进行学习,但是他在学习中采用的学习材料、学习用具以及学习环境等都是属于社会的,是集体经验的累积。

(3) 学习的情境性主要指学习、知识和智慧的情境性,认为知识是不可能脱离活动情境而孤立存在的。只有通过实际应用活动,知识才能真正被理解。因此,人的学习应该与情境化的社会实践活动相联系,通过对某种社会实践的参与而逐渐掌握有关的社会规则并获得相应的知识。

(三) 建构主义学生观

建构主义非常强调学生本身已有的经验结构,认为学生在学习新信息、解决新问题时往往可以基于相关的经验,依靠其认知能力形成对问题的解释。儿童早期认知发展的研究也发现,即使是年龄非常小的孩子也已经形成了远比我们所想象的要丰富得多的知识经验。因此教学不能无视学生的已有经验,而是要把儿童现有的知识经验作为新知识的生长点,引导儿童从原有的知识经验中发展出新的知识经验。

(四) 建构主义学习理论对当前教育实践的启示

建构主义学习理论的形成与发展对当代教育理论与教育实践都有广泛的影响,尤其是其理论中所概括的知识观、学习观和学生观的核心思想,能够给予当前的教育实践很多启发。作为新课程改革背景下的教师,在课堂教学中要尊重学生已有的知识和经验,不断强化学生的能动意识,使学生认识到,学习的过程不是消极的"等、靠、听、记",不单是信息的累积的过程,而是一个新旧经验之间双向的互相作用的过程,是主动进步与发展的过程。

（1）从建构主义的知识观出发,建构主义强调知识是个体对于现实的理解和假设,其受到特定经验和文化的影响,因此每个人对知识所建构的理解都是不同的。教师在教育教学过程中应当更加重视学生的个性化特点,因材施教,并不是要对所有的学生传授完全相同的原理知识,而是要让每个学生能够按照他的知识经验建构出新的知识内容。

（2）从教学的角度来看,建构主义认为学习就是主体对学习客体的主动探索、不断变革,从而建构对客体意义理解的过程。因此,在教学中应当注意学生的有意义建构,通过适当的教学策略启发学生能够自主建构认知结构。例如,合作学习就是一种良好的教学策略。学生可以在教师的引导和协助下形成小组并对学习内容进行讨论交流。通过在小组群体中共同分析各种理论、观点和假说,并进行辩论,最终获得大家认可的一致结论。这种合作学习有助于激发学生的参与热情,了解自己和他人的想法,从而促进对知识建构深层次的理解,建立更加完整的知识表征,同时还有利于培养学生的合作精神。

（3）从学生的角度出发,建构主义认为学生是有意义的主动建构者,而不是外部刺激的被动接受者和被灌输的对象,因此,在教学过程中除了传统知识的传授,还应当充分发挥学生的主体地位,强调学生的自主性和能动性,在学习过程中能够主动发现、分析、解决问题。学生由被动的知识接受者变为主动的信息接受者,教师由知识的灌输者变为引导学生建构知识意义的领路人,教师在学生心目中的地位也不再是不可亵渎的权威,而是学生学习的辅助者,师生之间成为共同的学习伙伴和合作者。

〉模拟通关基础练习 〈

一、单项选择题

1. 耶克斯和多德森发现动机水平与学习效率的关系是(　　)。

A. 动机越低,学习效率越高

B. 任务难度不同,其最佳动机强度不同

C. 动机高,学习效率高

D. 任务难度不同,其最佳动机强度相同

2. 根据耶克斯—多德森定律,动机水平和学习效率之间存在(　　)。

 A. 线性关系   B. U 型关系

 C. 倒 U 型关系   D. 平行关系

3. 小明认为考试成功是因为自己努力了,其归因是(　　)。

 A. 内部、不稳定、可控制的   B. 外部、稳定、不可控制的

 C. 外部、不稳定、不可控制的   D. 内部、稳定、可控制的

4. 马斯洛的需要层次理论中最高层次的需要是(　　)。

 A. 生理需要   B. 安全需要

 C. 尊重需要   D. 自我实现需要

5. 根据班杜拉的理论,影响自我效能感的最主要因素是个体自身行为的(　　)。

 A. 自我预期   B. 成败经验   C. 自我归因   D. 期待

6. 丹瑟洛的 MURDER 学习策略中 M 代表(　　)。

 A. 情绪的调整和维持   B. 理解

 C. 消化和细述   D. 复习和检查

7. 学习程度需达到(　　),学习效果才最佳。

 A. 50%   B. 100%   C. 150%   D. 200%

8. 在学习过程中,小明针对所学内容画出了网络关系图。这种学习策略属于(　　)。

 A. 元认知策略   B. 精细加工策略

 C. 资源管理策略   D. 认知策略

9. 心理学上"水下击靶"实验所支持的迁移理论是(　　)。

 A. 形式训练说   B. 共同要素说

 C. 经验类化说   D. 关系转换说

10. 日常教学活动中,教师应该引导学生做到"举一反三""触类旁通""闻一知十",这种现象在教育心理学上称为(　　)。

 A. 迁移   B. 同化   C. 顺应   D. 模仿

11. 学会写"石"这个字后,有助于写"磊"。这种现象属于( )。

   A. 一般迁移   B. 具体迁移   C. 水平迁移   D. 垂直迁移

12. 有位学生已知道"先乘除,后加减"的运算法则,但在运算 $11+3\times7=?$ 时,还是把 11 与 3 加起来再乘以 7,这是受( )影响。

   A. 定势   B. 逆向迁移   C. 正迁移   D. 水平迁移

13. 操作性条件反射和经典性条件反射的区别是( )。

   A. 条件反射是否受到直接强化   B. 新的 S-R 联结是否形成
   C. 强化物是否出现在新的反应之前 D. 强化物与反应是否同时出现

14. 孩子哭闹着要买玩具,母亲却不予理睬。这属于( )。

   A. 正强化   B. 负强化   C. 惩罚   D. 消退

15. 犯罪嫌疑人有重大立功时会减刑,这属于( )。

   A. 消退   B. 惩罚   C. 负强化   D. 分化

二、辨析题

1. 按马斯洛的需要层次理论,人的需要从低到高分为 5 个层级,只有低级需要完全得到满足后,才能产生更高级的需要。

2. 看书时将关键字画出来,这属于精细加工策略。

3. 根据斯金纳的操作性条件反射理论,强化分正强化和负强化,正强化是为了加强良好行为在将来发生的概率,负强化则是为了降低不良行为在将来发生的频率。

三、简答题

1. 简述激发与维持学习动机的措施。
2. 简述影响学习迁移的主要因素。
3. 简述建构主义学习观的主要内容。

模拟通过基础练习答案

一、单项选择题

1. B 2. C 3. A 4. D 5. B 6. A 7. C 8. D 9. C 10. A 11. B 12. A 13. C 14. D 15. C

二、辨析题

1. 这种说法是错误的。马斯洛指出,基本需要虽然有层次之分,但这种层次并不是固定的顺序,而只是一种一般模式,在实际生活中,有些富有理想和崇高价值观念的人会为了某种理想和价值而牺牲一切。并且,所谓需要的满足不是指绝对的满足,而是从相对意义上说的。

2. 此观点是错误的。精细加工策略包括总结、做笔记、类比、答疑、记忆术(如位置记忆法、编歌诀、谐音联想等)等。复述策略包括重复、抄写、记录、画线等。与复述策略相比,精细加工策略对信息的处理程度较高,对知识本身又进行了一些加工和处理。题干中画关键词依然属于复述策略,而利用关键词进行记忆则属于精细加工策略。

3. 此说法错误。强化是一种操作,其作用在于改变同类反应在将来发生的概率。强化分正强化和负强化,无论是正强化还是负强化,都是为了增强良好行为在将来发生的概率。而削弱不良行为发生概率的是惩罚和消退。

三、简答题答案要点

1. (1)改善教学,吸引学生。(2)了解学生需要,激发学生学习动机。(3)合理利用反馈,妥善进行奖惩。(4)利用合作竞争,提高学生学习动机。(5)正确指导归因,促使学生努力学习。

2. (1)学习材料的特点。(2)原有的知识结构。(3)对学习情境的理解。(4)学习的心理准备状态。(5)学习策略的水平。(6)智力与能力。(7)教师的指导。

3. 建构主义在学习观上强调学习的情境性、社会互动性和主动建构性三方面。

学习的情境性是指知识存在于具体的、可感知的活动与情境之中,而不是一套独立于情境之外的抽象符号体系,只有通过实际活动才能被学生更好地理解。学生只有将学习与情境化的社会活动联系在一起,才能掌握相应的社会规则、工具、活动程序等,获得相应的知识。

学习的社会互动性是指学生通过参与社会文化活动而内化相关的知识和技能,这一过程往往是通过学习共同体的合作与互动来完成的。

学习的主动建构性体现在学生的学习不是通过教师向其传递知识,而是学生自己主动建构自身知识体系的过程,这种建构不能由其他人代替。

教师能力训练

1. 材料分析题:阅读下列材料,并回答问题。

甲同学在小学时学业成绩优良,对数学特别感兴趣,还在数字竞赛中得过奖,升入初中后,在第一次模拟测验中,他的成绩很不理想,班级的排名在三十几名,回家又受到父母的责骂,使他很有挫败感。他很想取得成绩,但又认为自己做不到,甚至连他最感兴趣的数学考试也出现不及格现象。有一次,老师还用鲜红的水笔在他的试卷上批注"字迹潦草,思维混乱,简直不是人写的"。久而久之他便对学习丧失了信心,上课不认真,拖欠作业,对考试成绩也抱无所谓的态度。

问题:(1) 分析甲同学对学习丧失信心的原因。(2) 结合材料阐述教师应如何激发学生的学习动机?

2. 材料分析题:阅读下列材料,并回答问题。

学生 A:中学学习英语语法对以后学习英语帮助很大。

学生 B:平面几何学得好,后面学习立体几何就简单了,知识之间有很大联系。

学生 A:不光知识这样,弹琴也是,会弹电子琴,学钢琴也快。

学生 B:可有时候也不一样,会骑自行车反而影响骑三轮车。

学生 A:有意思,学习很奇妙。

问题:(1) 请分析材料中两位同学谈话用到的学习原理。(2) 教师应该如何利用这一原理促进学生的学习?

教师能力训练答案要点

1. (1) 甲同学对学习丧失信心的原因主要有:① 兴趣和好奇心未得到充分激发。② 不良的家庭教育环境。③ 不正确的学习归因。④ 教师的错误反馈。

(2) 教师激发学生的学习动机,应做到如下几点:① 创设问题情境,实施启发式教学。② 根据作业难度,恰当控制动机水平。③ 正确指导结果归因,促使学生继续努力。④ 充分利用反馈信息,妥善进行奖惩。

2.(1)两位同学谈话用到的学习原理是学习的迁移。迁移就是一种学习对另一种学习的影响。按迁移的性质,可将迁移分为正迁移和负迁移。正迁移是指一种学习对另一种学习起促进作用。正迁移常在两种学习内容相似、过程相同或使用同一原理时发生。如两位同学所说的学英语知识、几何知识和弹乐器之间的互相促进作用。负迁移是指一种学习对另一种学习起干扰或抑制作用。负迁移常在两种学习相似又不相似的情境下,因学生认知混淆而产生。发生这种迁移,会使另一种学习更加困难。如同学 B 所说的会骑自行车反而影响骑三轮车。

(2)学生迁移能力的形成有赖于教学,促进迁移的有效教学应从以下几个方面考虑。

第一,精选教材。教师应选择那些具有广泛迁移价值的科学成果作为教材的基本内容,而每一门学科中的基本知识(如基本概念、基本原理)、技能和行为规范具有广泛的适应性,其迁移价值较大。在教授概念、原理等基本知识的同时,配合具有典型代表性的事例,并阐明概念、原理的适用条件,有助于迁移的产生。

第二,合理编排教学内容。从迁移的角度来看,合理编排的标准就是使教材达到结构化、一体化和网络化。结构化是指教材内容的各构成要素具有科学的、合理的逻辑联系,能体现事物的各种内在关系。一体化是指教材的各构成要素能整合为具有内在联系的有机整体。网络化是一体化的引申,指教材各要素之间上下左右、纵横交叉的联系要沟通顺畅,要突出各种基本经验的联结点、联结线,这既有助于了解原有学习中存在的断裂点及断裂带,也有助于预测以后学习的发展点及发展带,为迁移的产生提供直接的支撑。

第三,合理安排教学程序。合理编排的教学内容是通过合理的教学程序得以体现、实施的。教学程序是使有效的教材发挥功效的最直接的环节。无论是宏观的、整体的教学规划还是微观的、每一节课的教学活动,都应体现迁移规律。

第四,教授学习策略,提高迁移的意识性。结合实际学科的教学来教授有关的学习策略和元认知策略,这不仅可以促进对所学内容的掌握,而且可以改善学生的学习能力,使学生学会学习,提高迁移的意识性,从根本上促进迁移的产生。

第三章 发展心理

开篇案例

近年来我国校园暴力事件频频发生,且有愈演愈烈之势,成为政府、社会、学校和家庭最为关心的热点问题。我们在任何一个搜索引擎上,输入关键词"校园暴力",都可以找到上千万条的相关信息,有些暴力伤害视频令人触目惊心。"2015年2月4日,湖南一女生因太漂亮遭同学暴打,施暴者还将殴打过程用手机拍摄下来,通过QQ、微信发送到朋友圈,引发大家关注。近年来,校园暴力事件不断发生,女生被打事件更为凸显,此类事件引发的校园暴力问题令人担忧。""2014年11月13日晚,一则清远某乡镇初级中学数名学生殴打一外地学生的视频被发到新浪博客上,视频中,至少有四名女生对一名女生进行扇巴掌、脚踢达2分钟。视频中,不仅有四名女生掌掴一女生的画面,周围还围满人,不时传来哄笑。据悉,这段视频由一名男生笑着拍完全程,其间,四名女生不仅掌掴一女生,还对其拳打脚踢,女生始终未反抗。""11月12日,一段'景德镇女中学生在教室被其他女同学殴打'的视频在网上疯传,引起了广大网友的关注。视频中,被打女生多次被掌掴,并且还被白衣女学生连续飞脚踹至教室中间。"由此可以看出女生当中的校园暴力也是不可忽视的。

2016年3月8日报道,8日上午,在政协教育界别联组讨论会上,教育部长袁贵仁谈起近来备受关注的校园暴力话题时称,"如果你们问,教育部现在最大的压力是什么,我告诉你们,就是学生的安全问题"。校园暴力在从幼儿园到大学等一切校园内都不同程度地存在,但其爆发的重灾区是中学校园,据有关媒体的不完全统计,75%的校园暴力发生在中学校园。中学

> 生容易出现校园暴力的主要原因在于中学生的成长阶段所带来的认知特征和行为特征。中学生主要处于青春期发育阶段,在身体发育方面越来越接近成年人,具备了做出暴力行为的条件;而在心理发育方面却正处于心智走向成熟但又尚未成熟的特殊时期,还不是法律意义上的具备完全行为能力的完整人格个体,属于未成年人,对其行为的后果不承担或只承担部分责任。因此,中学生的暴力行为往往具有不可预见性和一定程度的非理性,其行为不仅使受害者身心和家庭受到伤害,而且也使施暴者本人的身心和家庭受到影响,情节严重的还会触犯刑律,构成犯罪,成为制约社会和谐发展的负面因素。

思 考

校园暴力经常发生在什么年龄阶段的孩子身上?为什么是这个年龄阶段?校园暴力在20世纪和21世纪有什么不一样吗?为什么?从心理学的角度,如何才能减少校园暴力呢?

内容提要

本章主要介绍中学生的心理发展问题。主要从认知、情绪、人格和身心发展等四个方面分别介绍中学生心理发展的特点。中学生的认知发展包括感知觉、注意、观察力、记忆、想象、思维等方面,理解皮亚杰认知发展阶段理论和维果茨基的心理发展理论。在中学生的情绪发展方面,区分情绪与情感的联系与区别,介绍情绪理论,中学生的情绪特点以及良好情绪的培养方法等。关于中学生人格发展的内容,主要学习人格的基本概念、结构、影响因素以及塑造中学生良好人格的方法,弗洛伊德和埃里克森的人格发展理论。本章还介绍了中学生身心发展的特点以及指导中学生正确处理异性交往的有关内容。

学习目标

1. 了解认知发展的特点,情绪的分类,中学生身心发展的特点。

2. 理解中学生认知发展的理论,情绪理论,弗洛伊德人格发展理论,埃里克森社会性发展阶段理论,影响人格发展的因素。

3. 掌握中学生情绪特点,性心理的特点,人格的结构和特征,良好情绪的标准和培养方法。

4. 运用情绪理论分析中学生常见的情绪问题,指导中学生进行有效的情绪调节,根据学生的个体差异塑造良好人格,指导中学生正确处理异性交往。

第一节 中学生认知发展

认知的发展包括感觉、知觉、注意、观察力、记忆、想象、思维等方面,人认知发生与发展第一个高峰期在幼儿阶段(0—6岁),第二个发展高峰期在青少年阶段(12—18岁),也就是中学生时期。中学生的认知发展已有幼儿和小学阶段的基础,在发展速率上较为突出,逐渐趋于成熟和稳定。

一、中学生感知觉的发展

(一) 感觉的发展

(1) 中学生的视觉、听觉和运动觉发展得很快。

(2) 视觉敏感度是视觉感受性发展的重要标志,中学生视觉感受性不断提高,区别颜色的精确性明显提高,视觉敏感发展到一生中的最高水平,即达到或超过成人水平。

(3) 听觉感受性不断提高,区别高音的能力明显增长。

(4) 运动觉和平衡觉不断提高。

(二) 知觉的发展

(1) 知觉的有意性和目的性进一步提高,能够比较稳定地、长时间地进行知觉。

(2) 知觉的精确性和概括性不断提高。

(3) 初中生的空间知觉和时间知觉都有所发展。空间知觉上有更大的抽象性,时间知觉上能更精确地理解较短的单位,而对较大的单位如"世纪""年代"等开始初步理解,但精确性不高。

知识链接

中学生感觉寻求、亲子关系与心理健康的关系

感觉寻求(Sensation Seeking)是一种反映个体对不同水平刺激需求程度的

人格特质。以往研究证实,感觉寻求对具体情境下行为反应有预测作用。有研究者以370名中学生为被试,采用量表法,考察了中学生感觉寻求、亲子关系(家庭教养方式)与心理健康水平的关系。结果表明:(1)人口统计学变量(性别、是否单亲、年级和家庭人均收入)对中学生心理健康水平具有显著影响。(2)去抑制感觉寻求因子和亲子关系与心理健康水平相关显著:去抑制与心理健康呈显著正相关,亲子关系与心理健康呈显著负相关,去抑制与亲子关系呈显著负相关。(3)在控制了人口统计学变量之后,去抑制感觉寻求因子和消极拒绝型、积极拒绝型、不安型、矛盾型亲子关系对心理健康水平具有良好预测能力。(4)去抑制感觉寻求因子在亲子关系对心理健康的影响上起到了中介作用。

(4) 少年期学生开始出现逻辑知觉。这种知觉和逻辑思维密切联系,即在知觉过程中,能够把一般原理、规则和个别事物或问题联系起来。

(5) 知觉的发展还集中体现在青少年知觉的整体性、理解性、选择性和恒常性的发展上。

① 在知觉的整体性方面,中学生已经具备了知觉整体性的特点。

② 在知觉的理解性方面,中学生很大程度上依靠自己的主观想象,表现出更多的随意性。

③ 在知觉的选择性方面,一切影响青少年注意发展的因素都影响着他们对知觉对象的选择,比如知觉事物的直观性、新颖性,学生自身的兴趣、需要、动机等。

④ 在知觉的恒常性方面,中学生的知觉恒常性已经得到发展和完善。

二、中学生注意的发展

(一) 中学生注意发展的特点

(1) 有意注意发展明显。青少年的有意注意也得到了迅速发展。他们学习、活动的目的性、计划性和自觉性日趋提高。在注意发展的整个过程中,小学阶段是有意注意发展的重要阶段,而有意注意最终取代无意注意的主导地位是在初中阶段。

(2) 无意注意虽然在中学时期逐渐居于次要地位,但无意注意却有了进一步的深化,并达到成人的水平,这主要体现在:产生无意注意的原因由外部为主转变为以内部为主。最初无意注意的产生主要依靠外部刺激物的作用,随着学生自身兴趣、爱好的逐渐稳定,无意注意的产生主要受到兴趣、爱好的影响。约有90%的中学生明显地表现出偏科现象,这是无意注意发展和深化的具体表现。

(3) 注意特征存在个体差异。中学生注意的发展明显地存在着几种不同的类型:以无意注意占优势的情绪型;以有意注意占优势的意志型;以有意后注意占优势的自觉意志型,即智力型。

(4) 注意品质全面改善。青少年学生在注意品质的四个方面都有了不同程度的提高。注意的稳定性方面,青少年注意的稳定性增强。在初一到初二阶段,注意稳定性的提高最为显著。他们的注意保持45分钟已无困难。注意的稳定性到高中阶段增长的速度逐渐变慢。注意的广度方面,注意广度已经接近于成人水平,但初中低年级的学生由于缺乏经验,注意的广度较窄,随着知识经验的累积,他们的注意广度不断地提高。在注意的分配方面,高中生注意分配能力已日趋成熟。初中低年级学生在注意分配时也会出现顾此失彼的现象,如注意了抄写就忽略了听讲。初三以上的学生由于各种技能、技巧的稳定性有了提高,才使注意分配能力向较高水平发展。高中生在学习过程中能够根据不同活动的性质和任务,较好地分配自己的注意。在注意转移的能力方面,初中低年级学生的注意转移还有一定的困难,高中生注意转移能力得到较快发展,大多数学生能自觉地根据活动任务把注意从一种对象转移到另一种对象上。

(二) 中学生注意力的培养

在中学阶段,注意力的培养仍然是一个非常重要的教育问题。注意力对学生学业成绩的影响显而易见,中学教师也非常重视中学生的注意力培养。可以从以下几方面着重培养中学生的注意力。

(1) 培养间接兴趣。间接兴趣是引起和保持有意注意的重要条件之一。有时活动本身缺乏吸引力,但活动的目的与结果使人感兴趣,为了完成活动任务,活动本身则成为有意注意的对象。因此,为了引发学生学习的间接兴趣,教师在一门课开始时应阐明本门课的学习意义和重要性,让学生明确认识到本学科知识对他们的价值,以引起他们对学习结果的兴趣,从而调动他们对该门课程学习的积极性,来唤起他们注意的维持。

(2) 养成良好的学习习惯。好的学习习惯有助于提高注意力。首先,要使学生养成力图把握重点的学习习惯。其次,要使学生养成劳逸结合的学习习惯。因为,疲劳是集中注意力的大敌。最后,自信心、情绪愉快等良好的心理状态也是维持注意的重要条件。

(3) 重视集中注意的自我训练。在进行集中注意的自我训练时,要注意培养学生对不良刺激的容忍力。在这里需要的是耐心和韧性,并加强自我约束,在注意力的训练中,加强锻炼自我调节和自我管理的能力是非常重要的。

三、中学生观察力的发展

(一) 中学生观察力的特点

观察力发展上,观察的目的性、持久性、精确性和概括性有显著的发展,初中阶段是观察力发展的一个转折点。

(1) 中学生的观察具有明确的目的性。能够带着一定的目标进行观察,由有意注意引起的观察逐渐增多。

(2) 中学生观察的持久性明显发展。能够进行较长时间的观察,能够在观察活动中进行有效的自我调节。

(3) 中学生观察的精确性提高。能够较好地把握整体与局部,尤其对细节的观察精准度高于小学阶段。

(4) 中学生观察的概括性增强。他们能够在观察中发现事物的异同,找出事物的规律及其与其他事物的内在联系。

(二) 中学生观察力的培养

(1) 引导学生明确观察的目的与任务,是良好观察的重要条件。已有的知识经验会直接影响观察的效果,无论是课外还是实验观察,引导学生复习或预习有关的知识是必要的。

(2) 充分的准备、周密的计划、提出观察的具体方法,是引导学生完成观察的重要条件。

(3) 在实际观察中应加强对学生的个别指导,有针对性地培养学生良好的习惯。① 加强观察方向的引导。在观察活动中,教师要用语言引导儿童观察的方向,使他们掌握观察的顺序。② 充分利用多种感官,提高其观察的全面性、精确性。③ 勤于思考,观察时要细致耐心,学会运用比较。教师要积极引导学生根据观察的目的、任务,对观察到的事物的个别现象,进行分析、比较、综合,以发现事物间的异同或事物的发展规律,从而提高他们观察的分辨力和辨别力。④ 指导学生观察时要尽可能地运用言语。教师应注意指导学生在观察时要出声或无声地叙述观察到的事物。出声叙述有助于学生相互交流、相互学习、取长补短;而无声叙述则可以促进学生内部语言的发展,培养他们独立观察的习惯。一般来说,在对学生进行训练时,最好先让他们从有声叙述开始,逐步养成无声叙述的习惯。

(4) 引导学生学会记录整理观察结果,在分析研究的基础上,写出观察报告、日记或作文。

(5) 引导学生开展讨论、交流并汇报观察结果,不断提高学生的观察能力、培养良好的观察品质。

除此之外,教师还应努力培养学生的观察兴趣与优良的性格特征,如学生的坚韧性、独立性等。

四、中学生记忆的发展

(一) 中学生记忆的发展特点

中学阶段包括初中阶段和高中阶段。中学生的记忆发展也包括初中和高中两个阶段,主要表现为以下特点:

(1) 从总体趋势方面看,中学生记忆力是随着年龄的增长不断提高,到16岁趋于成熟,高中生处于记忆发展的"黄金"时段。

(2) 从记忆的优势方面看,中学生对直观形象的材料记忆要优于抽象材料,对图形记忆要优于词语,视觉记忆要优于其他感官(如听觉)收到信息的记忆。

(3) 从记忆的容量看,中学生记忆的容量日益增大,短时记忆广度随年纪增长而不断增大,接近于成人。

(4) 从记忆的效果方面看,中学生的有意记忆和无意记忆效果都不断提高,但随着年龄的增长,有意记忆逐渐占主导地位。

(5) 从记忆的手段方面看,中学生以理解记忆为主要记忆手段。不再像幼儿和少年阶段,以想象记忆为主,记忆依赖于事物的形象。

(6)从记忆的结构方面看,在中学阶段,抽象记忆占据主导地位。形象记忆相比幼儿期有所减少。

(二)培养中学生的记忆能力

1. 教给学生基本的记忆策略

(1)注意策略。是指学习者学会与掌握将注意指向或集中在所需要的信息上的方法、技巧或规则。注意是认知活动有效进行的基础,它指向学习活动的各个阶段。帮助学习者实行自我控制,促进记忆的加工与保持。

(2)复述策略。复述策略是在工作记忆中为了保持信息,运用内部语言在大脑中重现学习材料或刺激,以便将注意力维持在学习材料之上。是学习中一种主要的记忆手段。

(3)精细阐述策略。是在记忆材料中添加一种意义,或增加一定的细节,使较为分离的对象组合为一个整体。例如,要记住"电视"和"服装"两个词,就可以在这两个词中间加上一些联系,如"电视里正在播服装广告"。

(4)组织策略。即将一组信息划分为若干较小的单元,并且表示它们的关系。例如,对课文进行分段、概括段意就是组织策略的运用。

(5)提取策略。即根据需要提取信息的方法。一种有效的提取策略是分类提取,就是将要提取的对象归入一定知识类别,再在一定的知识类别中进行搜索。分类提取可以缩小信息搜索的范围,提高搜索的成功率。

2. 重视中学生记忆活动的指导

(1)唤起记忆的愿望。学生越感兴趣的东西,他们越愿意学,而且学得越好。学习活动中某种事物形象生动,感染力强,学生记住它的动机越强,所以教师在培养学生的记忆能力时,要注意这一点,例如在备课时,要设计一个好的"开场白",引起学生的兴趣。

(2)增强记忆的信心。坚定的自信心可以使人处于一种积极的心理状态,有一种积极思考和认真记忆的愿望,使大脑细胞活动产生兴奋和激发状态,记忆效果因而增强。

(3)培养自我检查的习惯。中学生学习能力已有所增强,培养他们及时进行自我检查的习惯,提高记忆的主动性,增强记忆的效果。

(4) 讲究记忆卫生。利用记忆和遗忘的规律,对材料进行合理加工,必要时进行过度学习,但注意不能超负荷学习。如果记忆的时间过长、容量过多、使用的记忆方法效果较差,花费再多的时间也是徒劳。

3. 合理组织学生学习

具体措施参考第一章第三节中"有效组织复习"的内容。

五、中学生想象的发展

想象是人脑对已存储的表象进行加工改造,形成新形象的心理过程。一般通过黏合、夸张、拟人化等方式进行加工。对中学生而言,想象的发展也有独特的表现和一定的规律:

(一) 中学生想象发展的特点及规律

(1) 初中生想象的有意性迅速增长。能根据教师的一定提示,进行合理的想象,其目的性、自觉性逐步提高。初中二年级到初中三年级是学生空间想象力发展的加速期或关键期。

(2) 初中生想象的内容比较符合现实,富有逻辑性。这既是中学生有意想象的表现,也与其思维发展特点有关。

(3) 中学生想象中创造性成分日益增多。相比幼儿以再造想象为主,中学生想象中的创造性表现明显。能够在已有经验中,独立创造出新的形象。因此需要为中学生提供运用和发展想象的活动。

(二) 中学生想象力的培养

1. 在教学中发展学生的再造想象

(1) 要扩大学生头脑中的表象储备。增加头脑中的形象经验,为再造想象提供来源。

(2) 教师要帮助学生真正弄懂描述中关键性词句和实物标志的含义。描述中的关键性词句和实物标志的理解,是建立在学生发展合力想象的基础上的,弄懂这些含义,能在教学中促进学生再造想象的进步。

(3) 教师要唤起学生对教材的想象,以加深对知识的理解和巩固。中学生面对的知识有时是抽象的,增加了理解和记忆的难度。如果能激发学生对教材中的知识进行合理想象,则能够增加抽象知识的形象性,促进学习。

2. 在教学中培养学生的创造想象

（1）引导学生学会观察，丰富学生的表象储备。形象经验也是学生进行创造性想象的灵感来源，学会观察比较、能从中获得形象启发。

（2）引导学生积极思考，有利于打开想象力的大门。中学生想象发展开始具有一定的有意性，需要教师提供机会，让学生积极动脑加以创造。

（3）引导学生努力学习科学文化知识，扩大学生的知识经验以及发展学生的空间想象能力。初中二年级到初中三年级是学生空间想象力发展的加速期或关键期。学习科学文化知识、扩大知识经验，有助于发展空间想象能力。

（4）注意发展学生的语言能力。学生头脑中创造的形象常常要通过语言进行描述，或通过他人的书面语言、口头语言理解别人的想象，发展语言能力与培养创造想象密不可分。

（5）结合学科教学，有目的地训练学生的想象力。不同的学科有不同的思维方式，分科进行想象训练，更有针对性。合理利用学生的创造想象，对学科学习起积极作用。

（6）引导学生进行积极的幻想。中学生的想象中有幻想和空想的成分，需要教师加以引导，利用积极的幻想为学习和创作提供帮助，减少消极的幻想。

六、中学生思维的发展

在中学阶段，学生思维在初中和高中两个阶段发展也有所不同。初中生的思维发展处于小学生的直观逻辑思维和高中生的抽象逻辑思维的过渡阶段。因此，要从思维发展的连贯性方面来看待中学生思维发展的特点和规律。

（一）中学生思维发展的特点

1. 中学生逻辑思维的发展

总体而言，中学生思维的发展具有如下特点：

（1）抽象逻辑思维逐渐占据主导地位，并随着年龄的增长日益成熟。初中生能逐渐熟练地运用假设、抽象概念、逻辑法则以及逻辑推理等手段来解决问题。高中学生在思维中运用假设的能力不断增强。他们在解决问题之前，能事先形成计划、方案以及策略。高中生思维活动的自我意识或监控能力更加明显化，他们能够意识到自己的智力活动的过程，并在一定程度上加以监控。

(2) 形式逻辑思维逐渐发展,在高中阶段处于优势。中学生形式逻辑思维的发展主要表现在其概念、推理和逻辑法则等的应用能力上。在概念的理解上,初中生已经逐步从理解概念的外延特征(如事物功用性或具体的描述)向理解概念的本质定义转变。到了高中以后,学生已经能较正确地对社会概念、哲学概念和科学概念做出定义。在推理能力上,初中一年级学生开始具备初级水平的推理能力,但假言、选言、复合、连锁等演绎推理和运用推理解决问题的能力都还较差。到了高中以后,学生的各种推理能力都得到了较好的发展。特别是高中二年级以后,学生的各项推理能力基本发展完善。在运用逻辑法则方面,初中学生已经基本上掌握并能运用逻辑法则,到高中二年级,学生在掌握和运用逻辑法则方面趋于成熟。但在掌握不同逻辑法则的能力上存在着不平衡性。

(3) 辩证逻辑思维迅速发展。中学生的辩证逻辑思维发展趋势是:初中一年级学生已经开始掌握辩证逻辑的各种形式,但水平较低;初中三年级学生的辩证逻辑处于迅速发展阶段,是一个重要的转折时期;高中学生的辩证逻辑思维已处于优势的地位,他们已经能多层次地看待问题,理解一切事物都处于互相制约、互相联系或者是对立统一的关系中。

2. 对问题情境的思维有质的飞跃

在提问方面,中学生对问题情境的思维具有三方面质的飞跃。(1) 提问趋于探究性。幼儿和小学生的提问多具有随意性、无意性,中学生的提问往往与一定的问题探究有关。对某个知识领域的好奇,对某个问题的不解,对于探究方法的困惑,都是探究性的体现。(2) 提问具有开拓性。在一定的问题情境中,中学生能够针对已有的情境信息进行分析,根据分析结果进一步提出问题,具有开拓性。(3) 提问具有批判性。通过分析和比较情境中的已知信息,学生能够通过提问对信息加以甄别和选择,他们所提的问题就可能暗含了自己对于某个回答的偏好,带有一定的批判性。

在求解方面,中学生对问题情境的思维能够运用假设,他们能撇开具体事物,使用以概念支撑的假设进行思维。同时,中学生对问题进行求解具有预见性,他们会拟定计划、思考步骤,有条理地求解问题。

3. 思维品质的矛盾性

(1) 思维的深刻性与表面性共存。在初中阶段,学生分析问题时还常被事物的个别特征或外部特征所困扰,而难以深入把握事物的本质。例如,对自然规律和社会现象进行评价时容易受到表面特征的影响。

(2) 思维的批判性与片面性共存。在初二以后中学生思维的批判性得到了显著的提高。但中学生(特别是初中生)的思维批判性还不成熟,具有一定的片面性。

4. 思维活动中自我中心的出现

初中生思维活动的自我中心主要表现为,虽然初中生能区别自己与他人的想法,但却不能明确区分自己关心的焦点与他人关心的焦点的不同。高中阶段开始后,这种自我中心倾向就会逐渐削弱,逐渐明确区分出自己与他人思想上关注点的区别,认识到自己的主观意见与现实之间的差异,更好地掌握分析问题的客观标准,这时个体的思维就又发展到了一个新的水平。

5. 中学生思维监控的发展

初一到高一期间,中学生自我监控能力的发展速度比较快,已经接近成人水平。有关中学生自我监控能力发展特点的研究表明,在思维的计划性方面,初步思考时间延长,停顿次数减少;在思维的监视性方面,悔步次数在减少;在思维的有效性方面,认知操作的总时间减少,错误数也逐渐减少。同时自我监控中的计划性和监视性也影响认知操作的速度和准确性。

6. 中学生创造性思维的发展

青少年的创造性思维水平的总趋势是不断向前发展的,但发展速度是不均匀的。高二是创造性思维发展的高潮,初一和高三是创造性思维发展的低潮。随年龄的增长,高中生创造性思维的流畅性呈下降趋势,变通性平稳发展,独特性逐渐提高。

初一学生的创造性思维水平较低,而高中二年级学生创造性思维迅速发展,并且已经接近成年水平。

(二) 中学生创造性思维的培养

教师在培养中学生创造性思维的过程中应着重在创设思维氛围、激发思维兴趣、培养直觉兴趣、训练发散思维以及发展逆向思维等方面。

1. 创设思维氛围

教师必须实行"民主、平等"的教学观,改变传统的"把知识作为预先决定了的东西教给学生,对学生的奖励也往往是以学生对课本知识的顺从为条件"的课堂教学模式,同时教师还应允许每一位学生凭直觉和经验来进行分析、判断、推测,允许他们展开争议讨论,允许他们独立地发表各种设想和见解,最大限度地调动学生的积极性、主动性,保护他们创造思维的萌芽,从而促进学生创造性思维能力的发展。

2. 激发思维兴趣

教师要结合教材内容,适当设计运用一些生动的知识小故事、趣味性较浓的例题等,激发并利用学生的好奇心,启发学生积极思考问题,引导学生学会质疑问题,满足求知欲望及思维创新的欲望,激励学生进行广泛的、多方位的独立思考,培养学生思维的主动性和多向性。

3. 培养直觉思维

直觉思维源于观察、经验、知识的积累,并依靠想象力、洞察力等顿悟事物的实质。教师要更多地给予学生发挥直觉思维的空间和时间。

4. 训练发散思维

在教学中,教师要着力引导学生敢于超越传统习惯的束缚,摆脱原有知识的羁绊和"思维定势"的禁锢,倡导学生提出大胆设想和独特见解,鼓励他们标新立异,另辟蹊径,寻求具有创新意识的简捷妙法。

5. 发展逆向思维

在教学中,教师要深入挖掘教材的潜力,精心选编一些分析法的例题,为学生提供一手训练材料,让学生去分析、推理,从中探索出正确的答案或规律,并引导学生进行知识迁移,举一反三地去思考问题,突破单一的思维模式,运用逆推法拓宽思路,同时使思维更加活跃,从而进一步发展学生的逆向思维。

七、皮亚杰认知发展阶段理论

(一)建构主义的发展观

1. 心理发展的实质

皮亚杰的理论核心是"发生认识论"。皮亚杰认为,所有生物包括人都有适应和建构的倾向,这也是认知发展的两种机能。皮亚杰认为,人的知识来源于动作,动作是感知的源泉和思维的基础。儿童心理发展的实质和原因就是主体通过动作完成对客体的适应。适应的本质在于取得机体与环境的平衡。适应分两种不同的类型:同化和顺应。儿童对环境做出的适应性变化并不是消极被动的过程,而是一种内部结构的积极建构过程,即儿童的认知是在已有图式的基础上,通过同化、顺应和平衡,不断从低级向高级发展。

知识链接

让·皮亚杰的简介

让·皮亚杰(1896年8月9日—1980年9月16日),全名让·威廉·弗里兹·皮亚杰,瑞士人,是近代最有名的发展心理学家,同时也是个哲学家。他的认知发展理论成为这个学科的典范。皮亚杰早年接受生物学的训练,但他在大学读书时就已经开始对心理学有兴趣,曾涉猎心理学早期发展的各个学派,如病理心理学、精神分析学、荣格的潜意识心理学和弗洛伊德的学说。从1929年到1975年,皮亚杰在日内瓦大学担任心理学教授。

2. 图式、同化、顺应与平衡

(1) 图式。图式是指人在认识周围世界的过程中,形成自己独特的认知结构。从发展的角度来看,儿童最初的图式是遗传所带来的一些本能反射行为,如吸吮反射、定向反射等。

(2) 同化。同化是指在有机体面对一个新的刺激情境时,把刺激整合到已有的图式或认知结构中。通过这一过程,主体才能对新刺激做出反应,动作也得以加强和丰富。

(3) 顺应。顺应是指当有机体不能利用原有图式接受和解释新刺激时,其认知结构发生改变来适应刺激的影响。

(4) 平衡。平衡是指同化和顺应之间的"均衡"。皮亚杰认为,同化和顺应过程对于认知能力的发展变化是非常重要的。

儿童通过同化和顺应达到机体与环境的平衡,如果失去平衡,就需要改变行为以重建平衡。但平衡是相对的,不是绝对的。儿童在平衡与不平衡的交替中不断建构和完善认知结构,实现认知发展。

(二) 皮亚杰的认知发展阶段理论

皮亚杰认为认知发展是一个构建的过程,是个体在与环境的相互作用中实

现的。他提出了认知发展的阶段理论,将个体的认知发展分为以下四个阶段:

1. 感知运动阶段(0—2岁)

感知运动阶段的婴儿主要有以下几个方面的特征:

(1)感觉和动作的分化。儿童只能依靠自己的肌肉动作和感觉应付环境中的刺激。

(2)"客体永久性"(即知道某人或某物虽然现在看不见但仍然是存在的)的形成。客体永久性的发展为婴儿在大脑中使用符号代替物体打下了基础,使婴儿甚至在从未经历的情况下,也能够想象物体。在感知运动阶段的后期,完整清晰的客体永久性已经形成。此时,尽管儿童并没有看见这些物体放在某个特定的地方,但也能积极地寻找他们认为被藏起来的东西。

(3)问题解决能力开始得到发展。起初,个体的行为更多是以尝试错误为基础,后期则能够计划解决问题的方法。例如,想要东西的婴儿可能会伸手够几次但最终放弃。几个月之后,他们可能会用其他物体来帮助其得到原来的物体。到2岁时,他们可能会非常善于利用工具来帮助自己获得所向往的东西。

(4)延迟模仿的产生。皮亚杰研究发现,12—18个月的婴儿能够比较精确地进行模仿,到18个月左右就出现了延迟模仿,即使榜样已经离开了现场婴儿也能够表现出榜样的行为。

2. 前运算阶段(2—7岁)

这一阶段,具体包括两个阶段,一是前概念/象征思维阶段(2—4岁),这时儿童出现象征思维;二是直觉思维阶段(4—7岁),这时儿童思维不具备可逆性和守恒性特征。前运算阶段儿童的思维特征主要表现在以下八个方面:

(1)早期信号功能。儿童能将各种感知信息以心理符号的形式存储下来,积累了表象素材,促进了表象性思维的发展。随着年龄的增长,儿童越来越多地使用符号来表示外部世界,如用"牛""羊"来代表真正的牛和羊等。

(2)自我中心性(中心化)。儿童还不能设想他人所处的情境,常以自己的经验为中心,从自己的角度出发来观察和理解世界。

(3)不可逆运算。前运算阶段的儿童还没有"守恒"能力或者没有形成"守恒"的概念,思维缺乏观念的传递性。儿童观察事物时往往只能注意表面的、显著的特征,倾向于注意事物的静止状态。思维活动表现的关系单一,不能进行可逆运算。例如一个 3 岁的幼儿知道 Tom 是他的哥哥,但却无法理解 Tom 有个弟弟就是他自己。

(4) 不能够推断事实。前运算阶段的儿童往往是根据知觉到的表面现象作出反应,不能够推断事实。例如,给 3 岁的幼儿一辆红色的玩具小汽车,当着他的面盖上一块罩子,小汽车看起来是黑色的,问他小汽车是什么颜色的,他会说是黑色的。

(5) 泛灵论。前运算阶段儿童的思维具有泛灵论的特点,即将人类的特征赋予无生命的物体。前运算阶段的儿童会认为任何物体都是有生命的。例如,前运算阶段的儿童画画,太阳或月亮上各画了一张笑脸。又如,如果让前运算阶段的儿童把洋娃娃扔到地上去,他会说不能扔到地上,会摔疼洋娃娃的。

皮亚杰:太阳会动吗?

儿童:会动,你走它也走,你转它也转。太阳是不是也跟过你?

皮亚杰:它为什么会走呢?

儿童:听我们在说什么。

皮亚杰:太阳活着吗?

儿童:当然了,要不然它不会跟我们,也不会发光。

这是由于儿童不能区分心理的东西和物理的东西,幼儿认为凡是运动的物体都是有生命和意识的,这也与幼儿的自我中心主义有关系。

(6) 不合逻辑的推理。前运算阶段儿童思维的另一个局限是不合逻辑的推理,这种推理既不是演绎推理也不是归纳推理。根据皮亚杰的观点,前运算阶段儿童的思维是在这两者之间,即从特殊到特殊而不涉及一般。例如,皮亚杰两岁女儿的一个小朋友是驼背,她说这个小朋友很可怜,他病了。几天后她听说这个小朋友得了流感,睡在床上。后来又听说这个小朋友流感好了。于是,她说:"现在他的驼背没有了。"这种推理不是从个别到一般或从一般到个别,而是从个别到个别的推理,从一种病到另一种病的推理,视二者同一,以为一种病好了,另一种病也好了。这种思维被皮亚杰称为传导思维(又称传导推理)。

(7) 不能理顺整体和部分的关系。通过要求儿童考察整体和部分的关系的研究发现,儿童能把握整体,也能分辨两个不同的类别。但是,当要求他们同时考虑整体和整体的两个组成部分的关系时,儿童多半给出错误的答案。这说明他们的思维受眼前的显著知觉特征的局限,而意识不到整体和部分的关系。皮亚杰称之为缺乏层级类概念(类包含关系)。

(8) 认知活动具有具体性,还不能进行抽象的思维运算。

3. 具体运算阶段(7—11岁)

具体运算是一种与真实、具体的物体相关的可逆的心理活动。与前运算阶段相比,具体运算阶段的儿童能够运用逻辑思维解决具体问题,但必须依赖于实物和直观形象的支持才能进行逻辑推理和运用逻辑思维解决问题,不能够进行纯符号运算。这一阶段儿童的思维具有以下特征:

(1) 去自我中心性(去中心化)。具体运算阶段的儿童不能想象独立于他们直接经验之外的事物,但能够考虑多个感知特征,即去自我中心,得出具体问题的解决方法。在皮亚杰和英海尔德的"三山实验"任务中,7—9岁的儿童就能够注意到一种情境的多个方面,从他人的角度理解问题。在这一时期,儿童区别现实与想象的能力得到提高。

知识链接

三山实验

实验材料是一个包括三座高低、大小和颜色不同的假山模型,实验首先要求儿童从模型的四个角度观察这三座山,然后要求儿童面对模型而坐,并且放一个玩具娃娃在山的另一边,要求儿童从四张图片中指出哪一张是玩具娃娃看到的"山"。结果发现幼童无法完成这个任务,他们只能从自己的角度来描述"三山"的形状。皮亚杰以此来证明儿童的"自我中心"的特点。

图 3-1 三山实验

(2) 可逆性。皮亚杰提出,在儿童思维发展的所有特征中最重要的是可逆性。一个具体运算阶段的儿童能理解先前曾是一团泥土的飞机模型能够再变成一团泥土;他同样明白8个珠子加6个珠子等于14个珠子,而从14个珠子中拿走6个珠子还剩8个珠子。

知识链接

皮亚杰守恒实验在我国的比较研究

早在20世纪90年代初我国就有研究者利用皮亚杰的守恒实验进行了比较研究。实验以广西697名城乡儿童作被试,对皮亚杰守恒实验作跨文化的比较研究。实验结果表明,皮亚杰研究所揭示的儿童守恒观念发展的一般特点与我区城乡儿童相同,但皮亚杰可能低估学龄前期儿童守恒观念的发展,且在各地区儿童守恒观念形成中存在显著差异。本实验结果还表明,皮亚杰设计的守恒实验只是研究儿童守恒观念发生的有效方法,而不宜作为测查儿童守恒观念发展水平的"量具"。

(3) 守恒,即儿童认知到客体在外形上发生了变化,但特有的属性不变。处于具体运算阶段的儿童能够去中心化并能逆向运算,因此,守恒能力得到迅速发展。6岁左右的儿童可以解决数字守恒问题,7或8岁的儿童则能解决面积或容积守恒问题,9—10岁儿童能够解决重量守恒问题,到11或12岁时儿童能够解决体积守恒问题等。比如,8岁左右的儿童去过几次小朋友的家,就能够画出具体的路线图来,而五六岁的儿童则无法做到。

(4) 分类。具体运算阶段的儿童能够进行分类。5岁时儿童已经能够进行一些简单分类,如呈现一组白色或黑色的圆圈、方块和三角形,儿童可能会将他们分成两组:白色和黑色。但在具体运算阶段之前,大多数儿童不具有类包含的概念,不能够理解某一特定的人或物可以从属于不同的类别,形成分类系统。

(5) 序列化。序列化是指能够根据大小、体积、重量或其他的一些特性对一系列要素进行心理上的排序。排序的能力在4岁或更小的儿童中就已经出现,但他们的排序比较粗糙,并且要经过尝试错误。具体运算阶段儿童能够顺利完成排列大小的任务,如给他们长短不等的小木棒,他们能够按照从长到短或从短到长的顺序进行排序。

4. 形式运算阶段(11岁—成人)

形式运算阶段,是儿童思维发展趋于成熟的阶段。本阶段儿童思维的特征如下:

(1) 命题之间的关系。本阶段儿童的思维是以命题形式进行的。他们不仅能考虑命题与经验之间的真实性关系,而且能看到命题与现实之间的关系,并能推论两个或多个命题之间的逻辑关系。

(2) 假设—演绎推理。本阶段的儿童不仅能够运用经验—归纳的方式进行逻辑推理,而且能够运用假设—演绎推理的方式来解决问题。

(3) 类比推理。形式运算阶段的儿童能够很好地进行类比推理,能够理解类比关系。例如,"皮毛对狗就像羽毛对鸟一样",这个类比的核心是"狗—皮毛"与"鸟—羽毛"之间的关系。只有通过反省性思维,而不是观察,才可能理解这种关系。

(4) 抽象逻辑思维。本阶段的儿童能理解符号的意义、隐喻和直喻,能对事物做一定的概括,其思维发展水平已接近成人的水平。

(5) 可逆与补偿。本阶段的儿童不仅具备了逆向性的可逆思维,而且具备了补偿性的可逆思维。例如,对于"在天平的一边加一点东西,天平就失去平衡,怎样使天平重新平衡"的问题,他们不仅能考虑把所加的重量拿走(逆向性),而且能考虑移动天平的加重的盘子使它靠近支点,即使力臂缩短(补偿性)。

(6) 反思能力。形式运算阶段的儿童具备了反思能力,即系统地检验假设的能力,能够系统地概括出解决某一问题的所有可能方法或能进行组合推理。

(7) 思维的灵活性。本阶段的儿童不再刻板地恪守规则,反而常常由于规则与事实的不符而违反规则。对这一年龄阶段的儿童,教师和家长不宜采用过多的命令和强制性教育,而应鼓励和指导他们自己做决定,同时对他们考虑不全面的地方提出建议和改进的办法。

(8) 形式运算思维的逐渐发展。形式运算思维是逐渐出现的,而不是一次全部出现。

【真题链接】

[2013·下]选择题:赵明能根据 A>B,B>C,则 A>C 的原理,推出 A、B、C 的关系,比如"小张比小李高,小李比小王高,则小张最高"。根据皮亚杰的认知发展理论,赵明的认知发展处于( )。

> A. 感知运算阶段　　　　　B. 前运算阶段
> C. 具体运算阶段　　　　　D. 形式运算阶段
>
> [答案]　D

八、维果茨基的心理发展理论与教育

知识链接

维果茨基的简介

利维·维果茨基(1896—1934)，苏联心理学家。由于他的政见与斯大林相左，又由于其理论中有浓厚的西方文化色彩，在1936年至1956年间受到苏联政府当局的打压，禁止讨论其理论。直到60年代，他的理论才广为西方所知，并迅即被翻译成各国文字；而他的学生亦借此机会前往美国讲学，并宣扬他的理念。维果茨基与A.H.列昂节夫和A.P.鲁利亚等人由此形成了一个极有影响的文化历史心理学学派，对西方心理学产生了广泛的影响。

(一)"文化—历史"发展理论的基本观点

(1) 维果茨基强调社会文化在认知发展中的作用。为此，维果茨基创立了"文化—历史"发展理论。他区分了两种心理机能：① 作为动物进化结果的低级心理机能，如简单的感觉和无意注意等。② 作为历史发展结果的高级心理机能，即以符号系统为中介的心理机能，如抽象逻辑思维。高级心理机能是人类所特有的，它使人类心理在本质上区别于动物。由低级机能向高级机能转化的发展有四个表现：① 随意机能不断发展。随意性越强，心理水平越高。② 抽象—概括机能的提高。③ 各种心理机能之间的关系不断变化、重组，形成间接的、以符号为中介的心理结构。④ 心理活动的个性化。维果茨基认为，人的高级心理机能是在与社会环境的交互作用中发展起来的，或者说人的高级心理机能起源于社会的交往。儿童的认知发展更多地依赖于周围人们的帮助，儿童的知识、思想、态度、价值观都是在与他人的交往中发展起来的。维果茨基指出，儿童在与成人交往的过程中,通过掌握高级心理机能的工具——语言符号这一中介环节,使其在低级的心理机能基础上形成各种新的心理机能。

(2)维果茨基强调,人的思维与智力是在活动中发展起来的,是借助于语言等符号系统不断内化的结果。内化是促使认知发展的主要机制,所谓内化是指个体将外在的事物或他人的心智运作转变成自己内在的表征。语言在内化过程中起重要作用,认知发展遵循"社会语言—自我语言—内部语言"的路线。维果茨基把语言看成是认知发展的工具,认知能力随语言这种心理工具的成熟而成熟,而语言的发展则是在社会文化环境中实现。换言之,维果茨基认为个体的发展是从社会化到个体化的过程。

知识链接

皮亚杰与维果茨基知识建构观的比较

皮亚杰的研究更多地侧重于单个的个体对新知识的建构过程,而维果茨基则强调文化、语言等工具和社会历史文化背景对知识构建的作用。不同之处表现在:

1. 两者研究的基本问题有所不同,亦即其出发点不同。皮亚杰研究的出发点是:个体最初的知识是怎样形成的,以及个体不断获取知识的机制是怎样的?而维果茨基研究的出发点则是:在个体的知识建构过程中,社会文化历史因素是如何起作用的?

2. 两者对"知识"的理解不同。皮亚杰特别强调知识的个体性,而维果茨基则同时强调知识的个体性与社会性。

3. 两者的知识建构过程不同。皮亚杰认为知识的建构过程是双向的,一方面建构人类个体的知识,另一方面形成广义的物理知识;而维果茨基则强调在社会文化历史的大环境中,以活动实践和语言符号为中介进行知识的建构,同时特别强调了社会文化历史和语言在建构过程中的重要作用。

(二)心理发展的实质与"内化说"

维果茨基强调环境和社会因素在儿童发展中的重要作用。他提出心理发展的实质是在环境和教育的影响下,个体在低级心理机能的基础上逐渐向高级心理机能转化的过程。他认为,发展大部分得益于由外向内,即个体通过内化,从情境中汲取知识,获得发展。儿童的许多学习发生在与环境的相互作用中,这个环境决定了大部分儿童内化的内容。在儿童环境中的父母和其他人,可以通过他们与儿童的相互作用来扩大儿童的知识视野,促进儿童的学习。内化说是维果茨基心理发展观的核心思想。

(三) 教育与心理发展的关系

1. 最近发展区的概念

维果茨基认为,儿童发展有两种发展水平:一是儿童的现有水平,即由一定的已经完成的发展系统所形成的儿童心理机能的发展水平;二是可能达到的发展水平,也就是通过教学所获得的潜力。这两种水平之间的差异,就是最近发展区。也就是说,最近发展区是儿童在有指导的情况下,借助成人的帮助所能达到的解决问题的水平与独自解决问题所达到的水平之间的差异,实际上是两个邻近发展阶段间的过渡状态。

2. "教学应走在发展前面"

在维果茨基看来,教学的可能性由学生的最近发展区决定,"教学应该走在发展前面"有两层含义:(1) 教学在发展中起主导作用。它决定着儿童的发展,决定着发展的内容、水平、速度及智力活动的特点。(2) 教学创造着最近发展区。教学应适应学生的现有水平,但更重要的是发挥教学对发展的主导作用。

它的提出说明了儿童发展的可能性,其意义在于,指导教育者不应只看到儿童今天已达到的发展水平,还应看到儿童仍处于形成的状态,正在发展的过程。所以,维果茨基强调教学不能只适应发展的现有水平,还应适应最近发展区,从而走在发展的前面,最终跨越"最近发展区"而达到新的发展水平。因此,教学的最佳结果产生于"最近发展区"。

3. 适时辅导学生是教学的必由之路——教学支架的应用

为促进教学发展,维果茨基认为教师可采用教学支架,进行支架式教学,即在学生试图解决超出当前知识水平的问题时给予支持和指导,帮助其顺利通过最近发展区,使之最终能够独立完成任务。支架式教学可采用的方式有:(1) 把学生要学习的内容分割成许多便于掌握的片段;(2) 向学生示范要掌握的技能;(3) 提供有提示的练习等。需要注意的是,教师提供的支持和帮助要合适。帮助过多,学生独立解决问题的能力就不能充分发展;帮助不够,学生亦可能因失败而泄气,久而久之,可能会形成习得性无助感。

> **【真题链接】**
>
> 1.[2014·上]选择题:学生的实际发展水平与在成人的指导下可以达到的水平之间的差距,维果茨基称之为( )。
>
> A. 教学支架　　B. 最近发展区　　C. 先行组织者　　D. 互相协助
>
> [答案] B
>
> 2.[2012·下]选择题:人的高级心理机能是在一定社会历史文化背景下,借助语言,通过人与人的社会交往而形成的,持这种观点的心理学家是( )。
>
> A. 维果茨基　　B. 乔姆斯基　　C. 巴甫洛夫　　D. 弗洛伊德
>
> [答案] A

第二节　中学生情绪发展

中学生处在从幼稚向成熟发展的过渡期,在学习活动、交往活动等许多方面总会面临不少情绪的波动以及更加深刻的情感体验。有时欣喜若狂,有时焦虑不安,有时孤独恐惧,有时满腔怒火。中学生情绪情感的变化与发展是多样、复杂的,是其内心状态的外在体现,因此教师必须对中学生情绪情感的发展有所了解。

一、情绪情感概述

(一) 情绪和情感的概念及其关系

1. 情绪和情感的概念

情绪和情感是人对客观事物的态度体验及相应的行为反应。认知是情绪和情感产生的基础,需要是引发情绪情感的中介。那些满足人们需要的事物和对象,能引起各种肯定的态度,使人产生满意、愉快的情绪体验。不同的态度体验反映着客观事物与人的需要之间的不同关系。

情绪和情感是由独特的主观体验、外部表现和生理唤醒三种成分组成的。主观体验是个体对不同情绪和情感状态的自我感受。情绪与情感的外部表现，通常称为表情。它是情绪和情感状态发生时身体各部分的动作量化形式，包括面部表情、姿态表情和语调表情，其中面部表情是鉴别情绪的主要标志。一定的情绪状态总伴有内脏器官、内分泌腺或神经系统的生理变化，因此将情感状态产生时的生理反应称为生理唤醒。

2. 情绪和情感的关系

情绪和情感具有密切的联系，主要表现在：(1) 情绪是情感的基础，情感依赖于情绪。人的情感是在大量情绪体验的基础上形成和发展起来的，也是通过情绪表达出来的。离开了具体的情绪过程，人的情感及其特点就不可能现实地存在，但同一种情感在不同的条件下也可产生不同的情绪表现。(2) 对人类而言，情绪离不开情感，是情感的具体表现。情绪也依赖情感的变化。情绪受已经形成的情感及其特点的制约。情感的深度决定着情绪表现的强度，情感的性质决定了在一定情境下情绪表现的形式。情绪发生过程中往往深含着情感因素。因此从某种意义上说，情绪是情感的外在表现，情感是情绪的本质内容。与情感相比，情绪侧重描述情感过程的外部表现及可测量的方面，而情感侧重表明情绪过程的主观体验。

情绪和情感虽然有着密切的联系，但也有一定的区别。在国外，学者并不重视二者的区别，但国内还是对其做了基本的区分。主要表现为以下三个方面：

(1) 从需要的角度来看。情绪是原始的、低级的态度体验，与生理需要是否满足相联系，是人和动物共有的；情感是人类所特有的心理活动，具有一定的社会历史性，是后继的、高级的态度体验，与社会需要是否满足相联系。

(2) 从发生的角度来看。情绪可以由对事物单纯的感知觉直接引起，具有情境性和易变性；情感则由对事物复杂意义的理解所引起，具有稳定性和持久性。

(3) 从表现形式来看。情绪体验强度大，往往带有冲动性，并伴随明显的外部表现；情感则比较内隐，较为深沉。

(二) 情绪和情感与认识过程的关系

认识过程是情绪和情感的基础，并引导情绪和情感的发展。只有通过认识过程对客观事物的反映，主体才能确定客观事物是否满足自己的需要，从而产生相应的态度体验,引起不同的情绪和情感。

情绪和情感伴随着认识活动的发展而发展。积极的情绪和情感会促进人的认识活动,提高学习和工作的效率;消极的情绪和情感则会妨碍人的认识活动,降低活动效率。

(三)情绪和情感的分类

1. 情绪的分类

根据主体与客体之间关系的不同,心理学家把人的基本情绪分为快乐、悲哀、愤怒、恐惧四种类型。依据情绪发生的强度、持续性和紧张度的不同,可以把情绪状态划分为心境、激情和应激三种。

(1)心境。心境是一种微弱的、持续时间较长的、带有弥漫性的情绪状态。心境一经产生就不只表现在某一特定对象上,而是在相当长的一段时间内,使人的整个心理活动都染上某种情绪色彩,影响人的整个行为表现,成为情绪生活的背景。所谓"忧者见之则忧,喜者见之则喜"说的就是心境。良好的心境,有助于积极性的发挥,提高工作与学习的效率,并促进坚强意志品质的培养;不良心境会妨碍工作和学习,影响身心健康。因此,培养良好的心境是人的个性修养的重要组成部分。

(2)激情。激情是一种爆发式的、猛烈而时间短暂的情绪状态。例如,狂喜、暴怒、恐惧、绝望、剧烈的悲痛等,都是激情的表现。它往往带有特定的指向性和较明显的外部行为表现,如暴跳如雷、浑身战栗、手舞足蹈等。

激情发生时,意识范围缩小,意识对行为的控制作用明显降低,理解力降低,判断力减弱,易感情用事,不考虑后果。有人用激情爆发来原谅自己的错误,认为"激情时完全失去理智,自己无法控制",这种说法是不对的,人能够意识到自己的激情状态,也能够有意识地调节和控制它。

(3)应激。应激是出乎意料的紧迫情况所引起的急速而高度紧张的情绪状态。当人们遇到突发事件或意外发生危险时,为了应付瞬息万变的紧急情况,就得果断地作出决定,迅速地作出反应。应激正是在这种情境中产生的内心体验。应急状态有积极的作用,也有消极的作用。一般的应激状态是一种行为保护机制,使人更加机智勇敢,集中全身精力以应付危急局面,急中生智,摆脱困境。应激状态持续时间不可过长,否则会危害健康。

【真题链接】

1.[2013·上]选择题:当同学们获悉本班取得学校合唱比赛第一名的成绩时欣喜若狂。他们的情绪状态属于( )。

A. 心境　　　B. 激情　　　C. 应激　　　D. 热情

[答案] B

2.[2012·下]选择题:王悦接到高考录取通知书已十多天了,仍心情愉悦,往常觉得平淡的事也能让她很高兴,这种情绪状态属于( )。

A. 激情　　　B. 心境　　　C. 应激　　　D. 热情

[答案] B

2. 情感的分类

情感是同人的社会性需要相联系的主观体验。从情感的社会内容角度来看,人类的情感有道德感、美感和理智感三种形式。

(1) 道德感。道德感是根据一定的道德标准评价人的思想、意图和言行时所产生的主观体验。它表现在对待国家、集体、工作、事业以及人与人之间的关系等各个方面,如爱国主义情感、国家主义情感、集体主义情感、责任感、义务感、事业心、荣誉感、自尊心等。

(2) 美感。美感是人们根据一定的审美标准对自然或社会现象及其在艺术上的表现予以评价时所产生的情感体验。同道德感一样,美感也具有社会历史制约性。

(3) 理智感。理智感是人认识事物和探求真理的需要是否得到满足的主观体验。例如,人们在探求未知的事物时所表现出的求知欲、认识兴趣和好奇心、发现问题的惊奇感、问题解决的喜悦感,为真理献身的自豪感、问题不解的苦闷感等。理智感对人们学习知识、认识事物、发现规律和探求真理的活动都有积极的推动作用。

(四) 情绪情感的功能

1. 适应功能

情绪和情感是有机体适应生存和发展的一种重要方式。例如,动物遇到危险时,产生怕的呼救,就是动物求生的一种方式。

2. 动机功能

情绪和情感是动机的源泉之一,是动机系统的一个基本成分。它能够激励人的活动,提高人的活动效率。适度的情绪兴奋,可以使身心处于活动的最佳状态,推动人们有效地完成任务。研究表明,适度的紧张和焦虑能促使人积极地思考和解决问题。同时,情绪对于生理内驱力也具有放大信号的作用,成为驱使人们行为的强大动力。

3. 组织功能

情绪和情感这种特殊的心理活动,对其他心理过程而言是一种检测系统,是心理活动的组织者。积极的情绪和情感具有调节和组织作用;消极的情绪和情感则有干扰、破坏作用。情绪和情感的组织作用表现在促成知觉选择,监视信息的移动,影响工作记忆,影响思维活动和影响人的行为表现。

4. 信号功能

情绪和情感在人际间具有传递信息、沟通思想的功能。情绪的信号功能体现在个体将自己的愿望、要求、观点、态度通过一定的情感表达方式传递给别人并加以影响。这种功能是通过表情实现的。它是非言语沟通的重要组成部分,在人与人之间的信息交流中具有信号意义。例如,点头微笑表示赞赏;摇头皱眉表示否定。这些信号常常起激励或抑制作用,使人们对事物的认识或态度更加鲜明、生动、外显,更容易被感知和接受。在社会交往方面,情感的这种功能也常常得到应用和体现。

5. 健康功能

人对社会的适应是通过调节情绪来进行的,情绪调控的好坏会直接影响到身心健康。情绪情感的健康功能表现为积极的情绪有助于身心健康,消极的情绪会引起人的各种疾病。积极而正常的情绪体验是保持心理平衡与身体健康的条件。曾有人说过:"一个小丑进城胜过一打医生。"这就非常形象地说明了情绪对人身体健康的影响。

6. 感染功能

人类的情绪和情感可以互相传递和感受,具有感染性。人们之间的感情沟通正是通过情绪和情感的易感性功能才得以实现的。这种易感性,具体体现为

"共鸣"和"移情"作用。共鸣是指某人已经发生的情绪和情感引起他人相同或相似的情绪和情感,是指情绪和情感的互通现象,如所谓"掬一把同情泪"。移情是个人将自己的内心感受赋予他人或物,如"爱屋及乌"。个体对各种信息的鉴别与认定,通常通过共鸣和移情来进行。

艺术作品的教育价值,正是通过情绪和情感的感染功能来实现的。情节内容越生动感人的作品,教育价值越大。在教师的教育和教学工作中,也要注意运用情绪和情感的感染功能,去帮助和教育学生。

此外,情绪和情感还具有强化功能、迁移功能、疏导功能和协调功能。

二、情绪理论

(一) 情绪的早期理论

1. 詹姆士—朗格的机体知觉理论

詹姆士—朗格情绪学说是有关情绪的生理机制方面的第一个学说。美国心理学家詹姆士和丹麦生理学家朗格都强调情绪的产生是植物性神经活动的产物,也就是说,情绪刺激引起身体的生理反应,而生理反应进一步导致情绪体验的产生。因此,后人也称之为情绪的"外周"理论。

詹姆士—朗格理论提出了情绪与机体变化的直接关系,强调了植物性神经系统在情绪产生中的作用,但是,他们片面强调植物性神经系统的作用,忽视了中枢神经系统的调节、控制作用,因而引起了很多的争议。

2. 坎农—巴德学说

坎农和巴德认为,情绪的中枢不在外周神经系统,而在中枢神经系统的丘脑。外界刺激引起感觉器官的神经冲动,传至丘脑,再由丘脑同时向大脑和植物性神经系统发出神经冲动,从而在大脑产生情绪的主观体验,而由植物性神经系统产生个体的生理变化。

(二) 情绪的认知理论

1. 阿诺德的评定—兴奋说

美国心理学家阿诺德提出刺激情境并不直接决定情绪的性质,从刺激出现到情绪的产生要经过对刺激的估量和评价。阿诺德的评价—兴奋说有三个主要观点:

> **【真题链接】**
>
> [2015·上]简答题：简述阿诺德的评定—兴奋情绪学说。
>
> **答案要点**　美国心理学家阿诺德(1950)认为，对外部环境影响的评价与估量是情绪产生的直接原因，同一刺激情境，由于对它的评估不同，就会产生不同的情绪反映。情绪的产生是大脑皮层和皮下组织协同活动的结果，其中包括机体内部器官和骨骼肌的变化，对外周变化的反馈是情绪意识基础。阿诺德强调情绪反应序列是情境—评估—情绪，即对情境的评估引出了情绪，且这种评估是一个皮层过程，因此，皮层的兴奋直接影响着情绪反应，所以，阿诺德的学说被称为评估—兴奋学说。

刺激情境并不直接决定情绪的性质，从刺激出现到情绪的产生，要经过对刺激的估量和评价，情绪产生的过程是：刺激情境—评估—情绪。

情绪的产生是大脑皮层和皮下组织协同活动的结果，大脑皮层的兴奋是情绪行为的最重要的条件。

情绪产生的理论模式是，感受器接受情绪刺激产生神经冲动，通过内导神经经丘脑传到大脑皮层，刺激情境在此得到评估，形成一种特殊的态度。这种态度通过外导神经将皮层的冲动传至丘脑的交感神经，将兴奋发放到血管或内脏，所产生的变化使其获得感觉。这种从外周来的反馈信息，在大脑皮层中被估价，使纯粹的认识经验转化为被感受到的情绪。

2. 沙赫特的两因素情绪理论

美国心理学家沙赫特和辛格认为，情绪的产生有两个不可缺少的因素：一是个体必须体验到高度的生理唤醒；二是个体必须对生理状态的变化进行认知性的唤醒。情绪状态是认知过程、生理状态、环境因素在大脑皮层中整合的结果。环境中的刺激因素，通过感受器向大脑皮层输入外界信息；生理因素通过内部器官、骨骼肌肉的活动，向大脑输入生理状态变化的信息；认知过程是对过去经验的回忆和当前情境的评估，来自这三个方面的信息经过大脑皮层的整合作用，才产生了某种情绪经验。

3. 拉扎勒斯的认知—评价理论

拉扎勒斯认为情绪是人与环境相互作用的产物。在情绪活动中，人不仅反映环境中的刺激事件对自己的影响，同时要调节自己对于刺激的反应。也就是说，情绪是个体对环境知觉到有害或有益的反应。因此，人们需要不断地评价刺激事件与自身的关系，具体有三个层次的评价：初评价、次评价、再评价。初评价是指人确认刺激事件与自己是否有利害关系，以及这种关系的程度；次评价是指人对自己反应行为的调节与控制，它主要涉及人们能否控制刺激事件，以及控制的程度，也就是一种控制的判断；再评价是指人对自己的情绪和行为反应的有效性和适宜性的评价，实际上是一种反馈行为。拉扎勒斯还强调这种评价通常是在无意识状态下发生的。

（三）情绪的动机—分化理论

20世纪60年代，以汤姆金斯和伊扎德为代表，提出了情绪的动机—分化理论。

汤姆金斯和伊扎德都认为情绪具有重要的动机性和适应性的功能。汤姆金斯甚至认为，情绪就是动机，他否定了把动机归结为内驱力的看法，着重指出内驱力信号需要一种放大的媒介才能激发有机体，起这种放大作用的正是情绪过程；而且情绪是比内驱力更加灵活和强有力的驱动因素，它本身可以离开内驱力信号而起到动机的作用。

伊扎德的动机理论则内涵更丰富。他提出情绪是一种基本的动机系统。他从整个人格系统出发，建立了情绪—动机的体系。伊扎德提出了人格有六个子系统：内稳态、内驱力、情绪、知觉、认知、动作。这些子系统组合成四种类型的动机结构：内驱力、情绪、情绪—认知互相作用、情绪—认知结构。情绪是这个动机系统的核心。伊扎德进一步指出，情绪的主观成分——体验，是起动机作用的心理结构，各种情绪体验是驱动有机体采取行动的动机力量。

伊扎德的情绪理论还包含着更完整的内容。他从进化的观点出发，提出大脑新皮质体积的增长和功能的分化同面部骨骼肌肉系统的分化以及情绪的分化是平行的、同步的。多种情绪的分化是进化过程中的产物，因此，才具有灵活多样的适应功能，从而导致情绪在有机体的适应和生存上起着核心的作用。每种具体的情绪都有其发生的渊源，都有特定的意识品性和适应功能。

情绪的动机—分化理论既说明了情绪产生的根源,又说明了情绪的功能,为情绪在心理现象中确立了相对独立的地位,尤其是对人类婴儿情绪发生和功能的阐释,具有创新性和极大的说服力。但是,动机—分化理论对情绪与认知的联系缺乏具体的论证和阐述,尚有不足之处。

三、中学生的情绪特点

随着年龄的增长,学生情绪的社会性成分不断增加。中学以后,由于生活条件的变化和教育的提高,情感内容进一步深化。中学生情绪发展的特点主要体现在以下方面:

(一)中学生情绪非常丰富

从自我意识的发展来看,中学生出现较多的自我体验,自我尊重的需要变得强烈,易产生自卑、自负等情绪体验。

从社交方面来看,中学生的交际范围日益扩大,与同学、朋友、师长之间的交往更细腻、更复杂,对友谊有了更深层次的理解。有的中学生还开始体验一种更突出的感情活动——恋爱,而恋爱活动往往伴随着深刻的情感体验,这种特殊的体验对中学生有十分重要的影响。随着性意识的萌发,中学生开始感受到来自异性的吸引,并产生接近异性的倾向和愿望。但由于认识水平不高,容易形成表面疏远而内心"爱慕"的矛盾心理与行为。这应该引起教师和家长的注意,并采取相应的教育引导措施。

从社会实践活动来看,中学生通过各种活动了解社会,学习社会道德规范,对自己的身份、角色、志向、价值等问题有了更深入的思考。部分中学生确立了道德感、正义感,同时理智感、美感、集体荣誉感等高级情感也有所发展,高中生的高级情感比初中生的要更深刻些,道德感、理智感、美感的内容与水平愈益丰富与提高。但是由于认知水平和知识经验的局限,其高级的社会情感具有一定的狭隘性和肤浅性。中学生的道德感日益发展,尤其是集体感和友谊感发展很快。在理智感的发展上,中学生对学科的兴趣已经开始分化,求知欲更加扩大和加深,兴趣爱好广。惊讶感、喜悦感、好奇心、自豪感经常在他们的身上表现出来。在对美的理解上,中学生比较重视自己的形象,对他人的外表也很关注。但对心灵在一定程度上感到抽象,体验还不够深刻。在美感的发展上,高中生对美的体验更深入一步,他们能注意把握美的内在能量,注意到心灵美的重要性。

(二) 中学生的情绪反应强烈,易动感情

中学生常常因为一点小事情,或者振奋,显得激动、热情;或者动怒、怄气,与人争吵,甚至打架;有时也会倾向反面,变得泄气、绝望。

(三) 情绪理解力增强,学会运用情绪表达规则

中学生能更好地直接认识到情绪的产生有复杂的心理原因。他们对别人特别是同样的情绪特别敏感,对情绪的理解也较为准确,对直接引起情绪的事情反应强烈。随着年龄的增加,中学生渐渐学会如何表达自己的情绪。

(四) 能采用有效的情绪调节手段

中学生的情绪调节经历了一个由外部调节到内部调节的过程;当遇到情绪困扰时,能够应用有效手段来调节自己的情绪。

(五) 中学生情绪的延续性较长,心境化

中学生不再有破涕为笑的现象了,他们会更多地出现一种心境。在一段时间内,或者欢乐愉快,或者安乐宁静,或者抑郁低沉。情绪的压抑是不利于身心健康的,因此教师应该帮助他们找到引起这种心境的原因,并解开疙瘩,使之心情舒畅。中学生表现出消极的心境有烦恼突然增多、孤独、压抑等。

(六) 出现反抗情绪与逆反心理

逆反心理是指人们彼此之间为了维护自尊,而对对方的要求采取相反的态度和行为的一种心理状态。中学生的逆反心理往往发生在父母或教师等成人遇事"爱唠叨",说话过头,限制了他们的求知欲、好奇心、交友结伴的时候。

(七) 中学生情绪变化的两极性

情绪和情感的两极性是指每一种情绪和情感都能找到与之对立的情绪和情感。在快感度、紧张感、激动感和强度上,情绪和情感都表现出互相对立的两极。这种两极性是情绪和情感的主要特征之一。美国心理学家普拉切克提出的情绪三维模式,就反映了情绪在强度上的变化以及彼此之间的对立性质。情绪和情感的两极性具体表现在以下四个方面:(1) 在快感度方面,两极为"愉快—不愉快"。(2) 在紧张度方面,两极为"紧张—轻松"。(3) 在激动水平方面,两极为"激动—平静"。(4) 在强度方面,两极为"强—弱"。这四种情绪和情

感的两极并不是绝对相互排斥的,它们之间有一定关联。每一方面的两极也不是绝对不可能互相转化的,如"乐极生悲""破涕为笑""喜极而泣"等成语,都反映了这种变化。中学生情绪的两极性具体表现如下:

(1) 复杂与简单并存。进入中学以后,随着环境的改变、视野的扩大、知识的增多,中学生的情绪领域也在不断拓宽。情绪内容日趋复杂,其范围已经发展为对学习、生活、友谊等的体验,以及对一切所热衷的事物的体验。但是,由于诸多因素的影响,中学生的所有情绪体验,尤其是高级情感体验尚存在一定的简单性,如有的中学生对理想的追求仅仅是因为兴趣深厚,对学习的热情仅仅是为了荣誉,把友谊理解为"义气"等。

(2) 强与弱并存。中学生的情绪十分强烈,为一件小事或暴跳如雷,或欣喜若狂,或欢呼雀跃,或垂头丧气的现象屡见不鲜。与此同时,他们的情绪还有着温和细腻的一面。在与知心朋友、敬重的师长交往时,他们也会表现出温文尔雅、和颜悦色的形象,即使有令人不快的事情发生,有时也会冷静理智地对待和处理。

(3) 波动和稳定性共存。中学生的情绪波动性表现为情绪的大起大落,往往从一个极端走向另一个极端,顺利时晴空万里,受挫折时愁云满天,今天对某人佩服得五体投地,明天又觉得不屑一顾。与波动性相对的是稳定性,中学生在形成一种看法后,有时也会表现出一定的坚持性,不易改变。

(4) 微妙的隐蔽性(掩饰性)。中学生的情绪不再像儿童那样天真直露、心口如一,开始表现出文饰性、内隐性。有时会把自己真实的内心情绪世界封闭起来,对自己的真实想法或真实情绪是否予以表现也时常依时间、对象、场合而决定。但中学生毕竟阅历较浅,涉世未深,内心深处存在希望被理解的强烈愿望,依然比较坦诚、率直,当意志不能完全控制情绪时,也会锋芒毕露,遇到知己时,也会倾诉真情。

【真题链接】

1. [2014·下]选择题:中学生小博得知自己物理竞赛成绩名列年级第一,在家里高兴得手舞足蹈,但在学校却表现出若无其事的样子。这反映小博的情绪具有(　　)。

A. 矛盾性　　B. 激动性　　C. 掩饰性　　D. 短暂性

[答案] C

2. [2013·下]选择题：在一项暑假夏令营活动中，天气炎热，同学们都感到口干舌燥。此时，小丽会因为自己还剩半杯水而高兴，而小悦则因为只有半杯水而担忧。这说明情绪具有(　　)。

A. 主观性　　B. 感染性　　C. 客观性　　D. 两极性

[答案] A

(5) 意志的两极性。在中学阶段，中学生的意志始终共存着积极性和消极性、认真和马虎、努力和懒惰、守纪和散漫、果断和犹豫等矛盾的两极性。

(6) 人际关系的两极性。中学生对双亲表现出孝顺和叛逆等正反两方面的矛盾情感；对朋友表现出亲切和冷漠的矛盾情感。

(7) 容易移情。中学生更容易产生情感上的共鸣，从而得以体验别人的情感，影响自己的情绪。

【真题链接】

[2011·下]简答题：中学生情绪和情感的发展特点。

[答案要点] (1) 情绪和情感丰富而热烈。(2) 情绪和情感易起伏波动，心境转换明显。(3) 情绪和情感的心境化和文饰现象。(4) 情绪和情感体验的深刻性和稳定性不断发展。

四、中学生良好情绪的培养

(一) 中学生良好情绪的标准

(1) 有良好情绪的学生能正确反映一定环境的影响，善于准确表达自己的感受。需要注意的是，教师不但应该鼓励学生表达积极的情绪，同时也应该允许学生表达消极情绪，因为压抑消极情绪对身心健康是有害的。但在学生表达消极情绪后还应该正确引导他们克服消极情绪。

(2) 有良好情绪的学生能对引起情绪的刺激做出适当强度的反应。当教师发现学生对某些事情表现出的情绪过度强烈或过分抑制时,就可以判断这是不正常的。

(3) 有良好情绪的学生应该具备情绪反应的转移能力。如果引起积极情绪的刺激环境消失了,学生还长时间地陶醉在愉快、兴奋的情绪中,或者陷入消极情绪而不能自拔,也会影响自己的学习或活动效率。

(4) 良好的情绪应符合学生的年龄特点。如一个学生表现出来的情绪特点与他所处的年龄阶段应有的情绪特点不相符合,则需引起老师的注意,并采取相应的教育措施。

(二) 中学生良好情绪的培养方法

(1) 正确认识情绪,形成正当、合理的需要。中学生的情绪波动大,易冲动,容易出现消极情绪。心理辅导的任务是教会中学生正确地认识情绪。正确认识情绪包括两个方面:① 正确识别自身的情绪情感。② 正确认识自身情绪情感产生的根据,"做自己情绪的主人"。需要得到满足时,人就会产生积极的情绪,反之,则会产生消极的情绪。对自己要有"自知之明",否则就会因自己的志向非能力所及而终日郁郁不乐;对客观事物正确认识,这样才不会遇到挫折而苦恼。

教师和父母要帮助中学生提高需要的社会性,使他们懂得自己的需要和愿望是要符合社会的政治经济、物质文化发展的要求以及文明和道德的准则,才是有权利、有希望得到满足的,反之,就是不合理、不能被允许或可耻的要求。

(2) 培养正确的人生观,充实和丰富中学生的精神世界,培养健康的情趣。具有共产主义人生观和远大理想的人,就会胜不骄,败不馁,情绪稳定而深沉。个人主义严重的人,往往斤斤计较,情绪就会因此而波动。中学生正处于长知识、长身体、风华正茂的时期,要引导他们把精力用在学习上,积累丰富的精神财富,鼓励他们从事科技活动和有益的文体活动等,为健康情绪的产生创造丰富的内容,避免不健康或消极的情绪和情感乘虚而入。

(3) 锻炼身体。情绪与身体状况密切相连。身体健康的人常常表现出精神振奋、心情开朗等积极的情绪。

(4) 使自己永远保持一种乐观、向上的情绪基调,培养幽默感。幽默是一种优美的、健康的品质,它可以活跃气氛、驱除忧愁。在遇到困难、挫折时,客观面对现实,坦然处之,逐渐提高心理承受力。

(5) 培养高尚的道德情操,培养中学生爱生活、爱祖国、爱人民的思想情感。善于从他人角度去理解问题,而不是只关注自己,提高社会认知水平,避免一切从自身出发而导致的消极情绪。要培养中学生的爱,应该从正反两方面入手,既要使他们在认识上明确建立高尚的爱的必要性,又要培养他们对卑鄙可耻行为的厌恶感和羞耻感,因为这种道德情感是不道德行为的抗毒剂,同时又是义务感和责任感的支柱,它会使中学生积极要求美好的、高尚的东西。

(6) 培养消除不良情绪的能力。不良情绪出现时,不能简单地抑制它。否则一旦有适当的机会,它还会发泄出来。要消除不良情绪,一要认识到不良情绪的存在;二要找出不良情绪的产生原因;三要掌握一些控制调节和消除不良情绪的方法,如自我暗示、适应和用意志控制情绪等。

作为处于情绪和情感发展不稳定时期的中学生,在情绪情感方面存在很多问题,主要有:

抑郁。具体表现为自我评价较低、容易自责,对周围事物不感兴趣、活动少,动作迟缓、疲乏无力。

焦虑。具体表现为不愿上学,不愿意离开家长;怀疑自己的能力,缺乏自信;学习认真,但总担心学习不好;害怕考试,考试时过于紧张。

易怒。具体表现为容易冲动、急躁,爱发脾气,自我控制力差,为一点小事大哭大闹。

(三) 对中学生情绪调节的指导

(1) 教会学生形成适宜的情绪状态。教会学生调节情绪的紧张度,就要使他们学会按自己的意愿形成适宜的情绪状态。比如,有人用座右铭"忍"字来时刻告诫自己不要感情用事,以防止或缓和激动的情绪;沮丧时,想一想过去愉快的情景,消极的情绪也能得到一些缓解。

(2) 丰富学生的情绪体验。学生不适宜情绪的产生,往往是由于缺乏一定的情绪经验引起的。考试、公开发言都容易引起学生的情绪波动,这是临场经验不足造成的。教师应给学生创造一种过渡性情景,即从不紧张到较为紧张,最后再到更高一级的紧张环境,使学生积累各种情景下的情绪体验。

(3) 引导学生正确看待问题。由于学生分析问题的能力还不完善,对一个问题往往只从一个角度解释,所以容易遭受挫折。教师应该指导学生从多个角度看待问题,以发现问题的积极意义,从而产生健康的情绪。从多角度、多侧面帮助学生提高认识,有助于学生的情绪情感向正确的方向发展。

(4) 教会学生情绪调节的方法。教师的教最终是为了学生能够调节自己的情绪,因此,传授学生一些调节情绪的方法,是必不可少的。常见的健康情绪调节方法有:

认知调节法。学生不良情绪的产生主要是自我意识的发展不够成熟。当学生发现自己有负性情绪时,可以通过两种方式来认识自己:① 思考自己的感觉是怎么产生的;② 分析这种感觉是否是由于自己的想法或解释造成的,和自己的个性、习惯又有哪些联系。美国心理学家艾里斯提出的"情绪 ABC"理论,认为一个人情绪的好坏主要是由自己的认知和想法所决定的。如果能改变一个人非理性的思想、观念和评价,就能改变他的情绪和行为。根据此心理学原理引导学生,当个体处于负性情绪时,如果能找到人的非理性信念,并驳斥干预此信念,用合理信念取而代之,人就会产生新的情绪。

合理宣泄法。当人受到不良刺激而产生消极情绪时,应让不良情绪得以充分宣泄,通过合理的宣泄来减轻心理负担,恢复心理平静。宣泄可以采用适当的方式,如找亲朋好友倾吐不愉快的事;大哭一场或自言自语,以发泄心中的委屈和不满等。宣泄必须合理、适当,否则,可能导致消极后果。

意志调节法。意志调节法也称为升华作用。具体内容参见本节中"自我防御机制"。

转移注意法。当人受到了刺激产生不良情绪时,应尽可能离开不良刺激的环境,把注意力转移到新环境和新事物上去,避免不良情绪的蔓延和加重。

幽默法。具体内容参加本节中"自我防御机制"。

练习法。通过实际锻炼提高学生的情绪调节能力。

在日常生活学习中,教师要不断鼓励学生克服不良情绪状态,养成积极乐观的心理品质。同时注意创设情境,让学生体验不良情绪的困扰,从而找到合理宣泄的渠道,这也有助于增强其心理抗压力。

【真题链接】

[2015·上]选择题：小强高考落榜了，他经过认真总结，分析考试失败的原因，发现自己努力程度不够，决定继续努力，明年再考。小强这种对待挫折的方式是（   ）。

A. 情绪宣泄   B. 精神升华   C. 行为补偿   D. 认知改变

[答案] C

五、压力与自我防御机制

（一）压力

从心理学角度来看，压力一定是和某人本身的心理状况有关，即心理压力。心理压力，是指人们由于一些已经发生或即将发生的，存在或虚幻的事件而产生的精神困扰并且这些困扰使得人的精神思想和行为语言受到了一定影响的一种情绪情感体验。

【真题链接】

[2015·下]简答题：简述压力产生的来源。

[答案要点]（1）躯体性压力源。躯体性压力源是指通过对人的躯体直接发生刺激作用而造成身心紧张状态的刺激物。（2）心理性压力源。心理性压力源是指来自人们头脑中的紧张性信息。（3）社会性压力源。社会性压力源主要指，造成个人生活方式上的变化，并要求人们对其做出调整和适应的情境与事件。（4）文化性压力源。文化性压力源是指要求人们适应和应付的文化变化问题。

（二）自我防御机制

自我防御体系为弗洛伊德创立的精神分析学派中的专业用语，它是指个体在精神受干扰时用以避开干扰、保持心理平衡的心理机制。自我防御机制常在

无意识状态下使用,如压抑、压制、否认、投射、转移、文饰、解除、自居、补偿作用等。常见的自我防御机制有:

(1) 否认。否认是指对某种痛苦的现实无意识地加以否定,因为不承认似乎就不会痛苦。鸵鸟把它的头埋在沙子里就意味着不可接受的东西不存在,否认正是如此。心爱的人已死亡,我们却仍相信或认定他还活着或即将回来,甚至还为他做些什么;一个癌症病人否认自己患了严重的迫近死亡的疾病,尽管他本身就是一位通晓该疾病的医生。否认过程可使一个人逐渐接受现实而不是猛然承受坏消息或痛苦,是一种保护性质的正常的防御。只有在干扰了正常行为时才能算是病态的。

(2) 压抑。压抑是指把意识所不能接受的观念、情感或冲动抑制到无意识中去。它虽不能被随意回忆,但可通过其他心理机制的作用以伪装的形式出现。例如,对痛苦体验或创伤性事件的选择性遗忘就是压抑的表现。

(3) 合理化。合理化又称为文饰作用,指无意识地通过似乎有理的解释或实际上站不住脚的理由来为其难以接受的情感、行为或动机辩护以使其可以接受。例如,对儿童的躯体虐待可说成是"玉不琢不成器""树不伐不成材""打是疼,骂是爱"。合理化有两种表现:一是酸葡萄心理,即把得不到的东西说成是不好的;二是甜柠檬心理,即当得不到葡萄而只有柠檬时,就说柠檬是甜的。两者均是掩盖其错误或失败,以保持内心的安宁。

(4) 移置。移置是无意识地将指向某一对象的情绪、意图或幻象转移到另一个对象或替代的象征物上,以减轻精神负担取得心理安宁。例如,一个孩子被妈妈打后,满腔愤怒,难以回敬,转而踢倒身边板凳,把对妈妈的怒气转移到身边的物体上。这时虽然客体变了,但其冲动的性质及其目的仍然未改变。

(5) 投射。投射是指自我将不能接受的冲动、欲望或观念归因(投射)于客观或别人。这对于婴儿是相对正常的,对于成年人则可能由于极度地歪曲现实而成为偏执妄想。

(6) 退行。退回到前面的发展阶段即退行,是指一个人遇到困难的时候放弃已学到的比较成熟的对应技巧和方式,而使用原先比较幼稚的方式去应付困难和满足自己的欲望。退行现象常见于儿童,也常常发生在成人身上。例如,一个成年人遇到无法应付的困难时,便觉得自己身上的"病"加重了,需要休息,以此来回到童年被人照顾的生活中去;老人做出幼稚的表现,童心未泯,像个"老小孩"或"老顽童",很可能是内心孤独,渴望得到子女的关爱。

(7) 升华。升华是指一种最积极的富有建设性的防御机制。因为它可以把社会所不能接受的性欲或攻击性冲动所伴有的力比多能量转向更高级的、社会所接受的目标或渠道,进行各种创造性的活动。在文艺家的一些著名创作,如歌德的《少年维特之烦恼》等中,均可见升华机制的作用。升华是把本能(主要是性能量)转移到一个有社会价值的对象或目标上去。

(8) 幽默。幽默是指对于困境以幽默的方式处理。它没有个人的不适也没有不快地影响别人情感的公开显露。它与诙谐、说笑话还不完全一样。幽默仍然允许一个人承担及集中注意于困窘的境遇上,而诙谐、打趣的话却引起分心或使人从情感的问题上转移开。

(9) 认同。认同是指无意识中取他人(一般是自己敬爱和尊崇的人)之长归为己有,作为自己行为的一部分去表达,借以排解焦虑与适应的一种防御手段。例如,高官显贵的子女常以父辈之尊为自尊,遇到挫折则自抬身价,做出坦然自若的神态,以免除在人们面前的尴尬局面。儿童在作业遇到困难时常说:"我要学习解放军叔叔。"从而有力量和信心把作业坚持下去,直到成功。

在一般情况下,自我防御机制使用得当,可免除内心痛苦以适应现实。但在特殊情况下会使用不当,这时,虽然感觉不到冲突和挫折引起的内心焦虑,但这些冲突和压抑却能以症状的形式表现出来,从而形成各种障碍。

【真题链接】

1. [2013·上]选择题:当学生嘲笑张老师个子矮小时,张老师以一句"浓缩的就是精华"化解了当时的尴尬。这种情绪调节的方法称为( )。

A. 升华　　　B. 补偿　　　C. 幽默　　　D. 宣泄

[答案] C

2. [2015·下]选择题:中学生晓华喜欢帮助有困难的人,他认为其他同学与他一样也喜欢帮助有困难的人。这种现象属于( )。

A. 退行　　　　B. 投射　　　　C. 升华　　　　D. 文饰

[答案]　B

第三节　中学生人格发展

"人格"一词在我们日常生活中经常被使用,如"他具有健全的人格""她的人格高尚""他出卖了自己的人格"。这些描述中包含了人格的多重含义,有道德意义上的,有文学意义上的。那么,在心理学中人格的准确含义是什么呢?

一、什么是人格

(一) 人格的概念

人格"personality"也称个性,最初源于希腊语 persona,原来主要是指演员在舞台上戴的面具,类似于中国京剧中的脸谱,后来心理学沿用面具的含义,转意为人格。到目前为止,由于各心理学家研究取向不同,因而对人格的看法有很大差异。综合各种看法,可以将人格界定为:人格是构成一个人的思想、情感及行为的特有综合模式,这个独特模式包含了一个人区别于他人的稳定而统一的心理品质。它由个人在其遗传、环境、成熟、学习等因素交互作用下形成。

(二) 人格的特征

人格是一个具有丰富内涵的概念,具有独特性、稳定性、整体性和功能性的特点。

(1) 独特性。一个人的人格是在遗传、环境、教育等因素的交互作用下形成的。不同的遗传、生存及教育环境,形成了每个人各自独特的心理特点。没有两个人具有完全一样的人格特点。所谓"人心不同,各如其面",这就是人格的独特性。

(2) 稳定性。人格的稳定性表现为两个方面。一是人格的跨时间的持续性。在人生的不同时期,人格持续性首先表现为自我的持久性。二是人格的跨情境的一致性。所谓人格特征是指一个人经常表现出来的稳定的心理与行为特征,那些暂时的、偶尔表现出来的行为则不属于人格特征。

(3) 整体性。人格是由多种成分构成的一个有机整体,具有内在统一的一致性,受自我意识的调控。人格整体性是心理健康的重要指标。一个现实的人具有多种心理成分和特质,如才智、情绪、愿望、价值观和习惯等,但它们并不是孤立存在的,而是密切联系并整合成为一个有机组织。

(4) 功能性。人格决定一个人的生活方式,甚至决定一个人的命运,因而是人生成败的根源之一。面对挫折与失败时,坚强者能发奋拼搏,懦弱者会一蹶不振,这就是人格功能性的表现。

(5) 社会性。人格的社会性是指人格是个体在社会化过程中形成的,是社会的人特有的。可以说每个人的人格都打上了他所处的社会的烙印,不同社会的政治、经济、文化对个体有不同的影响,使人格带有明显的社会性。

【真题链接】

1. [2014·上]选择题:小琼十分内向,不爱说话,无论在陌生的环境,还是在家里,都少言寡语。这表明人格具有(　　)。

A. 整体性　　　B. 稳定性　　　C. 独特性　　　D. 功能性

[答案] B

2. [2013·上]简答题:简述人格的特征。

[答案要点] (1) 独特性;(2) 稳定性;(3) 整体性;(4) 功能性;(5) 社会性。

(三) 人格的结构

人格是一个复杂的结构系统,它包括许多成分,其中主要包括气质、性格、认知风格、自我调控等方面。

1. 气质与性格

(1) 气质。"气质是表现在心理活动的强度、速度、灵活性与指向性等方面的一种稳定的心理特征。"即我们平时所说的脾气、秉性。人的气质差异是先天形成的,受神经系统活动过程的特性所制约。孩子刚出生时,最先表现出来的差异就是气质差异。气质是人的天性,无好坏之分。

现代气质学说以巴甫洛夫的高级神经活动类型为基础,将气质划分为四种类型。具体类型及其特点见表3-1。

表3-1 气质类型及特点

气质类型	胆汁质	多血质	黏液质	抑郁质
高级神经活动过程	强、不平衡	强、平衡、灵活	强、平衡、不灵活	弱
高级神经活动类型	不可遏制型(兴奋型)	活泼型	安静型	弱型(抑郁型)
气质类型特点	直率热情,精力旺盛,好冲动,但暴躁易怒,脾气急,热情忽高忽低,喜欢新环境带来刺激的学习。	活泼好动,反应迅速,热爱交际,能说会道,适应性强,具有明显的外向倾向,粗枝大叶。	安静稳重踏实,反应性低,交际适度,自制力强(性格坚韧),话少,适于从事细心、程序化的学习,表现出内倾性,可塑性差。有些死板,缺乏生气。	行为孤僻,不善交往,易多愁善感,反应迟缓,适应能力差,容易疲劳,性格具有明显的内倾性。

不同气质类型的学生有各自的特点,作为教师应了解并因材施教。每一种气质都存在向某些积极或消极性格品质发展的可能,作为教师在教育学生过程中不应刻意地改变学生的气质,而是要注意帮助各种气质类型的学生,发展积极品质而克服消极品质。那么,该如何教育不同气质的学生呢?

① 对胆汁质的学生进行教育时,首先要讲明道理,然后要耐心说服,尤其注意态度上不能简单粗暴,要避免触怒他们而造成矛盾激化。教师应和蔼地教育他们遇事要沉着、做事要持之以恒、要学会自制,同时还要鼓励他们在学校各项活动中表现出更大的积极性,培养他们富于理性的勇于进取、大胆创新的意识。

② 对多血质的学生进行教育要注意严格要求,使之养成做事有计划、有目标并努力落实的习惯,要教育他们保持稳定的兴趣,发扬他们热情奔放、机敏灵活的长处,要求他们做事要专心致志和敢于面对困难。

③ 对黏液质的学生进行教育,教育者应理智、热心和有耐心。在把学习和活动的任务交代给他们时,要讲清具体要求,要鼓励他们主动探索新问题,诱导他们生动活泼、机敏灵活地完成任务。要防止墨守成规、谨小慎微、固执己见等

不良品质的形成,鼓励他们积极参加集体活动,培养他们的合作能力。

④ 对抑郁质的学生要注意多鼓励他们发挥自己善于思考的优势,鼓励并及时肯定他们的见解。老师、同学都要多给予他们关怀和帮助,绝不要在公开场合批评和指责他们。要在他们能够接受的场合和范围内,鼓励他们参加活动,使其在交往与活动中树立自信心、消除胆怯和害羞的心理,防止其疑虑、孤独等消极品质的发展。

【真题链接】

[2013·下]材料题:肖平、王东、高力和赵翔四个人都喜欢踢足球,也爱观看足球比赛。但是他们在观看足球比赛时,情绪表现不一样。当看到自己喜欢的球星踢了一个好球时,肖平立刻大喊"好球!好球!"同时兴奋地手舞足蹈,王东也挺激动,叫好并鼓掌。但是却没有肖平那么狂热,有时还劝告肖平别喊;高力只是平静说了一句,"这球踢得还不错,有水平",而赵翔则始终沉默不语,会心一笑。

问题:

(1)请指出这四个人的气质类型(6分)。

(2)请说明四种气质类型的特征(6分)。

(3)请说明教师了解学生气质类型在教育教学中的意义(6分)。

[答案要点]

(1)肖平属于胆汁质;王东属于多血质;高力属于黏液质;赵翔属于抑郁质。

(2)四种气质类型的特征:① 胆汁质:胆汁质的人反应速度快,具有较强的反应性与主动性。做事冲动,有干劲,爆发力强。② 多血质:多血质的人行动具有较强的反应性。这类人情感和行为动作发生得很快,变化得也快,但较为温和;易于产生情感,但体验不深,善于结交朋友,容易适应新的环境。③ 黏液质:黏液质的人反应性低,较为稳重、思维较慢,但是持久耐力强,性格波动小。④ 抑郁质:抑郁质的人有较强的感受性。此类人群极为敏感,内心容易受挫,也经不起挫折的洗礼,情感和行为都进行得相当缓慢、柔弱;情感容易产生,而且体验相当深刻。

(3) 第一,气质类型本身不能从社会意义上评价其好坏,因为各种气质类型的学生都可以成为品学兼优的人才;但是每一种气质类型都存在着有利于形成某些积极的或消极的性格品质的可能性。

第二,气质类型不是一朝一夕就能改变的,其实也不需要改变。既然如此,在教学教育过程中照顾到学生的气质类型特点,采取适合这些特点的方法不仅必要,而且也会使教学工作进行得更顺利、更有效。

(2) 性格。性格是在后天社会环境中逐渐形成的,是人格差异中最核心的部分,在个性心理特征中具有核心意义。性格主要体现在对自己、对别人、对事物的态度和所采取的言行上,表现了一个人的品德,受人的价值观、人生观、世界观的影响。性格有好、坏之分,能最直接地反映出一个人的道德风貌。

【真题链接】

1.[2012·上]选择题:肖晓活泼好动,善于交际,思维敏捷,易接受新事物,兴趣广泛,注意力容易转移。他的气质类型属于(   )。

A. 多血质　　B. 胆汁质　　C. 黏液质　　D. 抑郁质

[答案]　A

2.[2011·下]选择题:人在心理活动和行为中表现出的稳定的动力特点是(   )。

A. 人格　　B. 性格　　C. 能力　　D. 气质

[答案]　D

3.[2013·上]选择题:人们通常认为"北方人开朗,豪爽;南方人含蓄、细腻"。根据奥尔波特的人格理论,上述人格特质属于(   )。

A. 共同特质　　B. 首要特质　　C. 次要特质　　D. 中心特质

[答案]　A

性格的结构特征包括以下四个方面：

一是性格的态度特征。指个体对自己、他人、集体、社会以及对工作、劳动、学习的态度特征。如谦虚或自负、利他或利己、粗心或细心、创造或墨守成规等。性格的态度特征在性格结构中具有核心意义。

二是性格的意志特征。指个体自觉地确定目标，调节支配行为，从而达到目标的性格特征。包括行为方式和水平的调节，如顽强拼搏、当机立断。

三是性格的情绪特征。指个体稳定而独特的情绪活动方式。如情绪活动的强度、稳定性、持久性和主导心境等方面的特征。

四是性格的理智特征。指个体在感知、记忆、想象、思维等认知过程中表现出来的认知特点和风格。如主动感知或被动感知，习惯于看到细节还是看到轮廓等。

> 【真题链接】
>
> 1. [2014·上]选择题：田禾热爱学习、关心同学、助人为乐，组织班级活动认认真真。她的这些品质属于性格的哪种特征？（ ）
>
>   A. 态度特征　　B. 理智特征　　C. 意志特征　　D. 情绪特征
>
>   [答案]　A
>
> 2. [2015·下]选择题：小丽是一名热爱班级、团结同学、乐于助人和诚实正直的学生。这主要反映了小丽的哪种性格结构特征（ ）。
>
>   A. 态度特征　　B. 情感特征　　C. 情绪特征　　D. 意志特征
>
>   [答案]　A

2. 认知风格

认知风格是指个人所偏爱使用的信息加工方式，也叫认知方式。个体在认知方式上有一定的稳定性，儿童时期所表现出来的认知风格可能会保持到成年。认知风格有许多种，主要有场独立性和场依存型、冲动型和沉思型、同时型和继时型等。

(1) 场独立型与场依存型

美国心理学家赫尔曼·威特金曾对空军飞行员靠什么线索来确定自己是

否坐直的问题感兴趣。他设计了一种可以倾斜的房间,让被试坐在房间里的一张椅子上,通过转动把手,椅子可以与房间同向或逆向倾斜。当房间倾斜后,他要求被试转动把手使椅子转到事实上垂直的位置。结果发现,有些被试在离垂直差35°的情况下,仍然坚持认为自己是完全坐直的,而有些人则能在椅子与倾斜的房间看上去角度明显不正的情况下,仍能使椅子非常接近于垂直状态。威特金由此得出结论,有些人的知觉较多地依赖于他们周围的环境信息,而另一些人的知觉则较多地依赖于他们身体内部的线索。他把受环境信息影响较大的称为场依存型,把不受或很少受环境因素影响的称为场独立型。

场独立型的人在信息加工过程中对内在参照有较大的依赖倾向,他们的心理分化水平较高,在加工信息时,主要依据内在标准或内在参照,与人交往时也很少能体察入微。而场依存型的人在加工信息时,对外在参照有较大的依赖倾向,他们的心理分化水平较低,处理问题时往往依赖于"场",与别人交往时较能考虑对方的感受。

场依存型与场独立型这两种不同的认知风格在学习上会呈现出不同的特点。

表 3-2 场独立型与场依存型学习者的学习特点

学习风格 学习特点	场独立型学习者	场依存型学习者
学科偏爱	自然科学	社会科学
学习成绩	自然科学成绩好,社会科学成绩差	社会科学成绩好,自然科学成绩差
学习态度	独立自觉,内在动机支配	易受暗示、欠主动,外在动机支配
教学偏好	偏爱结构松散的教学	偏爱结构严密的教学

(2) 冲动型与沉思型

在学习过程中,有的学生反应非常快,但往往不够准确,这种反应方式称为冲动型;而有的学生反应虽然很慢,却很仔细、准确,这种反应方式称为沉思型。冲动型学生反应虽快,但往往出现很多错误,这主要因为他们在解决问题时没有审查全部问题和可能的答案就匆匆解答。沉思型的学生则相反,他们喜欢深思熟虑,在学习过程中常表现出比冲动型学生更为成熟的学习策略,答案也相对准确。

针对认知风格在反应速度上的差异,冲动型的学生要提醒自己注意深思熟虑,先想后说,先思后行,克服信口开河、乱发议论的毛病,养成严谨、认真、一丝不苟的学习态度和学习习惯。沉思型的学生则应要求自己在提高学习速度和效率上下功夫,可进行一些必要的反应速度训练,来提高自己灵活快速地解决问题的能力,做到又快又准。

【真题链接】

1.[2013·下]选择题:赵毅在学习过程中,缺乏独立性,易受同学影响。当他发现自己的意见和同学们不一致时,往往不能坚持己见。这表明他的认知方式属于( )。

A. 整体型　　　B. 序列型　　　C. 场独立型　　　D. 场依存型

[答案] D

2.[2017·上]材料题:小明和小罗今年高三,是一对好朋友。两人在处理问题的认知风格方面有较大差异。小明在学习上遇到问题时,常常利用个人经验独立地进行判断,喜欢用概况与逻辑的方式分析问题,很少受到同学与老师建议的影响。而小罗遇到问题时常常表现与小明相反,他更愿意倾听老师和同学们的建议,并以他们的建议作为分析问题的依据。另外,他还善于察言观色,关注社会问题。

问题:(1)结合材料分析小明和小罗的认知风格差异。

(2)假如你是他们的老师,如何根据认知风格差异展开教学?

[答案要点]:(1)小明是场独立型认知风格,小罗是场依存型认知风格。小明经常个人独立判断分析,不容易受外部影响,是场独立型认知风格。材料中,小罗解决问题时通过倾听他人建议的方式来做出决定,这是外部参照的表现,属于场依存型认知风格。

(2)在教学中,要尊重学生的认知风格,采用不同的教育方法因材施教,以便使学生的潜力得到充分的发挥。针对小明而言,在教学中,教师应该提供较为宽松的教学结构及相应的教学方法,多给予其独立思考的机会,对小罗而言,教师应该注意培养他独立思考、独立完成作业等习惯与能力,逐步培养他敢于坚持自己的正确判断。

(3) 同时型与继时型

左脑优势的个体往往表现出继时型加工风格,而右脑优势的个体往往表现出同时型加工的风格。继时型认知风格的特点是,在解决问题时,能一步一步地分析问题,每一个步骤只考虑一种假设或一种属性,提出的假设在时间上有明显的前后顺序;同时型认知风格的特点是在解决问题时,采取宽视野的方式,同时考虑多种假设,并兼顾到解决问题的各种可能。

3. 自我调控系统

自我调控系统是人格中的内控系统或自控系统,具有自我认知、自我体验、自我控制三个子系统,其作用是对人格的各种成分进行调控,保证人格的完整、统一、和谐。

(1) 自我认知。自我认知是对自己的洞察和理解,包括自我观察和自我评价。自我观察是指对自己的感知、思想和意向等方面的觉察,自我评价是指对自己的想法、期望、行为及人格特征的判断与评估,这是自我调节的重要条件。恰当地认识自我,实事求是地评价自己,是自我调节和人格完善的重要前提。

(2) 自我体验。自我体验是伴随自我认识而产生的内心体验,是自我意识在情感上的表现。当一个人对自己作积极的评价时,就会产生自尊感,作消极的评价时,会产生自卑感。自我体验可以使自我认识转化为信念,进而指导一个人的言行,自我体验还能伴随自我评价,激励适当的行为,抑制不适当的行为,如一个人在认识到自己不适当的行为后果时,会产生内疚、羞愧的情绪,进而制止这种行为的再次发生。

(3) 自我控制。自我控制是自我意识在行为上的表现,是实现自我意识调节的最后环节,如一个学生意识到学习对自己发展的重要意义,会激发起努力学习的动机,在行为上表现出刻苦学习、不怕困难的精神。自我控制包括自我监控、自我激励、自我教育等成分。

(四)影响人格发展的因素

1. 生物遗传因素

遗传是人格发展不可缺少的影响因素。遗传因素对人格的作用程度因人格特征的不同而异。通常在智力、气质这些与生物因素相关较大的特征上,遗传因素较为重要;而在价值观、信念、性格等与社会因素关系紧密的特征上,后天环境因素更重要。

2. 社会文化因素

每个人都处在特定的社会文化之中,文化对人格的影响是极为重要的。社会文化塑造了社会成员的人格特征,使他们的人格结构朝着相似性的方向发展。其作用可归纳如下:

(1)社会文化对人格具有重要的作用,特别是后天形成的一些人格特征。

(2)社会文化因素决定了人格的共同性特征,它使同一社会的人在人格上具有一定程度的相似性。

3. 家庭环境因素

强调人格的家庭成因,重点在于探讨家庭间的差异对人格发展的影响,家庭间的差异主要表现为不同的教养方式。家庭教养方式一般可以分为三类:

(1)权威型教养方式。采用这种教养方式的父母在子女教育中,表现得过于支配,孩子的一切都由父母来控制。在这种环境下长大的孩子容易形成消极、被动、依赖、服从、懦弱,做事缺乏主动性,甚至不诚实的人格特征。

(2)放纵型教养方式。采用这种教养方式的父母,对孩子过于溺爱,让孩子随心所欲,父母对孩子的教育有时达到失控的状态。在这种环境中成长的孩子多表现为任性、幼稚、自私、野蛮、无礼、独立性差、蛮横无理、胡闹等。

(3)民主型教养方式。父母与孩子在家庭中处于一个平等和谐的氛围中,父母尊重孩子,给孩子一定的自主权,并给予孩子积极正确的指导,父母的这种教养方式使孩子形成了一些积极的人格品质,如活泼、自立、彬彬有礼、善于交往、富于合作精神、思想活跃等。

4. 学校教育因素

学校不仅是传授文化科学知识的场所,而且是发展智力、进行政治和思想品德教育的地方,是促进儿童形成和发展人格特征最重要的部门,学生只有在学校里通过学习并接受潜移默化的影响形成优良的人格特征,才能顺利地走向社会,适应社会生活,并为社会的发展做出贡献。

5. 个人主观因素

人格是在与环境相互作用的实践活动中形成和发展起来的,但任何环境因素都不能直接决定人格,它必须通过个体已有的心理发展水平和心理活动才能发生作用。社会上各种影响因素,首先要为个人接受和理解,才能转化为个体的需要、动机和兴趣,才能推动个体去思考与行动。

知识链接

XYZ型:三种家庭教养方式

Kagiticibasi(1990)依据家庭中两代人之间的"独立—依赖"关系,归纳出了三种典型的家庭教育方式:

X型:家庭中父母与子女在物质与情感上的关系都是相互依赖的,亲子关系的取向是顺从,属于集体主义教养方式。如韩国与日本的母亲总是热心于保持与孩子的交互作用,母亲千方百计地要把自己与孩子"焊接"起来,她们认为母子的亲密关系是儿童健康发展的重要条件。在家庭教养中,母亲总是力图创造一种"关系上的协调",但是她们却难于培养孩子的心理独立性。

Z型:家庭中两代人之间在物质和感情上都是相互独立的,亲子关系的取向是独立,属于个人主义教育方式。如美国和加拿大的母亲认为亲子间的分离与个体化是孩子人格健康发展的条件。所以,母亲尽力把自己与孩子分离开,以培养孩子的独立自主性,母亲在家庭关系中创设的是一种"个体上的协调"。但是,这也会带来双方感情上的孤独与失落。

Y型:将上述两种教育方式综合在一起,强调在物质上的独立,在情感上的相互依赖。中国与土耳其的家庭采用近似这种的教育方式。如土耳其的研究发现(Phalet & Claeys, 1990),土耳其青年既忠于家庭,又注重本人才能的自我实现。在具有集体主义文化基础的发展中国家,在大规模的城市化和现代化背景下,家庭人际关系可能向Y型转化。

(五) 中学生良好人格的塑造

中学生良好人格的塑造需要遵循必要的原则,实施途径和方式方法是多种多样的,主要需要做好以下几方面的工作:

(1) 激发中学生自我教育的意识。中学生的自我意识在自身人格发展中发挥着组织者、推动者的作用,影响并塑造着人格品质结构的其他成分和这些成分的相互关系,制约着个人行为。教育者必须充分尊重和调动青少年的主体能动性,想方设法促使中学生成为人格教育的主人,使其意识到自我的需要,自我存在的价值。

(2) 进行人格素质的整合教育。经历了儿童期人格的发展,中学生人格素质具备了一定水平,对其进行人格教育应当在重视发展各方面人格素质的同时,把重点放在人格素质的整合上。要在继承和发扬原有人格品质的基础上进一步发展及改进那些新时代、新生活所需要的新的人格成分,补充已有人格成分的不足,抛弃那些已落后于社会发展需要的旧有人格成分,把新老人格成分按照新时代、新生活的要求进行调整和融合,实现生理与心理的统一、思想与行为的统一,知识、能力、品德的协调。

(3) 实施以提高文化素质为基本内容的综合素质教育。良好人格的培养与塑造必须以提高中学生的文化素质为前提和基础。现实工作中尤其要注意:一是要走出应试教育的泥潭,切实贯彻落实德智体美全面发展的素质教育,通过综合教育培养全面的素质。二是在丰富文化底蕴的同时,要强化思维训练。三是要注意传授新思想,学习新知识,及时用反映当代世界发展的新知识、新科技武装青少年的头脑,促使人格尽快现代化。

(4) 强化情感陶冶与行为训练。良好的人格品质是知、情、意、行等要素的和谐发展与统一。在中学生的人格培养中要注意和尊重情感、意志等因素在人格品质形成中的特殊地位和功能,要强化情境的陶冶以及行为的训练。在现实生活的特定情境中获知、育情、炼意、导行,实现知、情、意、行的和谐均衡健康发展,达到身心的统一,人与社会的协调。

(5) 优化育人环境,协调家庭、学校、社会教育,形成人格培养的正合力。学校进行人格教育时,不仅要在学校内部形成齐抓共管的合力局面,而且也要依赖于社会教育、家庭教育各自功能的发挥和三者的密切配合,才能收到良好的效果。因而,必须建立以学校教育为主体,家庭教育为基础,社会教育为延伸的人格教育体系,实现人格教育的整体化、系统化、一体化。

(6)大力开展心理健康教育和咨询。大力开展心理健康教育和咨询工作是当前德育及其人格培养的重要任务。心理健康教育的水平很大程度上决定了人格培养的水平,普及心理健康知识,发展个性心理品质,培养心理调适能力,预防心理障碍,矫治行为偏差等都需要心理健康教育和咨询来完成,这样才能促使中学生人格健康发展。

(7)建立健全良好人格培养的激励与约束机制。完善的激励和约束机制不仅对组织教育过程是必要的,而且对中学生自身进行人格自我训练也是必不可少的。通过健全的激励和约束机制,鼓励和强化那些社会需要的思想行为,制约或惩罚那些超越社会规范的言行,让中学生知道什么该做,什么不该做,什么是社会倡导的,什么是社会反对的。从而明确是非,掌握行为的准则和规范,逐步形成健全高尚的人格。

二、人格发展理论

(一)弗洛伊德的人格发展理论

弗洛伊德认为人格结构由本我、自我、超我三部分组成。

本我是指原始的无意识的本能,包含生存所需的基本欲望、冲动和生命力。本我是一切心理能量之源。本我遵循"快乐原则"以寻求原始动机的满足为原则,追求最大限度的快乐,寻求不受约束的性、躯体和情绪的快感。

自我,是自己可意识到的,执行思考、感觉、判断或记忆的部分,自我的机能是寻求"本我"冲动得以满足,而同时保护整个机体不受伤害。自我遵循的是"现实原则",协调本我的非理性需要与现实之间的关系。

超我,是人格结构中代表理想的部分,它是个体在成长过程中通过内化道德规范、内化社会及文化环境的价值观念而形成,其机能主要在监督、批判及管束自己的行为。超我的特点是追求完美,它所遵循的是"道德原则"。

弗洛伊德的人格发展理论有两个重要特点:一是强调生物本能即性本能在人格形成和发展中的重要作用;二是强调婴幼儿时期的经历和经验对人格形成和发展的重要作用。他把发展分为五个时期。

(1) 口腔期：从出生到 18 个月左右。

刚生下来的婴儿就懂得吸乳,乳头摩擦口唇黏膜引起快感,此期间婴幼儿以吸吮、咬和吞咽等口腔活动为主来满足本能和性的需要。例如,人的发展滞留在口腔期,成年后仍会努力寻求口腔的满足,滥吃东西、抽烟或喝酒。

(2) 肛门期：大约从 18 个月到 3 岁左右。

此期间儿童由排泄而得到感官满足。在这一阶段儿童开始接受排便习惯的训练,他必须学会控制自己的排便行为以适应社会的要求。儿童在肛门期欲望的满足和他在大小便训练过程中所学到的人际关系方式,对他未来的人格形成产生较大影响,满足太少或过分满足均可导致发展的滞留,形成所谓肛门性格。

(3) 性器期：大约从 3 岁到 5 岁。

此期间儿童通过性器官满足原始欲望,儿童表现出对生殖器官的极大兴趣,喜欢触摸自己的性器官。儿童这一阶段的矛盾和冲突的解决,对其将来性别特征的形成和对异性的态度及性生活是很重要的。如果这一阶段发生滞留或失败,可能导致将来的许多行为问题如所谓的"性器官人格"。

在口腔期、肛门期和性器期的发展过程中,大部分人格特征已形成。因此,5 岁以前是人格发展的关键时期。

(4) 潜伏期：大约从 5 岁到 12 岁。

在这一时期,儿童的兴趣转向周围事物和智力活动中,参加学校和团体的活动,与同伴娱乐、运动,发展同性的友谊,满足来自外界、好奇心和知识满足、娱乐和运动等。此时原始的欲望仿佛处于潜伏状态,在这一阶段,两性之间比较疏远。

(5) 生殖期：大约从 12 岁到成年。

青春期是生殖期开始的标志,此时个体生理发展趋于成熟。在心理和生理上两性的差异日益显著,发展到成年阶段,主要的满足将来源于两性关系的建立。

(二) 埃里克森的社会性发展阶段理论

埃里克森认为,儿童人格的发展是一个逐渐形成的过程,人的一生可以分为八个既相互联系又相互区别的发展阶段,其中前五个阶段属于儿童成长和接受教育的时期。

1. 婴儿期(出生到1.5岁)：基本的信任感对基本的不信任感

婴儿在本阶段的主要任务是满足生理上的需要,发展信任感,克服不信任感,体验着希望的实现。如果父母或照料者给予婴儿良好的照顾和爱抚,婴儿就会对父母产生信任感,认为这个世界是安全、可信的地方。这种对人和环境的基本信任感是形成健康个性品质的基础,也是以后各个时期发展的基础,尤其是青年时期发展起来的同一性的基础。

2. 儿童早期(1.5—3岁)：自主感对羞耻感与怀疑感

儿童在这一阶段的发展任务是培养自主感,体验意志的实现。儿童渴望尝试独立处理事情。如果父母允许幼儿去做力所能及的事,鼓励幼儿的独立探索,幼儿就会逐渐认识自己的能力,养成自动自主的个性；反之,如果父母过分保护或过分批评指责,就可能使儿童怀疑自己对自我和环境的控制能力,产生一种羞耻感。这一阶段发展任务的解决,对个人今后对社会组织和社会理想的态度将产生重要影响。

3. 学前期(3—6、7岁)：主动感对内疚感

该阶段的发展任务是培养主动感,体验目的的实现。儿童的活动范围逐渐超出家庭的圈子,他们喜欢尝试探索环境,承担并掌握新的任务。此时如果父母或教师认可儿童的活动并进行恰当的指导,儿童的主动性、创造性将获得发展。反之,如果父母嘲笑儿童的探索,或过多干涉,儿童就会对自己的活动产生内疚感。

4. 学龄期(6、7—12岁)：勤奋感对自卑感

该阶段的发展任务是培养勤奋感,体验着能力的实现。这个时期,儿童已经进入学校,开始体会到能力和成功之间的关系。他们追求工作完成时所获得的成就感及由此带来的教师和长辈的认可与赞许。如果儿童在学习等活动中不断取得成就并受到成人的奖励,将增强儿童的胜任感,有利于形成进取和勤奋的人格；反之,如果由于教学不当,或努力不够而多次遭受挫折,或其成就遭受漠视,儿童容易形成自卑感。这种自卑感往往是以后学业颓废的重要原因。

5. 青年期(12—18岁)：自我同一性对角色混乱

该阶段的发展任务是培养自我同一性,体验着忠诚的实现。自我同一性是有关自我形象的一种组织,它包括有关自我的动机、能力、信念和性格等的一贯

经验和概念。自我同一性的形成与职业的选择、性别角色和人生观的形成有密切的关系。如果个体在这一时期把这些方面很好地整合起来,其所想、所做与他的角色概念相符合,个体便获得了较好的自我同一性。如果不能整合,将会导致角色混乱或同一性延迟,产生同一性危机。

6. 成年早期(18—25岁):亲密感对孤独感

该阶段的主要任务是发展亲密感,体验爱情,避免孤独感。只有具有牢固的自我同一性的青年人,才能把自己的同一性与他人的同一性融合为一体,获得共享的同一性。从而获得亲密感,否则将产生孤独感,个体会变得冷漠,回避人际交往。

7. 成年中期(25—50岁):繁殖感对停滞感

这一阶段的主要任务是获得繁殖感,体验关怀的实现。繁殖不仅指个人的生殖能力,而主要是指关心和指导下一代成长的需要。一个人即使没有孩子,只要能关心、教育孩子也可以具有繁殖感;反之,其人格贫乏和停滞,这个人便是一个自我关注的人,不关心他人(包括儿童)的需要和利益。

8. 成年晚期(50岁至死亡):自我调整与绝望感的冲突

老年人的健康每况愈下,对此他们必须做出相应的调整和适应,所以被称为自我调整与绝望感的心理冲突。如果一个人的自我调整大于绝望,他将获得智慧的品质,埃里克森把它定义为"以超然的态度对待生活和死亡"。老年人对死亡的态度直接影响下一代在儿童时期信任感的形成。因此,第八阶段和第一阶段首尾相连,构成一个循环或生命的周期。

【真题链接】

1. [2012·下]选择题:上初中以来,刘俊好像突然不认识自己了,"我是谁?""我将来做什么?"这类问题经常困扰她,据埃里克森的社会心理发展理论,她处于哪个发展阶段?( )

A. 亲密感对孤独感 B. 勤奋感对自卑感
C. 自我同一性对角色混乱 D. 信任感对不信任感

[答案] C

2. [2012·上]简答题:简述埃里克森的人格发展阶段论。

[答案要点] 埃里克森将人格发展分成各有侧重、互相连接的八个发展阶段,埃里克森认为,个体每一个发展阶段都会面临一个确定的主题或一个特定的心理危机。这八个发展阶段是:第一阶段:0—18个月左右,主题是基本的信任感对基本的不信任感,目的是发展信任感。第二阶段:18个月—3岁,主题是自主感对羞怯感与怀疑感,目的是培养自主感。第三阶段:3—6、7岁,主题是主动感对内疚感,目的是培养主动感。第四阶段:6、7—12岁,主题是勤奋感对自卑感,目的是培养勤奋感。第五阶段:12—18岁,主题是建立自我同一性。第六阶段:18—25岁,主题是发展亲密感,避免孤独感。第七阶段:25—50岁,主题是繁殖感对停滞感。第八阶段:50岁以后,主题是自我调整与绝望期的冲突。

3. [2016·上]选择题:中学生小孙近期心里很矛盾,觉得未来的自己应该是一名科学家,但又觉得能力有限,遥不可及。根据埃里克森的人格发展阶段论,当前他的主要发展任务是(   )。

A. 获得勤奋感 B. 克服内疚感
C. 避免孤独感 D. 建立统一性

[答案] D

4. [2017·下]选择题:按照埃里克森人格发展理论,12—18岁个体心理发展的主要任务是(   )。

A. 强化自我主动性 B. 培养勤奋感
C. 建立自我同一性 D. 获得亲密感

[答案] C

第四节 中学生身心发展

中学生正处于青春发育期,生理上急骤变化,智力迅速发展,情绪和情感的内容及形式日渐丰富。国外心理学界把这个时期称为"动荡期""第二断乳期"。这一阶段的青少年心理集中表现出如下四个特点。

一、过渡性

中学以前是真正的幼稚期,儿童更多地依靠成人的照顾和保护,他们的独立性和自觉性都比较差。18岁以后的青年期是个体发展的成熟期,它标志着个体真正开始成为独立的社会成员。过渡性反映出了中学初期(少年期)和中学后期(青年初期)过渡状态的两种不同特点。其主要表现有两方面。

(1) 中学生的身心发展既具有儿童期的特点,又具有成熟期的特点,处于半幼稚、半成熟状态。

(2) 青少年期是人由儿童向成人的转变时期,各种心理特征逐渐接近成人,如发育由迅速趋向平稳,人格由不稳定到比较稳定再到形成稳定的人格,特别明显地表现在由对成人的依赖到相对独立。

二、闭锁性

也称封闭性。所谓闭锁性是指人的心理活动具有某种含蓄、内隐的特点,它是相对于人的外部行为表现与内部心理活动之间的一致性而言的。中学生的心理逐渐显示出闭锁性,即他们的内心世界逐渐复杂,开始不大轻易将内心世界表露出来。

由于闭锁性的特点,中学生的心里话常常是不愿对长辈说的。中学生的年龄越大,这个特点就越为明显。中学生在有闭锁性心理的同时还有一个心理特点,就是容易对同龄、同性别的人,特别是知己表露真正的思想。

三、社会性

在青少年期,由于社会地位的变化,其活动的社会性增强,青少年对社会生活越来越关注。同时,他们与社会环境的接触越来越多,社会环境对青少年社会化的影响也越来越明显。

青少年的社会性主要表现在:他们已不拘泥于儿童时那种仅仅对自己或自己周围生活中具体事物的关心,而是开始以极大的兴趣观察、思考和判断社会生活中的种种现象与问题,政治、历史、文学艺术、法律道德、社会风气、人际关系等都成了他们认识和思考的对象,成了他们十分关心的问题。他们希望从中找出现象的本质,形成自己的看法;他们的社会性情感越来越丰富和稳定;他们已逐步形成一定的为人处世的态度和行为方式,动机、兴趣、品德、自我意识、世界观与人生观都开始逐渐形成并趋于稳定。

四、动荡性

中学生的思想比较敏感。中学生尤其是高中生往往在政治活动中"打头阵",起着"先锋和桥梁"的作用。然而,中学生也容易走向另一个"极端"。中学生希望受人重视,希望被看成"大人",被当成社会的一员,他们思想单纯,很少有保守思想,敢想敢说敢作敢为。但在他们心目中,什么是正确的幸福观、友谊观、英雄观和人生观,还都是个谜。他们对于别人的评价十分敏感,好斗好胜,但思维的片面性很大,容易偏激,容易摇摆。他们往往把坚定与执拗、勇敢与蛮干混同起来。他们的精力充沛,能力也在发展,但性格未最后定型。因此对处于青少年阶段的中学生的教育和培养工作,在整个国民教育中起着关键性的作用。

第五节　中学生性心理发展

一、性心理、性心理健康的内涵

性是以生物繁衍的功能为基础、受心理活动影响和特定的社会文化制约的两性行为,所有与性有关的心理活动统称为性心理。

性心理是指在性生理的基础上,与性征、性欲、性行为有关的心理状态与心理过程,也包括了与他人交往和婚恋等心理状态。性生理是性心理发展的生物学基础,性生理发育的障碍或缺陷,会使性心理的发展出现偏差。世界卫生组织对性心理健康所下的定义是:通过丰富和完善人格、人际交往和爱情方式,达到性行为在肉体、感情、理智和社会诸方面的圆满和协调。性心理健康是人类健康不容忽视的重要组成部分,近年来越来越受到人们的重视。

二、中学生性心理发展的阶段

中学生性心理发展具备的几个阶段有许多划分的方法,目前比较常用的是美国心理学家赫罗克的四阶段理论。

(一) 疏远异性期

此时的青少年性别意识刚刚萌芽,当他们发现性别的差异时,往往会产生羞怯、不安而疏远异性。所以,这个时期的男女同学之间常出现"漠不关心",相互独立的情况,这个时期的男女同学由于生理发育而导致心理上的变化,对自身性发育的情况出现不解、困惑、害羞甚至反感。

(二) 向往年长异性期

这个时候的青少年对性问题已经一知半解,这会导致他们向往、依恋年长的长者,当然,他们所崇拜的长者不限于年龄比他们大许多的人,更多的是崇拜年龄比他们大得不多的人,由于有这种心理基础,许多少男少女对年长于自己的人产生迷恋,而他们自己并不能明确意识到这一点,误认为这就是"爱情",此外,也有许多这个时期的少男少女会因为自己被同性的年长者所吸引,从而误认为自己是"同性恋者",而感到极大的心理困扰。

(三) 接近异性狂热期

该阶段青少年情感发展速度快,逐渐发现所崇拜的长者也是"食人间烟火"的"凡夫俗子",他们就将自己的热情转移至同龄的异性,此时,异性之间吸引力加强,激动程度高,有相互了解的迫切要求;也有少部分人,他们还不敢单独与异性接触,也不敢轻易地脱离长者群体。

知识链接

青少年性心理三阶段

从性意识的萌芽到爱情的产生与发展,青少年性心理过程大致可分为三个阶段:(1) 疏远异性期。(2) 接近异性期。(3) 初恋期。

(四) 浪漫恋爱期

本阶段青少年经过上一阶段的"锻炼",学会了脱离群体进行单独约会的"本领",开始对自己应该和什么样的异性接触以及怎样接触有了自信心,也不再把自己喜欢的异性看作是完美无缺的了,能容忍自己心爱之人的缺点了,逐渐认清恋爱和婚姻的界限,愿意认真、负责地沟通彼此的心灵,和谐的爱情正逐步形成。

意大利文艺复兴时期作家薄伽丘曾说:"真正的爱情能够鼓舞人,唤醒他内心沉睡着的力量和潜藏着的才能。"纯洁爱情的心理动力不仅表现在恋爱期,而是贯穿人的一生,车尔尼雪夫斯基说过:"爱情赐予万事万物的魅力,其实并不是人生中短暂现象……"

三、中学生性心理发展的特点

中学时期是青少年生长发育的重要阶段,此时中学生的生理特征和心理特征都处在不同程度的发展过程中,也是性心理和性生理发展的重要过程。然而,由于青少年的生理成熟与心理发展及社会发展的不平衡会给中学生带来种种心理困扰,乃至较严重的性心理障碍等。为此,了解和掌握此时学生的性心理特点,有针对性地开展心理健康教育是很有必要的。

(一)出现很多性困扰,渴望了解性知识

由于性知识的缺乏,而每个人的发育有很大的个体差异,所以中学生们会怀疑自己的发育是否正常,其间会产生很多困扰而影响他们的生活。随着生理的发育及社会的影响,部分中学生在性行为方面会出现有意识或无意识的自慰行为,他们往往觉得这是不正常的而羞于向他人透露,也因得不到正确的引导而产生困扰。而第二性征的出现,使得中学生渴望认识自己和异性的不同,渴望理解新奇的生理变化,希望探究生理要求产生的原因和满足的方式。因此,他们从各种途径去探索和获取性知识。

知识链接

当代青少年在性心理发展上的新特点:
(1)生理发育提前。
(2)性心理发展前倾。
(3)性观念开放。
(4)性行为公开化、低龄化。

（二）一些重要的生理现象会引起恐慌

随着生理发育中出现的遗精、月经等生理现象,给中学生心理发展带来了不小的困惑。不少男生觉得遗精会使身体"失元气"、导致"肾亏",遗精现象出现时就感到不安、厌恶,严重影响学习和心理健康。对女生而言,随着女性月经的周期性变化,人的身体、心理都会发生不同程度的改变,表现出敏感和焦虑等心理。

（三）对异性充满好奇和爱慕,在异性面前容易紧张和兴奋

随着性生理的发育,中学生异性间的交往会由"两小无猜"发展成相互吸引,愿意互相接近,相互怀有好感,出现感情上相互吸引和爱慕的现象。这时候的中学生会产生朦胧的"爱情",甚至会产生出格的性行为等。另一方面,中学生发现自己的确有很多地方与异性不同,发现异性也很注意自己,他们希望自己在异性面前表现得更出色,展示自己的才华和外貌,以吸引异性。男孩希望在自己钟爱的女生的心目中成为英雄和崇拜的对象,女孩则以文静庄重或矜持等方式展现自己的女性美。但同时,中学生又会隐蔽这种心理动态,因此往往过于紧张、兴奋,反而出现缩手缩脚、行为失态的现象。有时弄巧成拙,自尊心可能受损;有时甚至可能因此出现心理障碍。

（四）性冲动和性欲望的出现

中学生进入青春期以后,出现性欲望和性冲动,这是发育中的正常生理现象和心理现象。性冲动是随生理的发育,性功能的日趋成熟,性意识的产生而产生的。男女从青春期开始,都会产生性冲动,只是引起的原因有所不同。男性的性冲动容易被视觉刺激所引起,如女性形象或裸体的艺术品、图片等,女性的性冲动虽然也能被各种带有"性"色彩的视觉形象所激起,但她们的性冲动更易被触觉和听觉刺激所引起,在性冲动的影响下自然形成了性欲望。

知识链接

中学生性心理健康的影响因素:

(1) 青春期提前与性知识的匮乏。

(2) 性诱惑与性观念的混乱。

(3) 性知识的渴求与性教育的滞后。

四、中学生性心理健康的教育对策

性心理健康作为身心健康的一部分,与人的身体构造、生理功能、心理素质和社会适应密切相关,性的成熟随之会给中学生带来许多心理问题和困扰,性心理发展过程中,中学生很容易会出现性心理不健康,这就需要我们给予他们正确的性教育引导。同时,可以借助青春期性心理健康量表测试中学生性心理健康与否。下面,我们介绍在中学生性心理健康上的教育对策。

(一)性生理知识教育和性道德教育相结合

在性生理知识教育上,应根据青少年身心发展的客观规律,适宜、适时、适度地进行性知识教育。应当把男性、女性的生殖系统解剖和男性、女性性腺器官的功能两部分内容讲清楚,同时联系他们的实际,介绍有关个人卫生及常见病的防治方法,并解答他们提出的思想认识上的问题。

在性道德教育上,全面教育与个别指导相结合,培养青少年健康的性道德情感。以树立正确的人生观和价值观为根基,破除享乐主义的幸福观为重点,引导学生意识到两性行为的社会责任和后果,具备人的尊严感和自制力,使他们从科学的角度认识这些问题,消除盲目性和神秘感。维果茨基在《教育心理学》中曾指出,性教育的基本问题,是男女相互关系中的道德文明态度的形成问题。因此教育工作者需经常、反复地强化他们的道德观念。对认识有偏差的同学有必要进行个别指导,引导他们正确认识两性差异及两性关系。

(二)正面疏导和丰富多彩的课外活动相结合

要以严肃、科学而活泼的态度对学生正面阐述性知识是人类对自身的科学研究。组织学生进行丰富多彩的课外活动,使学生们旺盛的精力得以释放。

(三)引导中学生进行正常的异性交往

青少年时期的中学生与异性的正常交往对他们的成长和发展具有重要的适应意义,教育者要向学生讲清楚,家庭、学校、社会都是由两性组成的,在与异性的交往中应遵循尊重他人和自己的原则,不卑不亢、彬彬有礼;要善于发现异性同学的长处和优点,弥补自身的不足,提高与异性交往的能力。

(四)利用"异性效应",培养中学生健康的性意识,理智地对待性冲动

随着性意识的觉醒,性欲望也随之产生。中学生性欲望强烈是自然规律,一味压抑或放任自流都是错误的。教育工作者应巧妙地利用异性间的正常交往来促进学生的进步和发展,即所谓的"异性效应"。研究表明,异性间相互吸引是微妙的,甚至是只可意会不可言传,当一个男孩或女孩体验到异性对自己的关心和期望时,往往在许多方面取得长足的进步,甚至还会出现意想不到的奇迹。

(五)注重家庭、学校和社会的教育相结合

大多数学生都是从父母询问开始提出性问题,家庭教育对学生性心理成长起着潜移默化的作用;社会是学生的大课堂,全社会尤其是社会上的有关部门,都应重视学生性教育,积极配合学校开展性教育活动。

模拟通关基础练习

一、单项选择题

1. 小明解出一道难题后,内心感到无比兴奋、轻松愉快,这属于(　　)。
   A. 道德感　　　　B. 理智感　　　　C. 美感　　　　D. 幸福感

2. 基本情绪分为(　　)。
   A. 快乐、悲哀、愤怒、恐惧　　　　B. 快乐、悲哀、愤怒、嫉妒
   C. 道德感、理智感、美感　　　　　D. 快乐、悲哀、愤怒、惭愧

3. 有关情绪和情感的说法不正确的是(　　)。
   A. 情绪出现得早,情感出现得较晚
   B. 情绪多与人的自然需要有关,情感多与人的社会性需要有关
   C. 情绪具有情境性和稳定性,情感具有深刻性和暂时性
   D. 情绪具有外显性,情感则比较内隐

4. "山笑水笑人欢笑"体现的情绪状态是(　　)。
   A. 应激　　　　B. 心境　　　　C. 激情　　　　D. 高兴

5. 在重大国际比赛中,为祖国争光所激发的拼搏精神会激励运动员克服重重难关夺取金牌这体现的情绪状态是(　　)。
   A. 心境　　　　B. 激情　　　　C. 应激　　　　D. 道德感

6. 下列有关情绪性质的表述不正确的是(　　)。

A. 情绪与动机有着密切的关系　　B. 情绪是一种主观意识经验
C. 情绪状态很容易自控　　D. 情绪是刺激所引起的

7. 小明在盛怒时,拍案大叫,暴跳如雷;小红在狂笑时,捧腹大笑,手舞足蹈;小宁在绝望时,心灰意冷,麻木不仁。这说的是一种(　　)。
　　A. 激情　　B. 心境　　C. 应激　　D. 热情

8. 思维的不可逆性和自我中心在皮亚杰所描述的(　　)表现得最为明显。
　　A. 感知运动阶段　　B. 前运算阶段
　　C. 具体运算阶段　　D. 形式运算阶段

9. 人格结构中的核心成分是(　　)。
　　A. 能力　　B. 气质　　C. 态度　　D. 性格

10. 人们常说的面对"天灾人祸"是情绪状态中的(　　)。
　　A. 心境　　B. 应激　　C. 恐惧　　D. 激情

11. 正常行驶的汽车意外地遇到了故障的时候,司机紧急刹车,在这样的情况下他所产生的一种特殊的紧张的情绪体验,就是(　　)。
　　A. 热情　　B. 心境　　C. 应激　　D. 激情

12. "人心不同,各如其面",这句俗语为人格的哪种特性作了最好的诠释?(　　)
　　A. 独特性　　B. 稳定性　　C. 统合性　　D. 复杂性

13. 个人在适应环境的过程中所表现出来的系统的、独特的反应方式是(　　)。
　　A. 气质　　B. 性格　　C. 人格　　D. 智力

14. 有的人情绪爆发快,精力旺盛,争强好斗,做事勇敢果断,为人热情直率,朴实真诚,但是这种人的思维活动常常是粗枝大叶、不求甚解,遇事常欠思量、鲁莽冒失,做事也常常感情用事、刚愎自用,但表里如一。这种人的气质属于(　　)。
　　A. 胆汁质　　B. 多血质　　C. 黏液质　　D. 抑郁质

15. 根据埃里克森的人格发展阶段理论,中学生人格发展的主要任务是(　　)。
　　A. 发展勤奋感　　B. 培养主动性
　　C. 形成亲密感　　D. 建立自我同一性

16. 儿童有不知足、不安全、忧虑、退缩、怀疑、不喜欢与同伴交往等特点是在(　　)教养方式下形成的人格特点。

A. 放纵型　　　　B. 专制型　　　　C. 民主型　　　　D. 自由型

二、简答题

1. 简述弗洛伊德的人格发展理论。

2. 简述认知风格的类型。

3. 在教学中,面对不同气质类型的学生应当如何进行有针对性的教育?

模拟通关基础练习答案

一、单项选择题

1. B　2. A　3. C　4. B　5. B　6. C　7. A　8. B　9. D　10. B　11. C　12. A　13. C　14. A　15. D　16. B

二、简答题

1. 弗洛伊德认为,人格结构由三部分组成:本我、自我、超我。本我可以被理解为人格的生物成分,自我为人格的心理成分,超我为人格的社会成分。弗洛伊德将人格发展分为五个性心理发展阶段,分别为:0—18个月口唇期;18个月—3岁肛门期;3—5岁性器期;5—12岁潜伏期;12到成年生殖期。

2. (1)场独立型和场依存型。(2)冲动型和沉思型。(3)同时型和继时型。

3. 气质无好坏之分,任何一种气质都有它的优缺点。作为一名老师应当了解不同学生的气质特征和气质类型,做到因势利导,提高教育效果,还要促使学生扬长避短,培养学生良好的个性品质和气质特征。此外,老师在帮助学生克服气质的消极方面的同时,还应给予学生有关气质方面的基本理论和知识,并帮助他们客观地分析和认识自己气质特征中的长处和短处,并教会他们有意识地控制自己气质上的消极方面,发展积极方面。

教师能力训练

1. 案例分析:学生张琼进入青春期后,非常关注自己的相貌,但她认为自己长相难看,不被人喜欢。看到同学聚在一起咯咯地笑,她就认为她们在笑话自己;在寝室里,若听到同学在谈论某某长得漂亮,会以为是在影射自己;上课未被老师点名发言,也会认为老师嫌自己难看不愿意点自己。所有这一切致使她郁郁寡欢,不愿意与同学沟通交流,学习效率低下,学习成绩明显下降。

请运用心理学知识分析案例中张琼的问题,并提出合理建议。

2. 材料分析题:阅读下列材料,回答问题。

卢梭曾讲过:"青年时期是一个狂风暴雨的危险时期。"自青春期开始,中学生的身体虽已发育成熟,然而在智慧、认识、情绪调控、社会经验等方面,仍延续儿童不成熟的水准,人格的发展还很不成熟,容易受到各种内在或外在因素的影响。

问题:(1)如何理解"青年时期是一个狂风暴雨的危险时期"?(2)如果你是一名教师,你打算怎样塑造中学生良好的人格?

3. 案例分析:某学校初一学生李爽是一个内向的孩子,几乎没有朋友。父母是经商的,平时很忙对他关心得很少,李爽一直感觉很寂寞。放暑假时,父母答应带他去旅游,却因临时有应酬而取消了。李爽对此非常生气与伤心,认为父母都不关心他,又不愿意和别人倾诉,心里的怨气越积越多,觉得活着也没有意思,准备跳楼报复父母。幸亏邻居及时发现,并报了警,消防队员将他解救了下来。

问题:试分析该案例反映的这个阶段学生的典型心理特点,并阐述如何进行教育。

▶ 教师能力训练答案要点 ◀

1.（1）青春期是人生中的一个激动而且混乱的时期,是人的行为、性格和智力等心理素质迅速发展的关键时期。处于这一特殊发育阶段的青少年,由于生理、心理方面疾风骤雨式的千变万化,加之文化知识及社会经验的不足,很容易产生不健康的心理,导致心理问题或心理疾病。

（2）材料中张琼的典型问题就是强烈的自卑意识和失落感,常常把别人无意间的话、不相干的动作当作对自己的轻视或嘲笑。自我意识强烈,自尊的要求迫切,产生了强烈的不安、焦虑和恐惧,造成神经过敏、多疑,最终严重影响自己的学习成绩。

(3) 怀有自卑感的人,应摆脱孤立无援、独自苦恼的状态。同时,要针对自己的弱点制订一个逐步训练的计划,并坚持不懈地执行,提高语言技巧及社交手段,也可观察一下周围的人,发觉别人也不像自己所认为的那样十全十美,对自己又并无歧视之意,也就不再"自惭形秽"了。

2. (1) 中学生在心理能力方面的发展(如记忆、判断、推理及学业成绩)并不与身体的发展相匹配,他们面对各种难以应对的紧张局面,感到一种莫名其妙的烦恼。由于内在的紧张而造成的情绪反应因人而异,有的变得冷淡抑郁,有的暴跳如雷,有的沮丧沉闷,容易产生各种问题。

(2) 教师应当激发中学生自我教育的意识;进行人格素质的整合教育;强化情感陶冶与行为训练;大力开展心理健康教育和咨询;实施以提高文化素质为基本内容的综合素质教育;优化育人环境,协调家庭、学校、社会教育,形成人格培养的合力;建立健全良好人格培养的激励与约束机制。

3. 首先,李爽的问题体现了中学生心理发展的闭锁性。闭锁性表现在中学生常常不愿意向他人透露自己的真实情感。材料中,李爽遇到心理问题不愿意和他人倾诉,最终导致极端心理和行为的产生。

其次,案例反映了中学生心理发展的动荡性。动荡性是指中学生的思想比较敏感,好斗好胜,但思维的片面性很大,容易走"极端",往往把坚定与执拗,勇敢与蛮干、冒险混同起来。材料中,李爽由于内向又没有朋友,缺乏父母的关怀,导致对父母产生极端的情绪,甚至想要自杀,做出极端的行为。

因此,作为教师和家长,要重视青少年阶段的中学生的教育和培养工作,多理解沟通,多一些耐心和陪伴,促进中学生心理的健康发展。

第四章　品德心理

> **开篇案例**
>
> 　　曾经有过这样一篇报道：一个在国外留学的青年，在校学习成绩很好，也很精明能干。毕业后，他满以为凭着自己的学识和才华，能够找到一份很好的工作。
>
> 　　可是，他跑了几家公司，都被拒聘了。当他询问拒聘的原因时，得到的答复是："因为你有三次逃票的记录，我们不会录用一个不诚实的人。"诚实是一种优良的品德，良好的品德对我们每个人一生的影响都是非常重要的，它往往决定我们的一生走什么样的路、做什么样的人。

思　考

　　逃票是一种不诚信的行为，也是一种不道德的行为，为什么外国公司不雇佣这样的人？一个人的品德要经过何种心理形成过程？

内容提要

　　优良品德的培养是我国实施素质教育的重要任务，中学生良好的品德不是自发形成的，而有其自身发展的特点和规律，研究和掌握中学生品德发展的规律，将有利于我们在中学生品德教育中提出恰当的教育措施和方法以提高中学生的道德品质。本章我们主要探讨品德的心理实质、心理结构及其形成、发展、变化的规律，了解中学生品德发展的基本特征及中学生品德发展的影响因素，结合在实际生活中出现的学生品行不良的表现，探讨中学生优良品德的培养及过错行为的转化与矫正。

学习目标

　　1. 了解品德含义及其心理结构，中学生品行不良的转化与矫正的方法。

2. 理解品德形成的一般过程,皮亚杰与柯尔伯格的道德发展阶段理论,中学生品德发展的基本特征及中学生品德发展的影响因素。

3. 掌握促进中学生形成良好品德的一般方法。

第一节 品德发展的一般心理

什么是品德？它和道德有什么区别和联系？在本节中我们将介绍这部分内容。同时还将介绍品德心理结构中各主要成分的作用和相互关系运行的轨迹以及品德心理结构的主要特征等内容。

一、品德概述

品德是道德品质的简称,在我国又称为德性或品行、操行等。它是指人依据一定的社会道德准则和规范行动时所表现出来的比较稳定的心理特征或倾向。例如,某个中学生一贯诚实友爱、热爱集体、乐于助人、勤奋学习、遵守纪律、热爱劳动,我们则认为这个中学生具有良好的品德。品德虽是道德品质的简称,但却与道德是两个既相互联系又有区别的概念。品德是社会道德在个人身上的体现,是在社会道德舆论、家庭教育、学校教育的共同影响下,通过个人实践活动逐步形成的。与品德密切相关的是道德,道德是指由社会舆论力量和个人内在信念系统驱使支持的行为规范的总和。人们按照这些行为规范来支配和调节自己的言行,并以此来要求和评价他人的举止。品德和道德固然都受社会发展规律所制约,但是却不能相互等同,它们既有区别又有联系。

1. 联系

品德与道德的发展是互动的过程,他们之间的联系十分紧密,主要表现在三个方面。

第一,品德是道德的具体化。品德是一定的社会道德规范在个体头脑中的反映和在个体实践活动中的具体体现。

第二,社会道德风气影响着品德的形成与发展。品德不是与生俱来的,它是个体在社会化的过程中、在社会道德舆论的熏陶和道德教育的影响下,通过自己的实践活动逐步形成发展起来的。因此,社会道德风气的发展变化会在某种程度上影响着个人品德面貌的变化,品德的形成、发展以一定的社会道德为前提。

第三,个体的品德对社会道德状况有一定的反作用。即众多的个人品德能构成和影响社会的道德面貌和风气。某些具有代表性人物的品德可以作为社会道德的典范,同时也会对社会风气产生深远的影响。如果离开了社会中具体人的道德品质表现,道德就只能成为无实际意义的行为规范了,也就失去了其应有的作用,更谈不上发展,所以,从某种意义上来说,品德是道德的基础。

2. 区别

道德是社会现象,是以社会舆论的力量来调整人们之间相互关系的行为规范和准则;而品德是个体现象,是人对社会道德的主观反应,是自主控制的行为表现。

理解该定义时,需要注意以下几点:

第一,品德与道德所属的范畴不同。道德是一种社会现象,是调整人们相互关系的各种行为规范和准则。人们依据规范来辨别是非、善恶、美丑,指导或调节行为。遵守它们会受到舆论的赞许并感到心安理得;否则,会受到舆论的谴责并感到内疚。它是以行为规范的形式来反映社会生活的,它的产生、发展和变化服从于整个社会的发展规律,属于社会意识形态的范畴。而品德是一种个体现象,是社会道德在个体头脑中的主观印象,其形成、发展和变化既受社会规律制约,又受个体的生理、心理活动规律制约。品德支配和调节着个体的道德行为,属于个体意识形态范畴。

第二,品德与道德所反映的内容不同。道德的内容是社会生活的总体要求,是对一定经济基础的反映,它是调节社会关系的行为规范的完整体系。而品德的内容则是社会道德规范局部的具体体现,是社会道德要求的部分反映。可见,从反映内容上看,道德反映的内容比品德反映的内容广阔得多、概括得多。

第三,品德与道德产生的力量源泉不同。道德产生的力量源泉是社会需要。在社会生活中,人们为了维护共同的利益,协调物质利益关系、人际关系等社会关系,以保障社会的稳定、和谐的发展而制定了共同遵守的道德行为规范,正是这种社会生存和发展的需要赋予了道德的力量。品德产生的力量源泉则是个人的需要。个人为了归属于一定的社会群体,为社会所接纳,就必须遵守一定的社会道德规范,协调个人与社会、个人与集体、个人与他人的关系,正是人的这种社会性需要(归属、交往与尊重的需要)促使人们自觉地按照道德要求发展与完善自我品德。

道德认识和行为一致,且是自觉的行为,才能称为品德。如果没有形成道德观念或道德认识,那么即使个体的行为符合道德规范,也不能说是有品德的。反之亦然。比如,精神病患者的行为尽管不可能符合社会规范,但也不能说是不道德的。

二、品德心理结构

研究品德的心理结构,有助于人们了解品德的心理实质,为有效地进行品德教育与培养提供科学的依据。品德的心理结构非常复杂,它是多种心理因素交互作用的综合结果,是多层次、多水平的有机统一整体。

迄今为止,人们在对品德心理成分的划分上意见并不一致。关于品德的心理结构,不同的学者有不同的观点,历来有二因素说、三要素说(国外学者的观点)和四要素说(国内大部分学者的观点)等多种观点。目前影响较大的是"四因素说",它将品德分为道德认识、道德情感、道德意志和道德行为四个成分。

(一) 道德认识

道德认识是人们对社会道德现象、道德规范及其执行意义的认识,也就是对客观存在的道德关系及处理这些关系的原则、规范的认识,道德观念、道德判断和推理、道德评价都是道德认识的表现形式。如中学生对爱祖国、爱人民、爱劳动、爱公物和爱社会主义的重要意义,都有了较好的了解和理解,就表明他们的道德认识达到了一定的水平。它主要是指一个人面对矛盾冲突的情境能自觉意识到是非善恶,进而能就行动作出缜密的道德抉择。道德认识包括道德观念(即道德表象)、道德概念、道德信念、道德评价等方面。其中,道德概念的掌握、道德信念的形成和道德评价能力的发展是衡量中学生道德认识形成和发展的主要标志。道德认识的结果是获得有关的道德观念、形成道德信念。道德认识是个体品德的核心部分。

(1) 道德概念。道德概念是人对社会道德现象的本质特征和内在联系的反映。道德概念是在丰富的道德表象的基础上,通过分析、综合、抽象、概括的思维活动而形成的。道德概念的掌握对道德认识的形成有着十分重要的作用。人只有掌握了道德概念,才能摆脱行为规范的具体情境,在更广泛的范围内调节和支配自己的行动,使之适合社会行为准则的要求。同时,中学生掌握道德知识,常常是以道德概念的形式实现的。中学生掌握道德概念是指他们对道德规范有了正确的理解,而不像幼儿那样只是直观地去认识道德现象,而能够概括地掌握是非善恶的道德标准。只有掌握了道德概念,才能评价别人和自己的道德行为并指导自己的道德行为。

(2) 道德信念。道德信念指人们将道德知识作为指导个人行动的基本原则,当人们坚信它并决定为之奋斗时,就产生了道德信念。道德信念不是单纯的一种道德认识,它是坚定的道德观点、强烈的道德情感和顽强的道德意志的"合金"。它一经形成就不会轻易地改变。道德信念是道德动机的高级形式,它可以引起、推动和维持人的道德行动,使人的道德行为表现出坚定性和一贯性。因此,它是道德品质形成中的关键因素。

(3) 道德评价。道德评价指中学生根据已掌握的道德规范对已发生的道德行为的是非、善恶进行分析判断的过程。道德评价是一种智力活动的过程,在评价中不断地深化道德认识,增强道德情感的体验,确定合理的行动,为道德行为定向。道德评价起着道德裁判的作用,它有助于道德信念的形成。通过道德评价谴责不道德的思想和行为,褒奖合乎道德的思想行为,可以帮助中学生巩固和扩大道德经验,加强对道德概念及其意义的理解,使道德认识成为个人行动的自觉力量。

道德观念、道德信念的形成有赖于道德认识。当个体对某一道德准则有了较系统的认识,感到确实是这样时,就形成有关的道德观念。当认识继续深入,达到坚信不疑的程度,并能指导自己的行动时,就形成了道德信念。道德信念对行为具有稳定的调节与支配作用,只有道德观念而无道德信念时,就经常发生诸如明知故犯之类的错误行为。

(二) 道德情感

道德情感是根据道德观念,来评价他人或自己行为时的内心体验。道德情感渗透在人的道德观念和道德行为中。这种情感既反映了人们的道德需要,又表现出人们对客观现实是否符合自己的道德需要而产生的一种态度体验。它既可以表现为个体根据道德观念来评价他人或自己的行为时产生的内心体验,也可以表现为在道德观念的支配下采取行动的过程中所产生的内心体验。一般地说,在现实生活中的各种事件或是他人、本人的行为,凡是符合自己的道德认识或自己所维护的道德观念时,就会产生积极的情绪体验,否则就会产生消极的情绪体验。例如,我们对英雄模范人物产生敬佩之情,对损人利己的人产生厌恶的情感,对自己的舍己为人的行为感到欣慰,对自己的过失言行感到羞愧等。可见,道德情感是一种自我意志监督的力量,它能使人悔过自新,保持良好的行为。

道德情感内容主要包括爱国主义情感、集体主义情感、义务感、责任感、事业感、自尊感和羞耻感。其中,义务感、责任感和羞耻感对于儿童和青少年尤为重要。缺乏义务感、责任感和羞耻感,也就无所谓品德的发展。道德情感是道德行为的直接动因。

道德情感的表现形式主要有三种:直觉的道德情感、想象的道德情感和伦理的道德情感。

(1) 直觉的道德情感。直觉的道德情感,即由于对某种具体的道德情感的直接感知而迅速产生的情感体验。例如,由于某种情境而引起一种突如其来的羞耻感,抑制了自己的不正当的需要与行为,或在万分危急的情况下采取见义勇为的行为。其特点是产生非常迅速,对行为具有迅速定向作用。当事人往往不能意识到这个过程。在它的影响下,人可能做出高尚的道德行为,也可能做出卑劣的不道德的行为。这种道德情感看上去似乎缺乏明显的自觉性,但实质上,它是已有的道德认识和道德经验的直接反应,与人们过去在道德实践中受到舆论的影响及取得行为成败的经验有关。

(2) 想象的道德情感。想象的道德情感,即通过对某种道德形象的想象而发生的情感体验。它是以社会道德标准的化身而存在的,具有极大的鲜明性,能使人更容易理解道德规范的要求及其社会意义,也更容易使人受到感染和激励。道德形象之所以能引起人们的道德情感体验,在于这些形象具有鲜明、生动的特点,如英雄人物的高大形象及其光辉事迹具有强烈的感染力,能够引起人们心灵上的激荡,产生深刻、持久的印象,成为引发道德行为的动力;同时,这些具体生动的形象又体现了社会道德标准的典范,引起人们情感上的共鸣,使人们能够更加具体地领会道德要求及其社会意义。

（3）伦理的道德情感。伦理的道德情感，即以清楚地认识到道德概念、原理、原则为中介的情感体验。其特点是：① 具有清晰的意识性和明确的自觉性。伦理的道德情感是与人们的道德信念、道德理想紧密联系的。② 具有较大的概括性和较强的理论性。伦理的道德情感是在许多道德经验、情感体验和一定的道德理论基础上形成的。③ 具有稳定性和深刻性。它不仅概括了许多具体的情感和经验，而且把个人的感性认识和理性认识有机地结合在一起，对伦理道德有着较深刻的认识。它的形成是一个渐进的过程，一般到青年期才能形成这种情感水平。一旦形成，就比较稳定。伦理性情感是一种深厚、坚定有力的高级形态的道德情感。例如爱国主义情感和集体主义情感就属于伦理的道德情感。

（三）道德意志

道德意志是一个人自觉地调节行为、克服困难，以实现一定道德目的的心理过程，通常表现为一个人的信心、决心和恒心。它体现在实现道德目标过程中的支持与控制行为的力量，像有的中学生长年帮助走路困难的同学上学就是意志支持的结果。道德意志还能使人抵御现实中的各种诱惑，不以外界环境为转移，始终坚持道德行为。道德意志的作用就在于发动与既定目的相符的行动，制止与既定目的相悖的行动。道德意志的过程一般经历下决心、树信心、立恒心三个阶段。

1. 道德意志的表现

道德意志是道德意识向道德实践转化的过程，是主观见之于客观，观念付诸行动、实践的过程。这一过程集中地体现了人的心理主观能动性的特点。在品德形成的过程中，它主要表现在以下几个方面。首先，自觉地确定道德行为的目的。其次，排除或抑制不道德的欲求。再次，调节与控制消极的情绪。最后，克服道德行为中的困难。人在进行道德活动的过程中，往往会遇到内部和外部、主观和客观的各种干扰和困难，具有坚强道德意志的人，敢于排除干扰，克服各种困难，坚持达到道德目标。

2. 道德意志的过程

形成道德意志的基本过程有决心、信心、恒心三个阶段。决心，是道德意志的第一阶段，是经历动机斗争、确定行动目的、选择行动方式的下决心的阶段。信心，是意志过程的第二阶段，是根据自己的道德信念和道德理想，坚信行为的正确,树立信心的阶段。恒心,是意志过程的第三阶段,是克服困难、坚持行动、坚韧不拔、持之以恒的阶段。

3. 道德意志的行动

道德意志行动包括:头脑中产生各种可供选择的行动方案;预测各种行动方案的结果;衡量行动后的利弊得失;按自己的决定行动;显示生活中结果的出现;接受行为后果的反馈;影响心理结构。

【真题链接】

1.[2014·上]选择题:衡量中学生思想品德水平高低的根本标志是(　　)。

A. 道德认识　　B. 道德意志　　C. 道德情感　　D. 道德行为

[答案]　D

2.[2017·下]选择题:在小组讨论中,关于什么是道德行为培养的关键,同学们有下列四种不同的看法。其中正确的是(　　)。

A. 形成良好的道德意志　　　　B. 形成良好的道德环境
C. 形成良好的道德情感　　　　D. 形成良好的道德习惯

[答案]　D

(四) 道德行为

道德行为是个体在一定的道德认识指引和道德情感激励下所表现出来的对他人或社会具有道德意义的行为。道德行为是实现道德动机的行为意向及外部表现,是衡量品德的重要标志。道德行为包括道德行为技能和道德行为习惯,是在完成一定的道德任务时,具有了道德的性质的技能和行为习惯。它们与一般的技能、习惯并无本质的区别,只是在完成一定的道德任务时,它们便具有了道德的性质。道德技能的掌握有助于实现道德目的,它将指导道德行为做出对他人和社会具有道德意义的事情,不至于好心办坏事。道德意志调节和控制着人的道德行为,使之贯彻始终,经过多次反复和实践,便形成道德行为习惯。道德行为习惯的形成则是品德形成的客观标志。例如,一个人做点好事并不难,难的是一辈子做好事。因此,只有中学生具有良好的道德行为及其习惯,才使学校的品德教育具有社会价值。

【真题链接】

1. [2012·上]辨析题：个体的道德认识与道德行为是一致的。

[答案要点] 这种说法是错误的。道德认识亦称为道德观念，是指对道德行为准则及其执行意义的认识，是个体品德中的核心部分。道德认识的结果是获得有关的道德观念、形成道德信念。道德行为是个体在一定的道德认识指引和道德情感激励下所表现出来的对他人或社会具有道德意义的行为，它是道德观念和道德情感的外在表现。道德行为的形成受到主观和客观等各方面的影响，有了好的道德认识，不一定能形成正确的道德行为。所以二者不一定完全一致。

2. [2014·下]辨析题：有什么样的道德认识，就一定有什么样的道德行为。

[答案要点] 此观点错误。道德认识是人们对于道德行为规范及其意义的认识，是人的认识过程在品德上的表现，是个体品德的基础。道德行为是个人在一定的道德认识支配下表现出来的对他人和社会有道德意义的活动，是衡量道德品质的重要标志。但道德行为的形成受主观和客观等多方面因素的影响，亦即道德认识在转化为道德行为的过程中，需要道德意志和道德情感的参与，并不是有了什么样的道德认识就一定会有什么样的道德行为。

3. [2013·上]简答题：简述品德的结构。

[答案要点] 品德的心理结构包括四种成分，分别是：（1）道德认识，是人们对道德规范及其执行意义的认识，是个体品德的核心部分。（2）道德情感，道德情感就是伴随道德认识而出现的一种内心体验。（3）道德意志，是一个人自觉地调节行为，克服困难，以实现道德目的的心理过程，通常表现为一个人的信心、决心和恒心。（4）道德行为，是在道德认知和道德情感的推动下，表现出来的对他人或社会具有一定道德意义的实际行动。道德行为是衡量品德的重要标志。

在中学生日常的品德教育中,作为教育者我们应该清楚,品德并不是道德认识、道德情感、道德意志、道德行为四种心理成分的叠加,而是在社会道德环境影响下,在个体的道德实践过程中,四种成分相互联系、相互制约而形成的复杂的、稳定的心理结构。我们可以这样认为,品德结构中的任何一种成分既不能代替另外一种成分,也不能决定另外一种成分,它们是互为前提、相互制约和相互促进的。一般来说,道德认识是品德心理结构的思想基础,是道德情感产生的依据,在一定条件下,道德情感的激发会促进道德认识水平的提高,道德行为是道德认识、道德情感、道德意志的表现和外部标志,道德意志推动人们实现道德行为。因此,中学生良好品德的培养,需要教育者协调好道德认识、道德情感、道德意志和道德行为的统一,不可偏颇,忽略任何成分都会对中学生品德的培养造成不利的影响。

美国心理学家莱斯特提出的关于个体道德行为发生的四种模式为:解释情景、作出判断、道德抉择和履行道德行为计划。看一个中学生的品德,主要不是看他认识到什么,而是看他是否言行一致。一个欲望强烈而缺乏自制的人,在行为上可能与他的是非观念相矛盾。

三、品德形成的一般过程

一般认为,品德的形成过程经历依从、认同与内化三个阶段。

(一) 依从

依从是指人们为了获得奖励和避免惩罚而采取的与他人要求在表面上相一致的行为。依从行为一般不是自愿行为,而是迫于外界强制性的压力所采取的暂时性行为。

依从包括从众和服从两种。从众是指人们对于某种行为要求的依据或必要性缺乏认识与体验而跟随他人行动的现象。服从是在权威命令、社会舆论或群体气氛的压力下,放弃自己的意见而采取与大多数人一致的行为。服从可能是出于自愿,也可能是被迫的。被迫的服从也叫顺从,即表面接受他人的意见或观点,在外显行为方面与他人相一致,而在认识与情感上与他人并不一致。

依从阶段的行为具有盲目性、被动性、不稳定性,随情境的变化而变化。该阶段个体对道德规范行为的必要性缺乏充分的认识,也缺乏情感体验,行为受外界压力(如惩罚)的影响,而不是内在的需要。依从可以得到安全,否则将受到惩罚。

处于依从阶段的品德,其水平较低,却是一个必不可少的阶段,是品德建立的开端环节。在反复实践的基础上,个体可以学习到各种具体的行为方式,逐渐获得做出某些行为的必要性的认识与体验,从而使品德的学习逐步深入发展。

(二) 认同

认同是在思想、情感、态度和行为上主动接受他人的影响,使自己的态度和行为与他人相接近。认同是个体体认与模仿他人或团体的行为,使之成为个人人格一个部分的心路历程。认同实质上就是对榜样的模仿,其出发点就是试图与榜样一致。认同的愿望越强烈,对榜样的模仿就越主动,在困难面前就越能表现出坚强的意志和毅力。与依从相比,认同更深一层。

认同阶段的特征:认同不受外界压力控制,行为具有一定的自觉性、主动性和稳定性等特点。

影响认同的因素:榜样的特点、榜样行为的性质、示范的方式。

认同的类型:偶像认同,指出于对某人或某团体的崇拜、仰慕等趋同心理而产生的遵从现象;价值认同,指个体出于对规范本身的意义及必要性的认识而发生的对规范的遵从现象。

(三) 内化

内化是指在思想观点上与他人一致,将自己所认同的思想和自己原有的观点、信念融为一体,构成一个完整的价值体系。在内化过程中解决了各种价值的矛盾和冲突,当个体按自己内化了的价值行动时,会感到愉快和满意;而当出现了与自己的价值标准相反的行动时,会感到内疚、不安。

内化阶段的特征:个体的行为具有高度的自觉性和主动性,并具有坚定性,表现为"富贵不能淫,贫贱不能移,威武不能屈"。此时,稳定的品德即形成了。

> **知识链接**
>
> 美国社会心理学家凯尔曼关于品德形成的三阶段观点的简单识记:
>
> (1) 顺从——口服心不服——有监督就服从,没监督就不服从。
>
> (2) 同化——心服口服——但还有模仿痕迹。
>
> (3) 内化——上升到做人的信念层次。

【真题链接】

1.［2012·上］选择题：中学生能相信并接受他人的观点，从而改变自己的态度与行为，同时将这些观点纳入自己的价值体系，说明其品德发展达到（　　）。

A. 服从阶段　　B. 依从阶段　　C. 认同阶段　　D. 内化阶段

［答案］ D

2.［2017·下］简答题：简述态度与品德形成的三阶段及其主要内容。

［答案要点］：(1) 依从——从众、服从、顺从。依从阶段的行为具有盲目性、被动性、不稳定性，随情境的变化而变化。

(2) 认同。认同是在思想、情感、态度和行为上主动接受他人的影响，态度和行为与他人相接近。认同实质上就是对榜样的模仿。

(3) 内化。内化指在思想观点上与他人的思想观点一致，将自己所认同的思想和自己原有的观点、信念融为一体。在内化阶段，个体的行为具有高度的自觉性和主动性，并具有坚定性。

3.［2016·上］辨析题：德育过程是对学生知情意行的培养提高过程，应以知为开端，知情意行依次进行。

［答案要点］此观点错误。德育过程是促进学生知情意行互动发展的过程，但由于社会生活的复杂性、德育影响的多样性等因素，德育具体实施过程，又具有多种开端，这可根据学生品德发展的具体情况，或从导之以行开始，或从动之以情开始，或从锻炼品德意志开始，最后达到使学生品德在知、情、意、行等方面的和谐发展。因此这个观点是错误的。

第二节　道德发展理论

关于中学生品德的发展，国内外心理学家进行了大量的研究。特别是20世纪60年代以来，出了很多研究成果。这些成果科学地揭示了道德发展过程的规律,逐渐形成了成熟的道德发展理论。其中最有代表性的道德发展理论是皮亚杰和柯尔伯格的道德发展理论。

一、皮亚杰的道德发展理论

(一)基本观点

皮亚杰早在20世纪30年代就对儿童道德判断和道德观念的发展进行了研究。他认为,一个人道德上的成熟主要表现在尊重准则和社会公正两个方面。一个有道德的人能按社会规定的准则公平公道地对待别人。他认为,儿童道德判断的发展与儿童认识发展的阶段相平行,儿童道德发展的进程可以在他们的认知进程中找到证据。

皮亚杰采用对偶故事法研究儿童道德判断发展的水平。他设计了一些包含道德价值内容的对偶故事让儿童回答,要求儿童辨认是非对错,从他们对特定行为情景的评价中投射并推测出儿童现有的道德认识和道德判断水平。

通过大量的研究,皮亚杰发现并总结出了儿童道德认知发展的总规律,即儿童道德的发展经历了一个从他律到自律的认识、转化发展过程。他律水平和自律水平是儿童道德判断的两级水平。在此基础上,皮亚杰还提出了儿童道德发展的年龄阶段。他认为,10岁是儿童从他律道德向自律道德转化的分水岭。

在10岁以前,儿童对道德行为的判断主要是依据他人设定的外在标准,称为他律道德。所谓他律,是指早期儿童的道德判断只注意行为的客观效果,不关心主观动机,是受自身以外的价值标准所支配的道德判断,具有客观性。在该阶段,道德判断受外部的价值标准所支配和制约,表现出对外在权威的绝对尊敬和顺从的愿望,他们认为规则是必须遵守的,是不可更改的,只要服从权威就是对的,比如听父母或大人的话就是好孩子。事实上,在个体达到他律道德阶段之前,还有一个无道德规则的阶段(五六岁以前),社会规则对他们没有约束力,他们没有必须怎样做的观念、认识。在游戏中也没有合作,没有规则,只是自己独立活动,按自己的想象去执行规则。

在10岁以后,儿童的判断主要是依据自己认可的内在标准,称为自律道德。所谓自律,是指受儿童自己的主观价值标准所支配的道德判断,具有主体性。这个阶段的儿童开始认识到规则不是绝对的、一成不变的,可以与他人合作,共同决定或修改规则,规则只是维护自己与他人的关系的工具。儿童的思维已从自我中心解脱出来,能站在他人的立场上考虑问题。

皮亚杰认为,在从他律到自律的发展过程中个体的认知能力和社会关系具有重大影响。道德教育的目标就是使儿童形成自律道德,使他们认识到道德规范是在相互尊重与合作的基础上制定的。而要达到这一教育目标就必须注意培养同伴之间的合作,注意成人与儿童的关系不应是权威与服从的关系;在儿童犯错时,要使他们了解为什么这样做不好,以发展儿童的道德认识。

皮亚杰把儿童的品德发展划分为四个阶段。

(1) 自我中心阶段。

这一阶段(2—5岁)是从儿童能够接受外界的准则开始的。这时期儿童还不能把自己同外在环境区别开来,而把外在环境看作是他自身的延伸。规则对他来说不具有约束力。他们还不能把自己和他人及外界的环境区别开来,常把成人说的混同于自己想的,把外界环境看成是自身的延伸。他们的游戏活动只是个人独立活动的任意行为,与成人、同伴之间还没有形成合作关系。皮亚杰认为儿童在5岁以前还是"无律期",顾不得人我关系,而是以"自我中心"来考虑问题。

(2) 权威阶段。

这一阶段(5—8岁)也称作"他律期"。该时期的儿童服从外部规则,接受权威指定的规范,把人们规定的准则看作是固定的、不可变更的,而且只根据行为后果来判断对错,而不考虑主观动机。例如,妈妈不在家,一个小孩为了帮助妈妈做事,打碎了一盘玻璃杯;另一个为了偷柜上的糖果吃,打碎了一个玻璃杯,让这时期的儿童作判断,他往往认为前者错误更大,因为他打碎了很多的玻璃杯。皮亚杰该时期为道德现实主义或他律的道德。

(3) 可逆性阶段。

这一阶段(8—10岁)的儿童已不把准则看成是不可改变的,而把它看作是同伴间共同约定的。儿童一般都形成了这样的概念:如果所有的人都同意的话,规则是可以改变的。儿童已经意识到一种同伴间的社会关系,应当相互尊重。准则对他们来说已具有一种保证他们相互行动、互惠的可逆特征。同伴间的可逆关系的出现,标志着品德由他律开始进入自律阶段。这一时期也称作自律期,也就是自主期。道德发展到这个时期,不再无条件地服从权威。当然这个时期判断还是不成熟的,要到十一二岁后才能独立判断。有人称该时期为道德相对主义或合作的道德。

(4) 公正阶段。

这一阶段(10—12岁)的公正观念是从可逆的道德认识脱胎而来的。他们开始倾向于公正、平等。公正的奖励不能是千篇一律的,应根据各个人的具体情况进行。在皮亚杰看来,从可逆性关系转变到公正关系的主要原因是利他主义因素的增长。

皮亚杰认为,品德发展的阶段不是绝对孤立的,而是连续发展的。儿童品德的发展是一个连续的统一体,应用时加以解说只是为了研究的方便,并不表明发展的连续统一体的中断。在从他律到自律发展的过程中,个体的认知能力和社会关系具有重大的影响。根据皮亚杰的观点,道德教育的目标就是使儿童达到自律道德,使他们认识到道德规范是在相互尊重和合作的基础上制定的,而要达到这一教育目标就必须注意培养同伴之间的合作。

知识链接

运用对偶故事法进行道德研究

对偶故事法是皮亚杰研究道德判断时采用的一种方法。利用讲述故事向被试提出有关道德方面的难题,然后向儿童提问。利用这种难题测定儿童是依据对物品的损坏结果还是依据主人公的行为动机做出道德判断。由于皮亚杰每次都是以成对的故事测试儿童,因此,此方法被称为对偶故事法。下面就是其中的一个对偶故事:

(1) 一个叫约翰的小男孩在他的房间时,家里人叫他去吃饭,他走进餐厅。在门背后有一把椅子,椅子上有一个放着15个杯子的托盘。约翰并不知道门背后有这些东西,他推门进去,门撞倒了托盘,结果15个杯子都撞碎了。

(2) 从前有一个叫亨利的小男孩。一天,他母亲外出了,他想从碗橱里拿出一些果酱。他爬到一把椅子上,并伸手去拿。由于放果酱的地方太高,他的手臂够不着。在试图取果酱时,结果杯子倒下来打碎了。

皮亚杰对每个对偶故事都提两个问题：
(1) 这两个小孩是否感到同样内疚？
(2) 这两个孩子哪一个更不好？为什么？

在皮亚杰的道德发展理论中，道德判断能力的发展是一个重要的方面。学校德育应该改变重视道德知识传授、忽视能力培养的理论倾向。要把重点放在发展中学生的道德判断能力上，选择符合中学生年龄发展水平的健康的德育内容，同时给中学生提供更多的实践机会，逐步提高中学生的道德判断能力。

（二）不同年龄阶段的儿童需采取不同的德育方法

皮亚杰认为，年幼儿童虽然在成人的道德要求下，能够按照成人的要求做事，但他们实际上并不明白为什么要做，而部分成人利用权威对儿童发号施令，随便对他们的行为加以强制和约束，这样不但不能达到促进儿童智慧和道德发展的目的，而且会对儿童智慧、道德的发展造成严重不良影响。年长儿童能够根据自己观念上的价值标准对道德问题做出判断，已能用公道与否这一新的道德标准去判断是非。对这一阶段的儿童施以强制和约束是没有用处的，应该晓之以理，以理服人才会取得良好的效果。

二、柯尔伯格的道德发展理论

（一）基本观点

知识链接

柯尔伯格简介

柯尔伯格（1927—1987）是20世纪美国心理学家，是道德发展阶段论的建构者，也是被誉为皮亚杰以外的对品德发展研究贡献最大的心理学家。他1927年出生于纽约市，1948年以优异成绩进入芝加哥大学，修读博士学位时受皮亚杰认知发展理论的影响，改而研究道德认知发展。柯尔伯格终其学术生涯专注于研究道德认知发展问题，1978年病逝于波士顿。

主要教育著作：《道德发展哲学》《道德判断的测评》等。

美国的教育心理学家柯尔伯格(1927—1987)系统地扩展了皮亚杰的理论和方法,并创立了更为完善的科学研究手段,他和他的同事经过20多年的实证研究(即从20世纪50年代中期到80年代),提出了人类品德发展的顺序、原则及数百种特征。由此发现,道德思维能力内在于个体身上,并随着个体的成熟而发展。这就从根本上改变了认为品德仅仅是社会进行道德灌输结果的传统观点。品德具有个体的主体特征,个体的思想道德品质是个体主动地与环境互动的结果。这一发现对于思想品德的研究具有十分重要的意义。它的意义不仅在于揭示了思想品德有自身独特的运动规律,而且表明了社会道德与个体道德不是简单合一的或同一的,而是对立统一的。这反映了人们对品德认识的方法论上的转变。

柯尔伯格对皮亚杰的研究方法进行了改进,应用道德两难论的方法研究道德的发展问题。这种方法称为两难故事法。故事包含一个在道德价值上具有矛盾冲突的情景,让被试听完故事后对故事中的人物行为进行评论,从而了解被试进行道德判断所依据的原则及其道德发展水平,作为儿童道德判断的工具,对儿童的道德判断能力进行了研究。

柯尔伯格在道德判断的发展方面鉴别出了六个阶段。他将这些阶段划分成三种道德水平:前习俗水平、习俗水平和后习俗水平。每一水平包括两个阶段,即三水平六阶段的道德发展阶段论。下面就是两难故事法的一个实例。

欧洲有一位妇女患了癌症,生命危在旦夕。医生告诉她的丈夫海因茨,只有本城一个药剂师最近发明的一种药可以救他的妻子,但该药价钱十分昂贵,要卖到成本价的十倍。海因茨四处求人,尽全力也只借到了购药所需钱数的一半。万般无奈下,海因茨只得请求药剂师便宜一点儿卖给他,或允许他赊账。但药剂师坚决不答应他的请求,并说他发明这种药就是为了赚钱。海因茨在走投无路的情况下,为了挽救妻子的生命,在夜间闯入药店偷了药,治好了妻子的病,但海因茨因此被警察抓了起来。

柯尔伯格围绕这个故事提出了一系列问题,让被试参加讨论,如海因茨该不该偷药?为什么该?为什么不该?海因茨犯了法,从道义上看,这种行为好不好?为什么?

这样的道德两难问题,具有不同道德水平的人会做出不同的判断并提出不同的判断理由。根据被试的回答,柯尔伯格提出了三水平六阶段的品德发展理论。

1. 前习俗水平(0—9岁)

该水平儿童的道德观念的特点是纯外在的,个体还没有内在的道德标准,他们取决于外在的要求。他们为了免受惩罚或者获得奖励而顺从权威人物规定的行为准则。根据行为的直接后果和自身的利害关系判断好坏是非。

阶段1:惩罚与服从定向阶段。在这一阶段儿童根据行为的后果来判断行为好坏及严重程度,他们还没有真正的道德概念,服从权威或规则只是为了避免惩罚,认为受赞扬的行为就是好的,受惩罚的行为就是坏的。如,他们说海因茨偷药合理,因为不偷药,妻子会病死,他要受到谴责。也有的说海因茨不该偷药,因为被抓住会坐牢、受罚的。

阶段2:相对功利取向阶段。这一阶段的儿童道德价值来自对自己需要的满足,他们不再把规则看成是绝对的、固定不变的,开始知道了人们之间的关系是根据像市场地位那样的关系来判断的,知道了公平、互换和平等分配,但是他们总是以物质上的或实用的方式来解释这些价值的。交换就是"你帮我抓痒,我也帮你抓痒",而不是根据忠义、感恩或公平来进行的,评定行为的好坏主要看是否符合自己的利益。如,赞成偷药的行为者认为妻子过去替海因茨做饭洗衣,现在病了,该去偷。也有的认为,药店老板发明药就是为了赚钱,所以老板是对的。

柯尔伯格认为,大多数9岁以下的儿童和许多犯罪的青少年在道德认识上都处于前习俗水平。

2. 习俗水平(9—15岁)

处在这一水平的儿童,能够着眼于家庭、集体或国家或社会的期望和要求,并以社会成员的角度思考道德问题,已经开始意识到个体的行为必须符合社会的准则,能够了解社会规范,并遵守和执行社会规范,认为这本身就是有价值的,而不大理会这些行为的直接后果。这时他们能够从社会成员的角度来思考道德问题,了解、认识社会行为规范,并遵守执行这些规范。规则已被内化,按规则行动被认为是正确的。

阶段3：寻求认可定向阶段，也称"好孩子"定向阶段。处在该阶段的儿童，个体的道德价值以人际关系的和谐为导向，谋求大家的赞美和认可。总是考虑他人和社会对"好孩子"的要求，并尽量按这种要求去思考。他们认为好的行为是使人喜欢或被赞赏的行为，对行为的是非善恶，开始从行为的动机入手来进行判断。如认为海因茨偷药的动机虽然不坏，但是这种行为是违法的，不该这么做。这一阶段的中学生在道德判断方面是以个人的行为是否被允许为衡量标准。

阶段4：遵守法则和秩序定向阶段。处于该阶段的儿童的道德价值以服从权威为导向，他们服从社会规范，遵守公共秩序，尊重法律的权威，以法制观念判断是非，知法懂法。认为准则和法律是维护社会秩序的，因此，应当遵循权威和有关规范去行动。由于情、法、理三者有时难以兼顾，这一阶段的中学生判断善恶常会出现相互矛盾的现象。如对海因茨偷药为救治妻子，这合乎情理。但偷窃行为又为法律所禁止，因此偷药又是不应该的。这阶段中学生要求履行自己的义务，并要求别人也去遵守。

柯尔伯格认为大多数青少年和成年人的道德认识处于习俗水平。

3. 后习俗水平（15岁以后）

又称原则水平，达到这一道德水平的人，主要特点是个体努力在脱离掌握原则的集团或个人的权威，并不把自己和这种集团视为一体，而是以普遍的道德原则和良心为行为的基本准则。想到人类的正义和个人的尊严，并已将此内化为自己内部的道德命令，个体道德判断超出世俗的法律与权威的标准。

阶段5：社会契约定向阶段。处于这一水平阶段的人认为法律和规范是大家商定的，是一种社会契约。他们看重法律的效力，认为法律可以帮助人维持公正。但同时认为契约和法律的规定并不是绝对的，可以应大多数人的要求而改变。在判断好坏时，认为只有兼爱的行为者才是道德的，错误的行为可以根据其动机是好的而减轻对其责难的程度。但并不因为动机良好而将其错误的行为也看成是正确的。他们在强调契约和法律规定享受权利的同时，认识到个人应尽义务和责任的重要性。如对海因茨的行为表示同情，并愿出庭为其辩护，请求减刑。有的发问：法律允许老板不顾人的死活赚钱，对吗？他们认为自己对社会负有某种道义职责，对于社会上的其他成员也同样负有道义上的责任。

阶段6：原则或良心定向阶段。这是进行道德判断的最高阶段，表现为能以公正、平等、尊严这些最一般的原则为标准进行思考。在根据自己选择的原则进行某些活动时，认为只要动机是好的，行为就是正确的。在这个阶段上，他们认为人类普遍的道义高于一切，并根据自己所选定的原则进行某些活动，行为完全自律。如，他们对海因茨的行为表示赞许，以为这是对允许药店老板牟取暴利的一种反抗。人的生命比财产更宝贵，为了救人危难，甘愿蒙受屈辱和惩罚的行为是高尚的。这种认识突破了既存的规章制度，不是从具体的道德准则，而是从道德的本质上去进行思考与判断。

柯尔伯格认为后习俗水平一般要到20岁以后才可能出现，而且只有少数人能达到。

（二）柯尔伯格道德理论对教育的启示

1. 提倡民主化的道德教育

柯尔伯格的道德发展理论提倡的是一种公正、民主的原则。在进行道德教育时也应体现出一种民主化的教育氛围，教育者与教育对象之间、教育对象相互之间都应该充分地体现出一种民主，彼此之间平等信任、相互尊重，改变传统道德教育具有高低地位区别的道德教育方式。

2. 遵循中学生的道德发展规律

柯尔伯格提出的"三水平六阶段"论反映的是个体道德水平从低级向高级发展的一般趋势。根据柯尔伯格的道德发展阶段论，每一阶段的发展都各具特点，在进行道德教育的实践活动中，应遵循中学生的道德发展规律，只有抓住中学生每一阶段的特点，才能有针对性地开展教育，促使中学生向更高更好的水平发展。

3. 尊重中学生的主体性地位

柯尔伯格的道德发展理论提倡民主化的师生关系，体现在道德教育过程中，很重要的一个方面是尊重中学生的主体地位。改变传统的教育模式，尊重中学生的主体地位，发挥中学生的主观能动性，教育主体与教育客体之间平等地交流，注重中学生的自我教育和自我管理，变被动的学习为主动的学习。

4. 采用多样化的教育方式

单一的教育方式不能吸引中学生的兴趣,激发中学生的学习积极性。在进行道德教育的实践活动中,倡导多样化的教育方式,应注重教育者的引导作用,发挥教育对象的主体作用,将多种教学方式灵活地融合在一起,同时结合中学生道德发展的实际情况进行,启发中学生的思想觉悟,提高中学生的道德水平。

【真题链接】

1. [2012·下]选择题:方雨认为社会法制应符合社会大众权益,当它不符合时就应该修改,根据柯尔伯格理论,他处于道德发展的哪个阶段?（   ）

   A. 服从与惩罚   B. 社会契约
   C. 维护权威或秩序   D. 普遍原理

   [答案] B

2. [2013·下]选择题:小青常在课堂上玩手机,小娜提醒小青学校规定课堂上不能玩手机,可小青不听,因此小娜认为小青不是好学生。根据柯尔伯格道德发展理论,小娜的道德发展处于哪一阶段?（   ）

   A. 惩罚和服从   B. 相对功利   C. 遵守法规   D. 道德伦理

   [答案] C

3. [2015·上]选择题:小李认为服从、听话就是好孩子,对权威应绝对尊敬和顺从。依据柯尔伯格的道德发展阶段论,小李的道德发展处于(   )。

   A. 服从与惩罚取向阶段   B. 相对功利取向阶段
   C. 寻求认可取向阶段   D. 遵守法则取向阶段

   [答案] C

4. [2015·下]选择题:中学生小辉因害怕被教师批评而遵守上课纪律。根据柯尔伯格的道德认知发展阶段理论,小辉的道德发展处于哪个阶段?（   ）

A. 相对功利取向　　　　　　B. 惩罚服从取向

C. 寻求认可取向　　　　　　D. 遵守法规取向

[答案]　B

5.[2016·上]选择题：中学生小张认为遵守交通法规是人人应尽的责任和义务。根据柯尔伯格的道德发展阶段理论，小张的道德判断处于(　　)。

A. 惩罚服从取向　　　　　　B. 相对功利取向

C. 寻求认可取向　　　　　　D. 社会契约取向

[答案]　D

6.[2016·下]选择题：小华认为，法律或道德是一种社会契约，为维护社会公正，每个人都必须履行自己的权利和义务；但同时他又认为，契约可根据需要而改变，使之更符合大众权益。根据柯尔伯格的道德发展理论，小华的道德判断处于(　　)。

A. 前习俗水平　　B. 习俗水平　　C. 后习俗水平　　D. 超习俗水平

[答案]　C

7.[2017·上]选择题：小星判断道德问题时，不仅能依据规则，而且能出于同情和关心做出判断，根据皮亚杰道德认知发展理论，小星的道德认知发展处于(　　)。

A. 自我中心阶段　　　　　　B. 权威阶段

C. 可逆阶段　　　　　　　　D. 公正阶段

[答案]　D

8.[2017·上]辨析题：根据柯尔伯格的观点，道德发展的阶段性是固定的，相同年龄阶段的人都能达到同样的发展水平。

[答案要点]　该说法是错误的。柯尔伯格将道德判断分为三个水平六个阶段，依照由低到高的层次发展。这是人的道德认知发展的一般规律。但是因为个体的身心发展存在差异性，因此相同年龄段的人，并不一定都能达到同样的发展水平，比如，很少有人能达到普遍伦理阶段。

第三节 中学生良好品德形成

中学生品德的发展是随着身体的发育、心理的完善而逐渐成熟起来的,与个人的认知发展水平、心理发展水平、所处的社会环境、家庭教养以及学校教育都有密切的联系。归纳起来,中学生品德发展具有以下几个基本特征。

一、中学生品德发展的基本特征

中学阶段是学生良好品德形成的特殊时期,中学生的个性特征也十分显著,了解中学生品德发展的基本特征将有助于教育者掌握品德培养活动的规律与方法。

(一)初中阶段学生品德发展由动荡向成熟过渡

从总体上看,初中即少年期的品德虽然具有伦理道德的特性,但是仍然不成熟、不稳定,具有动荡性,而到了高中阶段或者青年初期,品德发展才进入了成熟时期。

(1)初中生道德发展表现为动荡性特征。

初中生道德动机的多变性与稳定性交织在一起,以多变性为主。随年龄的增长,总的趋势是向稳定性发展,多变性减少。初中生在生活中,容易被"诱因"引起的欲望所驱使,道德动机简单,情境性动机、情绪性动机、兴奋性动机突出,动机容易发生变化。随着社会化水平的提高,理智性动机发展,兴趣趋向稳定,道德动机向稳定性发展。品德不良、违法犯罪多发生在这个时期。根据研究,初二年级是品德发展的关键期。

(2)中学生伦理道德发展具有自律性,自我意识在品德心理结构中表现明显。

在整个中学阶段,中学生的品德迅速发展,处于伦理形成时期。伦理道德是道德发展的最高阶段。同时,中学时期中学生的自我意识迅速发展,从仿效他人的评价发展到独立进行道德评价,品德心理中自我意识成分明显。

① 形成道德信念与道德理想。

从品德心理形成的过程来看,中学生对于道德认识的理解水平逐步深化,道德信念也向稳定性发展,表现为独立、自觉地依据道德信念、价值标准等去行动,使自己的道德行为更有原则性、自觉性,逐步形成比较明确的道德信念与道德理想。

② 中学阶段,中学生的道德信念表现为自我意识增强。

在品德发展的过程中,中学生更加关注自我道德修养,并努力加以提高,可以说中学生对自我道德修养的反省性和监控性有明显的提高,这为产生自觉的道德行为提供了有效的前提。

③ 中学生的道德行为习惯逐步巩固。

由于不断地实践、练习,加之较为稳定的道德信念的指导,中学生逐渐形成了与道德伦理相一致的、较为定型的道德行为习惯。

④ 品德结构较为完善。

中学生的道德认识、道德情感、道德意志和道德行为之间相互协调,形成了一个较为完善的动态结构,使他们不仅按照自己的道德准则去行动,而且也逐渐成为稳定个性心理结构的一部分。

(二) 高中阶段品德发展趋向成熟

高中阶段或青年初期的品德发展进入以自律为主要形式、应用道德信念来调节道德行为的成熟时期,表现在能自觉地应用一定的道德观点、信念来调节行为,并初步形成人生观和世界观。

总体上来看,初中生的伦理道德已开始形成,但具有两极分化的特点。高中生的伦理道德的发展具有成熟性,可以比较自觉地运用一定的道德观念、原则、信念来调节自己的行为。

教育者应以中学生态度与品德发展的基本特征为德育工作的出发点,在德育的内容、形式、评价标准等方面都应该遵循发展规律,重视发展过程中的关键期,采取合理的教育措施,有的放矢,因材施教。

二、中学生品德发展的影响因素

学生的品德是在客观条件下通过学生自身心理因素的发展而逐渐形成的,因而在学生品德形成的过程中,家庭、社会、学校同伴以及学生自身心理方面的主观原因都起着重要的作用。

(一) 外部条件

(1) 家庭教养方法。

研究表明,中学生的态度和品德特征与家庭的教养方式有密切关系。若家庭教养方式是民主、信任、容忍的,则有助于儿童的优良态度与品德的形成与发展。若家长对待子女过分严格或放任,则儿童更容易产生不良的、敌对的态度和行为。

(2) 社会风气。

社会风气由社会舆论、大众媒介传播的信息、各种榜样的作用等构成。作为社会的成员,中学生不可能与社会隔绝,也无力控制、净化社会环境,再加上自身的选择、判断能力有限,因此,社会上的良好与不良的风气都有可能影响其道德信念与道德价值观的形成。

(3) 同伴群体。

中学生的态度与道德行为在很大程度上受到它们所归属的同伴群体的行为准则和风气影响。归属于某一团体的需要是个体的一种基本需要,因此,正式的班集体、非正式的小团体等对中学生都有一定的吸引力,他们试图使自己的言行态度与同伴群体保持一致,以得到同伴群体的接纳和认可。

(二) 内部条件

(1) 认知失调。

认知失调又称认知不协调。认知失调是指一个人的行为与自己先前一贯的对自我的认识(而且通常是正面的、积极的自我)产生分歧,从一个认知推断出另一个对立的认知时产生的不舒适感、不愉快的情绪。

勒温、皮亚杰、费斯廷格和海德等人的研究都表明,人类具有一种维持平衡和一致性的需要,即力求维持自己的观点、信念的一致,以保持心理的平衡。当认知不平衡或不协调时,比如,新出现的事物与自己原有的经验不一致,或者自己的观点与他人的、社会的观点或风气不一致等,内心就会有不愉快或紧张的感受,个体就试图改变自己的观点或信念,以达到新的平衡。可以说,认知失调是态度改变的先决条件。

(2) 态度定势。

态度定势是个体由于过去的经验,对面临的人或事可能会具有某种肯定或否定、趋向或回避、喜好或厌恶等内心倾向性。这种事先的心理准备或态度定势常常支配人对事物的预期与评价,进而影响人是否接收有关的信息和接收的量。如果中学生对教师具有消极的态度定势,则教师的教诲与要求可能会成为耳旁风,甚至引起冲突。帮助中学生形成对教师、对集体的积极态度定势或心理准备是使中学生接受道德教育的前提。

(3) 道德认知。

态度与品德的形成与改变取决于个体头脑中已有的道德准则和规范的理解水平及掌握程度,取决于已有的道德判断水平。根据皮亚杰和柯尔伯格的研究,要改变或提高个体的道德水平,必须考虑其接受能力,遵循先他律后自律、循序渐进的原则。比如,当中学生的道德判断能力处于发展的第三阶段时,最好向他们讲解第四阶段的道理。否则一味向他们灌输第五或第六阶段的大道理,即使可以熟记这些大道理,也不能只注意道德教育的形式,进行道德说教,而应结合中学生的实际生活和切身体验,晓之以理。

此外,个体的智力水平、受教育程度、年龄等因素也对态度与品德的形成与改变具有不同程度的影响。

三、促进中学生形成良好品德的一般方法

要培养中学生的良好品德,一是要了解品德形成的影响因素,二是要注意品德培养的一般方法,只有在它们的相互协调和配合中才能达到我们培养中学生良好品德的目的。

(一) 有效的说服

教师经常应用言语来说服中学生改变态度,在说服的过程中,教师要向中学生提供某些证据或信息,以支持或改变中学生的态度。

(1) 呈现证据。

对于理解能力有限的低年级中学生,教师最好提供正面论据,对于理解能力较强的高年级中学生,教师可以考虑提供正反两方面的论据;当中学生没有相反的观点时,教师应只呈现正面观点,不宜提出反面观点;当中学生原本就有反面观点时,教师应主动呈现两方面观点;当说服的任务是解决当务之急的问题时,应只提出正面观点;当说服的任务是培养中学生长期稳定的态度时,应提

出正反两方面的材料。

(2) 说服。

教师的说服不仅要以理服人,还要以情动人。一般而言,说服开始时,富于情感色彩的说服内容容易引起兴趣,然后再用充分的材料进行说理论证,比较容易产生稳定的长期的说服效果。对于中学生来说,情感因素作用更大些。通过说服也可以引发中学生产生某些负向的情趣体验,如恐惧、焦虑等,这对于改变作弊、吸烟、酗酒等简单的态度有一定的效果。

教师进行说服时,还应考虑中学生原有的态度。若原有的态度与教师所希望达到的态度之间的差异较大,教师不要急于求成,不要提出过高的、不切实际的要求,否则将难以改变态度,而且还容易产生对立情绪。教师应该以中学生原有的态度为基础,逐步提高要求。

(二) 树立良好的榜样

榜样学习是班杜拉的社会学习论的核心观点。社会学习理论最初是由美国的心理学家班杜拉(1925—)在20世纪60年代提出的。他发现人的许多态度或行为,不是通过其行为的直接后果即直接经验获得的,而是通过间接经验获得的。他通过大量的研究证明学习新的社会行为时更有效的方式是观察学习。观察学习是人们通过观察他人的行为及行为的后果而间接产生的学习,简言之,"通过观察榜样示范而进行的学习",也被称为"社会学习"。

知识链接

阿尔伯特·班杜拉,美国当代著名心理学家,被称为认知理论之父,新行为主义的主要代表人物之一,社会学习理论的创始人。主要教育著作有《青少年的攻击》《社会学习与人格发展》《行为矫正原理》等。

社会学习主要指人如何在社会环境中进行学习。班杜拉认为在社会学习过程中,人不是消极地接受外在刺激,而是经过一系列的主动加工过程,对外在刺激进行选择、组织,并以此调节自己的行为。社会学习是通过观察、模仿而完成的,态度与品德作为社会学习的一项内容,也可以通过观察、模仿榜样的行为而习得。

观察学习是社会学习的一种最重要的形式,它是通过观察他人所表现的行为及其结果而发生的替代性学习。这种学习过程并非直截了当完成的,而是要注意榜样的行为特征,在头脑中组织、编码所观察到的信息,以适当的方式再现所观察到的行为方式,对这种行为方式进行各种形式的强化等过程来实现。

与斯金纳不同,班杜拉重新解释了强化,并将强化分为三种类型。直接强化是指通过外部因素对学习行为予以强化;自我强化是指学习者通过一定的评价标准进行自我评价和自我监督,来强化相应的学习行为;替代强化指观察者因看到榜样强化而如同自己也受到强化一样,是一种间接的强化方式。

班杜拉的大量实验表明,榜样在观察学习过程中起着非常重要的作用,榜样的特点、示范的形式及榜样所示范行为的性质和后果都会影响到观察学习的效果。班杜拉在一个经典实验研究中,将3—6岁的儿童分成三组,先让他们观察一个成年男子(即榜样)对大小如成人一样的充气玩偶进行攻击,如大声吼叫或拳打脚踢。然后让第一组儿童看到"榜样"攻击玩偶后受到另一成人的表扬和奖励;让第二组儿童看到"榜样"攻击玩偶后受到另一成人的惩罚;第三组儿童则只看到"榜样"攻击玩偶。之后把这些儿童一个个单独领到一个房间里去。房间里放着各种玩具,其中包括玩偶。对儿童行为观察表明,第一组儿童产生较多的攻击性行为,第二组比第三组显示更少的攻击性行为。实际上,三组儿童都学会了攻击行为,但由于不同的替代强化或替代惩罚,使他们在一定的情境中表现或不表现出与榜样相似的行为。班杜拉认为,观察学习中替代强化或替代惩罚是非常重要的。

社会学习论认为,榜样的行为对儿童的影响很大。教师和家长以两种途径把社会的道德规范传递给中学生,一条是向儿童展示自己的行为实践,一条是言语教诲。班杜拉等人对品德教育的效果进行了大量实验研究。在一项实验中,他们把中学生分为四组,每组配一个实验员。等实验员与中学生建立了融洽关系并得到中学生的信任后,主试分别让四组中学生为孤儿院募取捐款。第一组实验员向中学生宣传捐款、救济孤儿的意义,同时自己慷慨解囊,捐出钱款;第二组的实验员向本组中学生宣传不去救济孤儿,把钱留给自己的好处,表现得极端吝啬,不向募取捐款的主试捐钱;第三组实验员宣传慷慨仁慈,却不掏钱捐款;第四组实验员宣传贪婪,主张钱越多越好,劝说中学生不要捐款,但他自己却毫不吝啬地向主试大批捐款。实验结果是：第一组中学生全部捐了款；第二组中学生没有一个为孤儿捐款；第三组尽管实验员把救济孤儿的意义讲得头头是道，并赢得了本组中学生的好感，但是绝大多数中学生并没有按实验员说的去做，而是仿效实验员的行为，不捐钱款；第四组的中学生正好相反，大多数中学生对宣传贪婪的实验员表示反感，却又学着他的样子捐出钱款。实验结果表明，榜样能对中学生的行为产生巨大的影响，模仿是中学生向社会学习、形成品德的重要途径。当榜样的行为和说理教育一致时，品德教育会取得最佳的教育效果；当教育者光进行口头教育，自己却不能言行一致时，教育是难以奏效的。

1. 榜样应该具备的条件

榜样应该具备以下五个条件，才能对学习者产生有效的影响。

（1）榜样的示范要特点突出、生动鲜明，这样才能够引起学习者的注意。

（2）榜样本身的特点（如年龄、兴趣爱好、社会背景等方面）与观察者越相似，越容易引起人们的观察学习。如成人榜样对中学生的影响就不如年龄相近同学榜样的影响大。

（3）榜样示范的行为对于学习者来讲要具有可行性，即学习者都能够做得到，这是最基本的条件，如果榜样的行为标准太高，使学习者产生"可望而不可及"之感，那么对学习者的影响会受到限制。

（4）榜样示范的行为要具有可信任性，即学习者相信榜样做出某种行为是出于自然，而不是具有其他别的目的。

（5）榜样的行为要感人，使学习者产生心理上的共鸣，这样学习者才会表现出相类似的行为。

总之，观察学习在品德教育中具有重要的作用。人的许多道德行为都是通过观察学习而获得的。所以，在品德教育中，教育者应注意为中学生提供良好的可供学习和借鉴的榜样，引导中学生学习和保持榜样行为，并为中学生创造再现榜样行为的机会，对好的行为给予及时的表扬和鼓励，对错误的行为则给予批评和教育。

2. 榜样行为示范的方式

榜样行为的示范有多种方式，既可以通过直接的行为表现来示范，也可以通过言语讲解来描述某种行为方式;既可以是身边的真人真事的现身说法的示范,也可以借助于各种传播媒介象征性地示范。教师应当根据实际情况,选择和充分利用恰当的示范方式。一般而言,多种示范方式的结合是较有效的。

3. 呈现榜样时的注意事项

由于榜样在观察学习中有着特别重要的作用,因此,给中学生呈现榜样时,应考虑到:第一,榜样的年龄、性别、兴趣爱好、社会背景等特点,尽量与中学生相似,这样可以使中学生产生接近感,避免产生高不可攀或望尘莫及之感。第二,给中学生呈现受人尊敬、地位较高、能力较强且具有吸引力的榜样,这样的榜样更具有感染力和可信性,更容易使中学生产生情感共鸣,更容易成为中学生向往的追随对象,激发中学生产生见贤思齐的上进心,渴望通过学习这样的榜样来发展自我、完善自我。第三,教师、家长作为中学生的榜样,也应注意其示范作用,必须言行一致才能取得良好的教育效果,而且身教重于言教。各种大众传播媒介也应发挥其独特的作用,为中学生提供良好的榜样示范,坚决杜绝消极的、不健康的内容。

(三) 利用群体约定

研究发现,经集体成员共同讨论制定的规则、协定,对其成员有一定的约束力,使成员承担执行的责任。一旦某成员出现越轨或违反约定的行为,则会受到其他成员的有形或无形的压力,迫使其改变态度。教师则可以利用集体讨论后做出集体约定的方法,来改变中学生的态度。利用群体约定的具体操作如下:

(1) 清晰而客观地介绍问题的性质。

(2) 唤起班集体对问题的意识,使中学生明白只有改变态度才能更令人满意。

(3) 清楚而客观地说明要形成的新态度。

(4) 引导集体讨论改变态度的具体方法。

(5) 使全体中学生一致同意把计划付诸实施,每位中学生都承担执行计划的任务。

(6) 中学生在执行计划的过程中改变态度。

(7) 引导大家对改变的态度进行评价,使态度进一步概括化和稳定化。

（四）给予恰当的奖励与惩罚

奖励和惩罚作为外部的调控手段，不仅影响认知、技能或策略的学习，而且对个体的态度与品德的形成也起到一定的作用。

(1) 奖励的类型。奖励有物质的(如奖品)，也有精神的(如言语鼓励)；有内部的(如自豪、满足感)，也有外部的。

给予奖励时，首先要选择、确定可以得到奖励的道德行为。一般来讲，应奖励爱护公物、拾金不昧、尊老爱幼等一些具体的道德行为，而不是奖励一些概括性的行为。其次，应选择、给予恰当的奖励物。同一种奖励物，其效用可能因人而异，应考虑个体的实际情况，选用最有效的奖励物。再次，应强调内部奖励。外部的物质奖励只是权宜之计，不可过多使用。应引导中学生进行自我强化，让中学生亲身体验做出道德行为后的愉快感、自豪感、欣慰感，以此转化为产生道德行为的持久的内部动力。

(2) 惩罚的使用。虽然人们对惩罚的教育效果有不同看法，但从抑制不良行为的角度来看，惩罚也是有助于良好的态度与品德形成的。当不良行为出现时，可以用两种惩罚方式，一是给予某种厌恶刺激，如批评、处分、舆论谴责等；二是取消个体喜爱的刺激或剥夺某种特权等，如不许参加某种娱乐性活动。应严格避免体罚或变相体罚，否则将损害中学生的自尊，或导致更严重的不良后果，如攻击性行为。惩罚不是最终目的，给予惩罚时，教师应让中学生认识到惩罚与错误行为的关系，使中学生心悦诚服，同时还要给中学生指明改正的方向，或提供正确的、可替代的行为。

（五）价值辨析

价值辨析是指引导个体利用理性思维和情绪体验来检查自己的行为模式，努力去发现自身的价值观并指导自己的道德行为。在价值观辨析的过程中，教师引导中学生利用理性思维和情绪体验来检查自己的行为模式，鼓励他们努力去发现自身的价值，并根据自己的价值选择来行事。

不管应用什么策略，一种观念要真正成为个人的道德价值观，须经历三个阶段七个子过程。

1. 选择阶段

(1) 自由选择。让中学生思考"你认为你是从什么时候第一次产生这种想法的?"

(2) 从多种可选择范围内选择。让中学生思考"在你产生这一想法之前,你经常考虑什么事情?"

(3) 充分考虑各种选择的后果之后再进行选择。让中学生思考"每一种可供选择的后果将会怎样?"

2. 赞赏阶段

(4) 喜爱自己的选择并感到满意。让中学生考虑"你为这一选择感到高兴吗?"

(5) 愿意公开承认自己的选择。让中学生回答"你会把你做出的选择途径告诉你的同学吗?"

3. 行动阶段

(6) 按自己的选择行事。教师可以对中学生说"我知道你赞成什么,现在你能为它做些什么?需要我帮忙吗?"

(7) 作为一种生活方式加以重复。教师问中学生"你知道这一途径已经有一段时间了吗?"

个体只有从头至尾地完成这一过程,才能说他真正具有了某种稳定的价值观念,也才能较持久地指导行动,整个过程实际上是一个"赋值过程"。

由于价值辨析的方法基本是诱导性的,而不是灌输性、说教性的,因此教师的作用就在于设计各种活动,运用各种策略来诱发中学生暴露、陈述、思考、体验并实现某种价值观。教师必须诱发中学生的态度和价值陈述,接受中学生的思想、感情和信念,向中学生提问或组织集体讨论,帮助中学生思考自己的价值观念,但一切抉择都得由中学生自己作出。教师自己的观点只能作为一个范例,而不是一个正确的答案。当然教育者不仅要帮助中学生去辨析各种价值观念,而且还要引导中学生自觉自愿地选择符合社会道德原则的价值观念。

除上述介绍的各种方法外,角色扮演、小组道德讨论等方法对于态度与品德的形成和改变也是同样有效的。

【真题链接】

[2017·下]选择题:像任何事物的发展一样,中学生品德的发展也是

由其内部矛盾推动的。中学生品德发展的内部矛盾是（　　）。
　　A. 社会道德要求与中学生现有品德发展水平之间的矛盾
　　B. 社会德育要求与中学生现有品德发展水平之间的矛盾
　　C. 中学生品德发展的社会要求与学校德育要求之间的矛盾
　　D. 中学生品德发展的新需要与其现有发展水平之间的矛盾
[答案]　D

第四节　中学生品行不良的矫正

中学生品德的培养一直是整个社会关注的焦点问题之一，随着经济的快速发展和社会环境的变化，中学生品行不良的人数日趋增多，对教育工作者来说，对中学生品行不良的转化与矫正是一项艰苦细致的工作，要注意根据中学生的内在心理特点和犯错误的原因，有的放矢地进行教育和引导。同时需要家庭、学校和社会各方面积极紧密地配合，采用协调一致的教育措施，共同努力，协同工作，取得理想的教育效果。

一、中学生品行不良的含义

陈琦等人主编的《当代教育心理学》认为："学生品德不良主要是指学生经常违反道德准则或犯有较严重的道德过错。"中学生品德不良一般表现在一些日常生活中一般的过错言行，如调皮捣蛋、滋事打架，不遵守学校纪律，小偷小摸，经常说谎，考试作弊，逃学旷课，损坏公物，迷恋游戏机，赌博等。这些过错言行虽然在严重性和稳定性上还没有达到违法的程度，但是如不及时地加以矫正，就会沉积为严重的道德过错，从而酿成不良品德。这种中学生虽然在整体中只占极少数，但他们危害大，如果不及时地给予教育与帮助，他们就有可能走上违法犯罪的道路，同时还会影响到其他中学生道德品质的健康发展。根据国内外一些数据的统计，初犯品行不良或初犯过错行为的高峰年龄大约是 13 至

15岁,这个年龄主要处于初中阶段。如果我们的教育工作者能及时发现这些品行不良的学生,并提出合理的矫正措施,就可以改变很多孩子的人生轨迹。

二、中学生品行不良的原因分析

真正有效的中学生品行教育与转化就是把社会的要求内化为中学生自觉的道德行为,在教育与转化这一过程中,教育者要时刻把握住中学生品行教育与转化的主客观原因,才能使学生成长为具有良好品行的合格人才。

(一) 中学生品行不良的客观原因

1. 家庭方面

家庭是中学生接受品德教育的启蒙学校,家庭环境中的不当教育及其他不良因素,是形成中学生品行不良的重要原因。现在家庭教育环境中有四个问题比较突出。

其一,养而不教,重养轻教。有些父母只重视满足子女的物质需要,而忽视对子女的品德教育。其二,宠严失度,方法不当。家长缺乏教育子女的正确原则和方法,出现种种偏向,有的父母把子女当成"小皇帝"事事依从,要物给物,要钱给钱,久而久之孩子变得自私自利,不体谅和尊敬父母,形成懒、馋、娇、散、狂等不良恶习;或者管教不严,错把宽容当爱护,不分是非曲直,偏袒护短,忽视对子女团结、协作、助人等意识的教育;或者管教过严,错把粗暴当严教,信奉"棍棒下面出孝子"的古训,轻则训斥辱骂,重则棍棒相加,体罚折磨,把子女推到了自己的对立面,心理隔阂加深,形成子女对父母的畏惧、怨恨和反抗心理,有时这两种偏向还会交替出现。其三,要求不一致,互相抵消。有的父母对子女的教育意见不统一,甚至当着子女面唱对台戏,在这种矛盾的情况下,会使子女对道德规范迷惑不解,或对他们的教育无所适从,或学会讨巧、说谎,甚至养成表里不一的"双重人格"。其四,言行不检点,身教言教差。有的父母没有给子女做好表率,少数家长行为粗鲁,常讲脏话;或作风不正,行为放纵。父母的这些行为表现,都会对子女产生极坏的影响,或使他们的心灵受到创伤而引起性格变异,导致品行不良。

2. 学校方面

学校是专门培养人的教育场所,中学生的品德主要是通过学校教育来培养的。但是，如果教育者思想不端正，教育措施不力，教育方法不当，都可能妨碍中学生良好品德的形成。现在学校教育中存在着三个比较突出的问题。

其一，有的教师或领导管"教"不管"导"，只注重升学率，认为德育可有可无，将德育工作队伍"刀枪入库"，忽视了对中学生思想品德的教育。其二，有的教师对中学生不能一视同仁，对学习成绩差或者有缺点错误的学生教育方法简单粗暴，或对他们冷淡、歧视，使他们失去了自尊心和自信心，不仅使学生得不到应有的教育，反而增大了学生的逆反心理；或采取息事宁人、姑息迁就的态度，这些都在一定的程度上影响了中学生良好品德的形成和发展。其三，少数教职工的不良品德直接对中学生产生了不良影响。有的教师唯我至上，不关心尊重学生，对学习好的学生无原则地偏袒纵容，对学习差的或犯过错误的学生，挖苦讽刺，冷漠歧视，甚至体罚或"鞭策"，使学生的心灵受到严重伤害；有些教师出言不逊，行为不轨，追求名利，奇装异服，给一些学生起了"示范"作用。

3. 社会方面

随着年龄的增大，中学生越来越广泛地接触社会的各个方面，社会对他们的影响也越来越大。从总体看，社会主义的社会环境是有利于中学生品德健康成长的，但是，对于那些形形色色的腐朽思想和不正之风对中学生产生的侵蚀和影响也不能低估。下面是不利于中学生健康成长的三个消极因素。

其一，市场经济对中学生的人生价值取向具有消极方面的影响。在价值观上，诱发价值取向功利化甚至产生拜金主义，这种思想会诱发缺乏理想、只讲实惠、不思进取、不愿奉献的风气，甚至有的学生为贪图享受铤而走险。在道德观念上，导致集体主义精神减弱，社会责任感淡漠。在生活方面，引发贪图享乐、追求高消费。其二，一些不良的社会风气、生活环境、文化氛围等外界条件腐蚀、毒害着青少年学生的健康成长。此外，不少中学生在坏人教唆下形成恶习并走上了违法犯罪道路。其三，和平建设环境使当代中学生没有经过艰苦生活的磨难，心理十分脆弱，承受挫折的能力和自控能力、抗诱惑能力差，甚至存在心理错位和行为反常。

处于成长发展中的青少年、儿童缺乏较为全面、深刻的分析能力，一些社会允许但不适宜于儿童接触的文艺作品也可能对中学生品德的发展产生副作用，对此,教育者应该注意防范,正确地加以引导。

(二) 中学生品行不良的主观原因

(1) 缺乏正确的道德观念和法制观念。

品行不良的形成与中学生道德认识上的错误或无知常有密切的关系。有的中学生分不清是非、善恶,甚至以是为非,以非为是。有的是由于"意义障碍",不能理解或不能正确理解有关的道德要求和道德准则,如把违反纪律视为"英雄行为",把包庇同学的错误看作"讲义气"等。还有的中学生接受了社会上腐朽反动的价值观,认为"助人为乐"是"傻瓜",把"人不为己,天诛地灭"看成是天经地义的事,在利己主义、拜金主义、享乐主义人生观的支配下,他们容易为诱因直接引起的欲望所驱使。起初他们对这些错误的道德认识还是不稳定,不牢固的,后来由于错误的道德行为受到了强化,反过来加深了已有的错误认识,加上家庭和学校教育不当或不及时,以及品行不良中学生之间的相互影响,随着时间的推移,就逐步形成了各种较为顽固的错误认识。因而他们不能在出现错误举动时加以辨认和制止,在发生错误行动之后,也不能产生忏悔与改正的意向,而在道德堕落的斜坡上越滑越远。

(2) 缺乏道德情感或情感异常。

品行不良的中学生缺乏正确的道德情感,他们往往是爱憎不分,好恶颠倒。例如,认为给他一点便宜的人是"好人",认为严格要求和管束他的人可恶。他们同教师、父母和其他一些关心他们的人情感对立、存有戒心,而与他们的"伙伴"却情感相投。在这些品行不良的中学生中,不少都是在被打骂、批评、斥责、讽刺中长大,他们常常遭受各方面的冷遇,因而产生了一种本能的戒备心理。他们既自卑,又自尊,往往自己瞧不起自己,又不允许别人蔑视他们,因此,越是管教,他们就越反感,产生对立情绪。有的中学生情绪消极多变,他们容易寻找替罪羊来发泄,一种是闷闷地做坏事,制造恶作剧;一种是很容易在某些诱因的触动下寻衅闹事,以向他人和社会发泄自己的烦闷与不满,有的人甚至把自己的快乐建立在别人痛苦的基础上。他们中有些人性情暴躁,喜怒无常,缺乏理智。这些情感的特点既是品行不良的一种结果,也是引起新的不良行为的重要原因。在某些特殊的情境下,他们可能激情冲动,什么都不顾,丧失理智,表现不良的行为,造成严重的后果。

(3) 明显的意志薄弱与畸形的意志发展。

品行不良的中学生往往由于缺乏坚强的道德意志,不能用正确的认识战胜不合理的欲望而发生不良行为。例如,有的中学生明知打架、偷窃等行为是错误的,但是由于意志薄弱,经受不住不良诱因的影响,使正确的认识不能见诸行动,所以"明知故犯",常常不能克制自己这些行为。当教师对他进行教育,他刚刚表示"决心改正",但往往由于缺乏自制力,经不起"伙伴"的挑动和诱惑而重犯错误,有时在改正错误的过程中,时常出现反复和曲折。有的中学生行为盲目,缺乏自觉性;有的好奇心强,越是神秘的东西,越想试探一下;有的喜欢模仿,特别是盲目模仿消极的东西;有的缺乏主见为他人行为所左右,由此导致不道德行为的发生。有的中学生企图追求一种畸形的独立,一意孤行,不听从正确的劝告,顽固、执拗地坚持自己的错误行为。

(4) 由偶然失足到养成不良习惯。

一种不良行为的发生,开始可能是偶然的,但是在他侥幸得逞之后,这种不良的行为方式就会与个人欲望的某种满足发生联系,经过多次强化,便养成了不良的行为习惯。不良的行为习惯一旦形成,就会使中学生不知不觉地采取类似的不良行为,仿佛不那样做就感到不自然,甚至产生不愉快的情绪体验。

三、中学生品行不良的转化与矫正

教育者对于品行不良的中学生,应该认识到这些中学生虽然犯有错误,但他们的世界观尚未定型,可塑性很大,在不良环境下容易变坏,在有利的条件下可以变好。因此,学校、社会、家庭要相互配合,综合矫正青少年的不良品德行为。

(1) 有关部门应加强对文化市场的管理,优化社会环境,激励中学生健康成长。

① 舆论导向应多一点正面教育,少一点反面"教材"。正面教育的形式多了、灵活真实了,就能对中学生耳濡目染,促使其从心中升起对时代英雄的敬仰之情、自豪之感,引导他们形成正确的人生价值观、荣辱观等。反之就给可塑性极强的中学生提供模仿的反面"活教材",久而久之,潜移默化,就会起到不良的诱导作用。

② 国家应加强执法力度,依法治理文化环境。要严厉打击一些不法分子和教唆犯罪,取缔一些具有反面诱惑力的影视片、录像片、淫秽书刊等,关闭具有赌博、色情性质的游戏厅和录像厅,为中学生提供健康的文化娱乐场所。

③ 提高文化市场管理人员的素质,对各类文化作品流入市场要严格把关。

(2) 学校德育工作必须有鲜明的针对性,从学生和社会的实际出发,进行分层次的教育。

① 学校的德育既要立足于现实,又要高于现实。立足于现实,就是从现实出发,承认社会价值观的多元性。如果否认这些客观存在,德育工作就会无的放矢,显得苍白无力。承认现实,并不是说现实都是对的,而是要高于现实,坚持社会主义价值观的核心地位,用社会主义价值观教育广大中学生。

② 切实加强科学人生观和价值观的教育。在改革开放和发展社会主义市场经济的新时期,价值观趋向多元化,尤其需要强调正确的社会主义价值观教育。改革开放的目的和出发点就在于发展生产力,生产更多的社会财富,不断满足广大人民群众日益增长的物质文化需要。要达到这个目标,既要充分发挥个人的积极性、主动性和创造性,更要坚持社会主义、集体主义价值观的核心地位,这样才能使个人的积极性、主动性、创造性纳入正确的轨道。这就要求青少年树立国家、集体、个人利益相统一的社会主义价值观。

③ 德育工作渠道多样化,分层次实施德育目标。面向全体学生进行常规和行为规范方面的教育,使之养成良好的生活习惯、学习习惯,培养良好的品德;面向广大团员和积极分子,帮助他们正确认识社会,要抓住这部分积极向上的力量去从正面带动影响其他同学;实行学生思想品德教育校外辅导员制,定期或不定期地聘请一些社会上的英模人物、解放军官兵、公安干警、街道办事处人员和本校离退休教师以及教子有方的一些家长等,来给学生做有教育意义的报告,促进德育工作。

④ 抓好起始教育和系列主题教育。起始教育对中学生来讲至关重要,在学生入学之初施教,从严要求,从严管理,能促使学生养成良好的学习、生活习惯和品质。同时要根据不同年级学生特点,开展不同主题的教育活动,使之系列化、科学化、整体化、长期化、制度化,寓教育于各项活动之中,融思想性、知识性、趣味性于活动之中,能有效地帮助中学生克服各种不良品德行为。

⑤ 坚持对中学生进行耐挫折能力教育。学校德育工作者,特别是政治课教师,要帮助中学生树立正确的人生观和世界观,正确认识自己的人生价值,培养良好的学习动机。要帮助中学生正确地认识社会,为将来进入社会迎接激烈的挑战做好必要的心理准备。

(3) 良好的家庭教育环境是中学生健康成长、良好品德形成的重要因素。

① 父母应有正确的兴趣、爱好和追求,不断学习提高自身素养,给子女树立榜样。随着父母自身素质修养的提高,一方面拓展了和子女交流的层次,使子女从观望到服气到模仿学习;另一方面,也有利于用各种高雅的兴趣爱好引导子女的成长发育。

② 家庭和睦民主是子女健康成长,良好品德形成的重要条件。父母应尊重子女的人格尊严,体贴关心他们的生活、学习、爱好、交往等,建起和子女平等交流的桥梁,拉近相互之间的距离,缩短代沟。对子女好的方面要予以激励,不良方面要及时引导矫正。

③ 社会、学校开办家长培训学校,共同研讨中学生教育问题。学校成立家长委员会,或采取家长例会制度,加强学校和家庭的双向交流和信息反馈,实行教育联系卡,形成统一的教育网络,通过密切配合把问题解决在萌芽状态。

同时,家庭要做到"三多三少"。多一点勤奋学习气氛,少一点推诿懒惰习性;多一点关心理解,少一点泄愤、责难;多一些正当兴趣爱好,少一点不良的言谈举止。

中学阶段是青少年形成良好品德行为、树立正确理想信念和人生观、世界观的关键时期。学校、社会、家庭要全方位配合,齐心合力为他们健康成长创造各种有利条件,提供一个良好的育人环境。

四、中学生品行不良的转化与矫正过程

品行不良的中学生的转化要经历一个由量变到质变的过程。这个转化过程大体可以划分为醒悟、转变与自新三个阶段。

(一) 醒悟阶段

这是指品行不良的中学生开始认识到自己的错误,从而产生改过自新的意向。这种意向可能在两种情况下发生,一是教育工作者的真诚关怀和教育;二

是当事者开始认识到坚持错误的危害性。前一种改过自新的意向往往带有"感恩"的特点,如果不把这种意向与提高认识结合起来,那么,就可能随着时间的推移而逐渐减弱以至消失。后一种情况一般是在事实的教育和教育者的引导下,中学生认识到其错误所造成的严重后果和理解了必须改正错误的道理。需要特别提出来的是在调查研究中发现,不良品德的中学生对坚持错误危害性的认识,开始常常是同自己的切身利害联系在一起的。如果我们不了解这个特点,一开始就急于帮助他们认识祖国未来,青年的责任,错误性质等大道理,往往难以收到预期的效果。品行不良的中学生难以听进大道理,是由于他们的道德认识水平还不高造成的。因此,提高他们的认识必须从原有认识水平出发,逐步加深对继续坚持错误的危害性的认识。

(二) 转变阶段

这是指品行不良的中学生有了改过自新的意向之后,在行为上发生一定的转变。这是一种可喜的进步,但必须清醒地看到这仅仅是开始,在整个转变阶段必然要经过不断的矛盾运动才能最终成为一个"新人",在不断的矛盾斗争中,有时还会出现反复,即重犯以前的过错。反复的情况也有两种,一是前进中的暂时后退;另一种是教育失败出现的大倒退。前进中的反复不能同转变之前相提并论,它是处于量变阶段的一种正常现象,它说明已有态度尚未发生质的变化。至于教育失误产生的大倒退,实际是已有态度根本没有改变,甚至是沿着原方向持续发展的结果。

(三) 自新阶段

这是指品行不良的中学生经过较长时期的转变之后,不再出现反复,而进入到一个新的时期。在这个阶段,他们会以完全崭新的道德风貌出现在社会生活中,对前途充满希望,决心忏悔过去,去做新人。这是态度发生了质的变化的结果,他们会以全新的态度对待生活。品行不良的中学生改好了,就应该如实地把他们看成一个好青年。生活中的重大挫折,常常给人留下终生难忘的创伤。对那些已经转变的中学生要倍加关心和爱护,充分地信任、热情地鼓励,逐步提高要求、不断引导前进,任何歧视与翻旧账的言行都是极为有害的。

五、中学生品行不良的转化与矫正方法

中学生品行不良的种类及表现有很多,以下简要阐述几种常见的转化与矫

正方法。

(一) 攻击行为矫正

从心理学的角度,对攻击行为的控制可以从小型群体和个人两个方面入手。

小型群体干预的主要途径有:第一,应用各种心理教育的方法进行心理技能训练。使群体成员学会处理攻击的各种技能,如榜样示范、行为演练、提供反馈等。第二,性格教育。针对中学生设计能培养亲社会性格特质的综合性系列课程,通过培养亲社会的品格和培养亲社会的行为来控制攻击行为的发生。第三,价值观辨析。运用价值观辨析方法来完善群体成员的价值观,帮助中学生自主地对各种可供选择的价值观进行选择,从而发展自身具有社会积极意义的价值观。第四,道德教育。根据道德发展阶段理论来组织小组讨论活动,让群体成员对攻击行为或其他道德行为各抒己见,促使中学生在面对攻击行为时作出亲社会的道德判断和行为抉择。

个人干预的主要途径有:第一,放松训练。训练个体使之掌握放松技术,从而对攻击行为进行控制。第二,运用非体罚性的惩罚处理偶发事件。如,采用消退、强化暂停以及反应代价等来处理偶然发生的攻击事件,以达到控制攻击的目的。第三,交往技能训练。训练中学生学会建设性的交往技能。从一般性的交往训练,到掌握如何通过沟通和交流来解决人际交往问题的训练。这种训练不仅可以减少当前的攻击行为,而且也可以减少个体今后可能面临的交往冲突。第四,自我控制训练。训练中学生使之掌握几种自我控制的方法,把握自己可能出现的愤怒情绪和攻击行为。也就是引导个体对愤怒和唤起的情感作出比较理智的反应。

(二) 逃学行为的矫正

要想对中学生逃学行为进行较好的矫正,家长与老师必须改进教育方法,了解他们的心理,与他们保持良好关系,关心和爱护他们,才能及时矫正逃学行为,让他们适应学习生活。

同时要强调早期预防。因为中学生逃学是有预兆的,如给父母和老师编的借口是不真实的,学习成绩明显下降,举止异常等。因此,父母和老师要重视有关逃学的迹象,查清他们是否有逃学行为。偶尔逃学的中学生在被及时发觉后,容易在父母和老师的教育和帮助下改正,否则可能发展成反复长期的逃学行为。

对于多次逃学的中学生,不能简单地给予严厉的责备和处罚,必须先弄清逃学的原因,在明白症结的基础上,制订教育和帮助的方案、措施,深入细致、耐心地对逃学少年进行启发诱导,使他们提高对逃学危害的认识,增强自尊心,明确中学生的责任感,用行动来克服学习障碍。

在矫正逃学行为时,还要注意下列事项:其一,对逃学少年不能歧视为特殊中学生,把他们孤立起来,否则容易拉远与他们的距离,增加教育的难度。其二,对逃学在外有其他不良行为的(如吸烟、偷窃、赌博等)中学生,应该教育他们主动向有关部门和有关人员去认错作检讨,父母绝对不能护短。其三,对变态心理型逃学,应和一般逃学行为区别开来。这些逃学中学生时有幻觉、妄想出现,还表现为自言自语、嬉笑无常、到处乱走、任意离校等。对此,学校和家长应及时送他们去精神医生处,进行专门的心理治疗和药物治疗。

(三) 迷恋网络游戏的矫正

对中学生迷恋网络游戏的行为可以从以下几个方面入手进行矫正。

第一,加强管理。取缔网络游戏娱乐的非法经营,对于利用网络游戏进行赌博或传播淫秽物品来毒害中学生的,应依法予以制裁。

第二,教育引导青少年。有人提出,不能简单地禁止中学生玩网络游戏,因为这样做既不明智,也不一定有效。对青少年玩网络游戏,关键是要善于引导,家长和老师要经常提醒他们不要过度玩网络游戏,强调玩网络游戏的节制性措施。当发现有的中学生已经有过分的倾向时,必须及时对其进行严肃批评,告知他迷恋网络游戏的各种危害,既可以作知识性的讲解,也可以用生活经验来作警戒,使这种中学生摆脱迷恋状态,逐步走向正常。

第三,合理安排时间。青少年必须在家长的监督下,严格节制玩网络游戏的时间。对于不善于控制自己行为的中学生来说,要具体地安排好作息时间,不准他外出玩网络游戏,只准在自己家中有控制地玩,明确规定玩多少时间,什么时候可以玩,什么时候不可以玩等。

第四,培养对其他良好活动的兴趣。中学生精力充沛,为了摆脱迷恋网络游戏的倾向,应培养他们其他的兴趣爱好,如游泳、打球、集邮、唱歌、绘画等,用新的良好的活动来吸引他们,使中学生自然而然地分散对网络游戏的过分注意,不再迷恋。

第五,认真治疗。对已经陷入迷恋游戏状态而且较难矫正的中学生,家长可以请心理医师专门诊断,分析是否存在心理障碍,根据具体情况,认真进行心理治疗。在心理治疗的过程中,家庭和学校应进行良好的配合。

模拟通关基础练习

一、单项选择题

1. 品德是个体依据一定的社会道德行为规范行动时表现出来的心理特征和倾向,它是( )。

   A. 比较不稳定的　　　　　　B. 受先天因素制约的
   C. 时稳时变的　　　　　　　D. 比较稳定的

2. 以下道德情感对儿童和青少年尤为重要的一项是( )。

   A. 事业感　　　　　　　　　B. 自尊感
   C. 集体主义情感　　　　　　D. 义务感

3. 衡量人们思想品德好坏的根本标志是( )。

   A. 道德认知　　B. 道德意志　　C. 道德情感　　D. 道德行为

4. 一中学生决心改掉迟到的毛病,遵守学校纪律,可冬天一到,他迟迟不肯起床,结果又迟到了。那么应该培养该生的( )。

   A. 道德认识　　B. 道德情感　　C. 道德意志　　D. 道德行为

5. 品德的形成过程不包括( )。

   A. 依从阶段　　B. 认同阶段　　C. 内化阶段　　D. 稳定阶段

6. "富贵不能淫,贫贱不能移,威武不能屈"体现了品德形成过程中( )阶段的特点。

   A. 依从　　　　B. 认同　　　　C. 内化　　　　D. 服从

7. 人们在群体的压力下改变意见而与多数人取得一致认识的行为倾向,这种现象称为( )。

   A. 模仿　　　　B. 从众　　　　C. 服众　　　　D. 感染

8. 依据柯尔伯格的道德发展理论,法制观念取向者属于下列哪个时期的特

征?(　　)

A. 前习俗水平　　B. 习俗水平　　C. 后习俗水平　　D. 道德成规前期

9. 第一个系统地研究儿童道德判断发展的心理学家是(　　)。

A. 皮亚杰　　B. 柯尔伯格　　C. 加涅　　D. 夸美纽斯

10. 采用"两难故事法"研究儿童道德发展阶段的心理学家是(　　)。

A. 华生　　B. 加涅　　C. 柯尔伯格　　D. 皮亚杰

11. 在柯尔伯格有关儿童道德发展阶段的研究中,认同契约、个人权利和民主的道德阶段属于(　　)。

A. 前习俗水平　　B. 习俗水平　　C. 后习俗水平　　D. 公正水平

12. 个体根据家庭、社会的期望和要求而行事,不考虑行为所产生的直接和明显的后果,这属于道德的哪个水平?(　　)

A. 前习俗水平　　B. 中习俗水平　　C. 习俗水平　　D. 后习俗水平

13. 着眼于社会的希望和要求,意识到个体的行为必须符合社会标准,这是柯尔伯格道德发展什么水平的儿童的特点?(　　)

A. 前习俗水平　　B. 习俗水平　　C. 后习俗水平　　D. 自律阶段

14. 中学生品德发展的关键期在(　　)。

A. 初二年级　　B. 初三年级　　C. 高一年级　　D. 高二年级

二、填空题

1. 品德的心理结构包括＿＿＿＿、＿＿＿＿、＿＿＿＿和道德行为四个成分。

2. 伴随着道德认识而产生的一种内心体验叫作＿＿＿＿。

3. 个体品德的核心部分是＿＿＿＿,它是对道德规范及其执行意义的认识。

4. ＿＿＿＿是道德观念和道德情感的外在表现,是衡量品德的重要标志。

5. 道德情感从表现形式上看,主要包括三种:直觉的道德情感、＿＿＿＿、＿＿＿＿。

6. 儿童的道德发展经历＿＿＿＿向＿＿＿＿的发展过程。

7. ＿＿＿＿是道德情绪发展的最高阶段。

8. 从众是指人们对于某种行为要求的依据或必要性缺乏＿＿＿＿,跟随他人行动的现象。

9. 10岁以后,儿童的道德判断主要是依据自己认可的内在标准,称为_____。

10. 根据柯尔伯格的道德发展理论,前习俗水平主要包括惩罚服从取向和_____。

11. 柯尔伯格研究道德发展的方法是_____法。

12. 皮亚杰的研究表明,在10岁以前,儿童的道德主要处于_____发展阶段。

13. 柯尔伯格认为,个体的道德认知是由低级阶段向高级阶段发展的,大部分青年和成人都处于_____水平。

14. 依从阶段的行为具有_____性、被动性,不稳定,随情境的变化而变化。

三、简答题

1. 什么是品德?品德形成的心理实质是什么?
2. 简述品德的实质与结构。
3. 中学生品德发展的基本特征是什么?
4. 常用的品德教育方法有哪些?
5. 简述个人道德价值观经历的三阶段七过程。
6. 皮亚杰和柯尔伯格认为道德动机在道德品质形成中有哪些作用?

四、论述题

1. 论述柯尔伯格的道德发展阶段论。
2. 论述皮亚杰的道德发展阶段论。

模拟通关基础练习答案

一、单项选择题

1. D 2. D 3. D 4. C 5. D 6. C 7. B 8. B 9. A 10. C 11. C 12. C 13. B 14. A

二、填空题

1. 道德认识　道德情感　道德意志 2. 道德情感 3. 道德认识 4. 道德

行为 5.想象的道德情感 伦理的道德情感 6.他律道德 自律道德 7.伦理道德 8.认识与体验 9.自律道德 10.相对功利取向 11.两难故事 12.他律道德 13.习俗 14.盲目

三、简答题

1.(1)品德是道德品质的简称。是指个人遵守社会道德规范而行动时所表现出来的稳定特点,是稳定的道德行为需要与为满足这种需要而掌握的稳定行为方式的统一体。

(2)人的道德品质是在社会文化和教育条件下,在人际交往过程中逐步形成的。在道德品质形成的过程中,知情意行这四个心理成分要协调一致地发展,通过大量的道德实践,一定的道德动机与道德行为方式之间形成稳固的联系。在这种条件下,社会的道德规范内化为个人行动的指南,成为个人的道德信念,这是道德品质形成的心理实质。

2.(1)品德是道德品质的简称,是社会道德在人身上的体现,是个体依据一定的社会道德行为规范,行动时表现出来的比较稳定的心理特征和倾向。首先,品德反映了人的社会特性,是将外在于个体的社会规范的要求转化为个体的内在需要的复杂过程。其次,品德具有相对的稳定性。再次,品德是在道德观念的控制下,进行某种活动、参与某件事情或完成某种任务的自觉行为,也就是说,是认识与行为的统一。

(2)品德的心理结构:① 道德认识。② 道德情感。③ 道德意志。④ 道德行为。

3.(1)伦理道德发展具有自律性,言行一致。

① 形成道德信念与道德理想。② 自我意识增强。③ 道德行为习惯逐步巩固。④ 品德结构更为完善。

(2)品德发展由动荡向成熟过渡。

① 初中阶段品德发展具有动荡性。② 高中阶段品德发展趋向成熟。

4.(1)有效的说服。(2)树立良好的榜样。(3)利用群体约定。(4)价值判断。(5)给予适当的奖励与惩罚。

5.(1)选择阶段包括:① 自由选择。② 从多种可选范围内选择。③ 充分考虑各种选择之后再进行选择。

(2) 赞赏阶段包括：① 喜爱自己的选择并感到满意。② 愿意公开承认自己的选择。

(3) 行动阶段包括：① 按自己的选择行事。② 作为一种生活方式加以重复。

6. 皮亚杰和柯尔伯格是认知派的主要代表人物，他们强调道德动机在道德品质形成中的作用，其基本观点为：

(1) 道德品质的发展与人的认知活动及其发展水平密切关联。

(2) 道德品质的形成取决于道德动机、道德判断和道德认识。

(3) 要根据认知活动及其发展规律去培养儿童的道德品质。

四、论述题

1. 柯尔伯格采用道德两难故事法提出了三种水平六个阶段理论。

(1) 前习俗水平。大约出现在幼儿园及小学低年级阶段。该时期的特征是，儿童们遵守规范，但尚未形成自己的主见，着眼于人物行为的具体结果并关心自身的利害。这时期又分两个阶段：① 惩罚服从取向阶段。这一阶段还缺乏是非善恶观念，只是因为恐惧惩罚而逃避它，因而服从规范，认为免受处罚的行为都是好的行为，遭到批评指责的都是坏的行为。② 相对功利取向阶段，这一阶段行为的好坏按行为的后果带来的赏罚来定，得赏者为是，受罚者为非，没有主观的是非标准，或是对自己有利就好，对自己不利就是不好的。

(2) 习俗水平。这是在小学中年级以上出现的，一直到青年或成年。这时期的特征是个人认识到团体的行为规范，久而接受并付诸实践。这时期又分为两个阶段：③ 寻求认可取向阶段，这一阶段个体按照人们所称"好孩子"的要求去做，以得到别人的赞许。④ 遵守法规趋向阶段，服从团体规范，"尽本分"，尊重法律权威，这时判断是非已有了法制观念。

(3) 后习俗水平。这个阶段已经发展到超越现实道德规范的约束，达到完全自律的境界，年龄上至少是青年期人格成熟之后，才能达到这一境界。这个水平是理想的境界，成人也只有少数人达到。这一时期也分为两个阶段：⑤ 社会契约取向阶段，这一阶段有强烈的责任心与义务感，尊重法制，但相信它是人定的，不适于社会时理应修改。⑥ 普遍伦理取向阶段。这一阶段有个人的人生哲学，对是非善恶有其独立的价值标准。对事有所为有所不为，不受现实规范的限制。

总之,柯尔伯格通过研究提出了以下几点:

(1) 儿童道德判断力发展在 9 岁以下的儿童以及少数青少年处于第一种水平,大部分的青年和成人处于第二种水平,只有极少数进入第三种水平,16 岁以上青年和成人中 30% 进入第三种水平。

(2) 儿童道德发展的先后次序是固定不变的,这与儿童的思维发展有关,但具体到每个人,时间有早有迟,与文化背景、交往等有关。

(3) 要促进儿童道德发展,必须让他不断接触道德环境和道德两难问题,以利于讨论和展开道德推理的练习。

2. (1) 关于道德发展水平。皮亚杰认为儿童的道德发展主要分为两个阶段:① 他律道德。② 自律道德。

(2) 道德发展的原因。皮亚杰认为,在从他律到自律的发展过程中,个体的认识能力和社会关系具有重大影响。道德教育的目标就是使儿童达到自律道德,使他们认识到道德规范是在相互尊重和合作的基础上制定的。

(3) 对道德教育的启示。注意培养同伴之间的合作,注意成人与儿童关系不应是权威和服从的关系;在儿童犯错误时,要使他了解为什么这样做不好,以发展儿童的道德认识。

教师能力训练

1. 案例分析:张明是某市一中学的学生,他身体健康,可就是有一个不好的毛病,总爱与同学动手打架,每次打架过后,他自己也知道这样不好,并一再地跟老师和家长保证要改正这个坏毛病。老师和家长为此做了许多工作。可两个学期下来,张明打架的次数虽然有所减少,可还是时不时地犯打架的毛病。老师和家长都感到很为难。

请结合所学的教育心理学的有关知识,对于张明、老师和家长的做法加以分析,并提出自己对这个问题的建议。

2. 材料分析题:阅读下列材料,回答问题。

初二(9)班,徐×俊,家庭关系较复杂,父母离婚后又各重组家庭,父母双方都不愿养育他,他只能在外婆家居住。因缺乏父母关爱和家庭温暖,学习态度差,经常违反课堂纪律,对老师的教育置若罔闻。

初二(9)班,梁×仁,是家中的独生女,个性很强,父母过分溺爱,养成娇气、自私、任性的性格,在家中根本不听父母的话,在学校也经常顶撞老师。无心读书,常与社会青年混在一起,现辍学在外面打工。

初二(9)班,梁×,是家中的独生子,因是家中的独苗,父母又过分溺爱,因此以自我为中心,多动,常骚扰同学。常违反学校纪律,屡教不改。现辍学在家。

初二(10)班,吴×杨,性格孤僻,不喜欢与人沟通,经常上网,已成了典型的网虫,精神状态很差,上课经常睡觉,从不交作业。甚至经常缺课。父母没办法管教他。

初二(9)班,卫×锋,是独生子,父母忙于做生意,无时间管束他,经常缺课,上课睡觉,不交作业。甚至与社会青年混在一起,上网吧,抽烟,把头发搞得奇形怪状。老师多次教育,效果不太好。

以上是吴老师所任教的两个班中的个别例子。

试结合材料分析,中学生不良品行形成的原因是什么?作为教育工作者,学校方面究竟如何纠正中学生不良品行?

3. 材料分析题:阅读下列材料,回答问题。

小A的家庭相对较为简单,爷爷病逝,由父亲、母亲、奶奶组建而成,家里面积不大,只有70多平方米,但周边环境良好。父亲40多岁,民营公司仓库的管理人员,大学本科学历;母亲39岁,是一名酒店清洁人员,高中学历。父亲脾气温和,时而烦躁;母亲脾气随和,与人交往较和善,父母之间的关系时好时坏,据小A说吵架也往往大都跟他有关,父母对小A的学习都比较关心。虽然父母对小A很关心,但是,小A对父母的态度又如何呢?调查的结果让人大吃一惊,据小A的亲口所言,他说他对自己的父母可谓漠不关心。

据班主任反映,小A同学具有一定的学习能力,学习成绩一般,但学习习惯很差,没有上进心,上课喜欢看课外书或搞小动作,经常拿小玩具在课堂上玩;上课不能集中思想,经常走神,心不在焉;经常不完成作业,如果作业完成不了,就找借口不回学校。上课经常睡觉或者破坏课堂纪律,目中无人,对任课老师很不尊重,染上了抽烟、喝酒和旷课等不良行为。小 A 在小学阶段成绩处于中下等,最好的学科是语文,讨厌数学和英语,数学因为根本听不懂,英语要背书和默写,这让小 A 感到很讨厌,进入初中后,小 A 的学科成绩更差,因为根本听不懂,听不明白,更听不下去,所以小 A 从初一就开始逃课,逃课让小 A 处于危险的境地,习得了很多的不良行为,如抽烟和喝酒,小 A 说和朋友一起玩,大家都抽烟喝酒,你要是不抽烟喝酒,会遭受大家鄙视的,再说,抽烟喝酒有一种长大成人的感觉,这种感觉实在是太酷了。因为外界的诱惑,小 A 更是肆无忌惮地旷课和损友一起出去玩,通宵沉溺于网络游戏之中,没有钱就和损友一起去勒索小朋友。被送到工读学校后,小 A 对自己的行为有了很大的反思,其行为也发生了一些积极的改变,小 A 在回顾自己的过去时,他一再强调,在其不良行为的形成过程中,周边的不良氛围和损友的影响对其产生了重大的影响。

结合材料分析小 A 品行不良的成因并对其提出相应的合理建议。

▶ 教师能力训练答案要点 ◀

1. (1) 此案例可以从道德品质的形成上来分析。

(2) 张明作为一名中学生,身体健康,但喜欢打架,打完后知道不对,但改不了,说明从品德心理结构的四个要素,即道德认识、道德情感、道德意志、道德行为上来说,他没有达到统一。张明从道德认识上能体会到打架不对,说明他能辨别行为的是非好坏善恶,但在道德情感上来说,他有所欠缺,没有从心理上体验到打架这个行为带来的厌恶感,相反可能他从打架上体会到了某种快感,导致他屡教不改,因此使得他知情意行不能统一。老师和家长可能也只是从道德认知上对张明进行批评教育,没有从道德情感上予以感悟,因此虽然有所成效,但不能使张明改掉坏毛病。

(3) 从教育心理学角度来看,道德品质由知情意行四个要素构成,它们相互制约、相互联系,但道德认识和道德情感居于核心地位。只有当道德观念和道德情感成为稳定的、经常推动个人产生道德行为的内部动力时,它们才能构成道德动机,并形成人的稳定的道德行为方式。

(4) 对张明的教育应从情感入手,使他从心理上体会到打架的不对,对打架的行为产生厌恶感。道德情感是个人道德行为的内部驱动力之一,当道德认识和道德情感成为经常推动个人产生道德行为的内部动力时,就成为道德动机,才能导致道德行为的产生。

2.(1) 中学生不良品德的成因既有客观原因,也有主观原因。

客观原因主要包括三个方面:

一是社会大环境不良风气的影响。改革开放和市场经济带来了我国经济的腾飞,同时,也带来一些观念上的紊乱与错误,对于青少年的成长也产生一些负面的影响。

二是学校的不良因素所形成的负面影响。在升学率的指挥和商海浪潮的冲击下,考分至上,功利主义学习等不良因素,伤害了部分学生的自尊心。

三是家庭小环境的不良影响。父母对子女的过分溺爱,离异家庭的不良环境等都成为青少年品德不良的重要影响因素。

主观原因主要有:① 以自我为中心的情感。② 外强内弱的意志。③ 错误、颠倒的观念。

(2) 改变中学生不良品行的对策

对顽皮中学生的转化工作,主要应从社会、学校、家庭三方面着手,但中学生在校时间长,学校应当承担起重要责任,应抓以下几个"关键点":① 挖掘闪光点。② 扶持起步点。③ 捉住反复点。

3. 对"小 A"品行不良行为的矫正应从以下几方面着手:

(1) 社会应净化和优化校园周边环境。

(2) 加强网络教育,规范网络行为。

(3) 加强行为养成,培养良好活动的兴趣。

(4) 进行适当的心理干预,改变家庭教养方式。

第五章　心理健康与辅导

> **开篇案例**
>
> 案例一：李某，初一男生。小学阶段学习刻苦努力，成绩一直很好。进入初中后，学习依然刻苦努力，但心理压力十分沉重，几乎把所有的时间和精力全部用在了文化学习上。刚开始，他的文化学习取得了较好的成绩。与此同时，也给自己带来了超负荷的心理压力，他怕看到老师和家长期待的目光，一遇到考试就十分紧张，常伴有口干、恶心、呕吐、吃不好、睡不好的症状，有时考试时甚至手指哆嗦、腹泻等。考试就像一块巨石压在他的心上，成绩也每况愈下。
>
> 案例二：张某，进入初中后，虽刻苦有余，成绩却不理想，在班上处于中下游水平。原因是数学极差。虽然情况如此，但该生对自己提出的要求很高，尤其上数学课时认真听讲，专心笔记，考试时却手忙脚乱，与自己的期望值总是差距很大。本学期情况发生了180度大转变，第一次数学测验破天荒地考了90分，这给了他极大自信和动力。此后他感觉上数学课很有兴趣，听得也很明白了，慢慢的对数学产生了信心，不怕考数学了，而且还带动了其他科的学习。
>
> 这组对比案例具有共同的特点：1. 两位学生都有很强的自尊心，他们一心想获得好成绩。2. 两位学生在遇到挫折后，均陷入了强大的心理压力之中，但结果不同。

思　考

中学生在学习过程中，尤其是面临中考和高考时，经常会出现心理压力，作为老师，如何帮助中学生调整心理压力呢？

内容提要

　　心理健康是一种良好的、持续的心理状态与过程。表现为个人具有生命的活力、积极的内心体验、良好的社会适应，能够有效地发挥个人的身心潜力以及作为社会一员的积极的社会功能。心理健康至少应包括两层含义：一是无心理疾病；二是有积极发展的心理状态。中学生常见的心理问题包括：自我概念发展问题、人际交往问题、学习发展问题。中学生常见的障碍性心理问题有抑郁症、恐惧症、焦虑症、强迫症与网络成瘾等。本章尝试探讨与学生心理健康、心理辅导的理论与心理辅导相关的若干问题。心理辅导是教师直接或间接地对学生在适应与发展上的问题给予帮助和指导，以及对有关的心理和行为障碍进行诊断矫治的过程。心理辅导的一般目标可以归纳为学会调适和寻求发展。心理辅导的一般方法包括：强化法、系统脱敏法、认知疗法、求助者中心疗法与理性情绪疗法等。

学习目标

　　1. 了解心理健康的概念，心理健康的意义和标准。掌握心理辅导的概念。
　　2. 掌握心理辅导的概念，中学生容易产生的几种心理健康问题，心理辅导、咨询和行为矫正方法。3. 运用心理辅导的方法，结合实际情况，对中学生心理健康问题进行辅导。

第一节　心理健康与咨询

　　人类对健康概念的认识是随着社会的发展以及人类自身认识的深化而不断丰富的。在生产力低下的时期，人们只关注如何适应和征服自然，维护自身的生存。随着生产力水平的提高，人类开始关心身体健康，防病治病的医学科学应运而生。历史发展到现代，人类对健康的认识又发生了飞跃，不再局限于生理机能的正常和疾病的减少。

　　1948年世界卫生组织成立时，在宪章中把健康定义为："健康乃是一种生理、心理和社会适应都臻完满的状态，而不仅仅是没有疾病和虚弱的状态。"从而形成了健康的生理、心理社会模式。

一、心理健康的概念

心理健康是完整健康概念的重要组成部分。国内外学者曾就心理健康的定义与内涵,从不同角度进行过多方面的阐述与探索。1946年第三届国际心理卫生大会认为:"所谓心理健康,是指在身体、智能以及情感上与他人的心理健康不相矛盾的范围内,将个人心境发展成最佳的状态。"

实际上,我们可以从广义和狭义两种角度来定义心理健康。从广义上讲,心理健康是指一种高效而满意的、持续的心理状态与过程。从狭义上讲,心理健康是指人的基本心理活动的过程内容完整、协调一致,即认识、情感、意志、行为、人格完整和协调,能顺应社会,与社会保持同步。因此,心理健康至少应包括两层含义:一是无心理疾病;二是有积极发展的心理状态。

二、心理健康的标准

心理健康与生理健康是健康概念不可分割的部分,但是心理健康的标准却不像生理健康那样具体、精确、绝对。心理健康标准是心理健康概念的具体化。一个人的心理怎样才算健康,以什么作为心理健康的标准,这是一个非常复杂的问题。因为,心理健康与否没有一个绝对的界限,判断心理健康与不健康是相当困难的,另外,随着社会的发展和进步,人类对心理健康的认识也在不断深化和提高。目前,心理健康还没有一个公认的一致的标准,根据研究者的不同观点,有几条大致公认的标准。

(1) 智力正常。

智力正常是衡量一个人心理健康的最重要的标志之一,正常的智力水平是人们生活、学习、工作的最基本的心理条件。

(2) 情绪适中。

人有喜怒哀乐不同的情绪体验,必须释放不愉快的情绪,以求得心理上的平衡。但不能发泄过分,否则,既影响自己的生活,又加剧了人际矛盾,于身心健康无益。

(3) 意志品质健全。

意志品质是衡量心理健康的主要标准,其中行动的自觉性、果断性、顽强性和反应适度是意志健全的重要标志。行动的自觉性是对自己的行动目的有正确的认识,能主动支配自己的行动,以达到预期的目标;行动的果断性是指善于明辨是非,适当而又当机立断地作出决定并加以执行;行动的顽强性是在作出决定、执行决定的过程中,克服困难、排除干扰,坚持不懈的奋斗精神;反应适度是指人的行为表现协调有度,主要表现为意识和行为一致,为人处世合情合理,灵活变通,在相同或相类似的情境下,行为反应符合情境。

(4) 人格稳定协调。

人格是指一个人的整体精神面貌,即具有一定倾向性的心理特征的总和。心理健康的人能保持人格的完整与统一;思想与行为统一协调,表里如一;能够真实体验一切存在的情绪或态度,而不是歪曲或掩饰;行为前后一致;对事物的认识不绝对化,能辩证地看待周围的事物。

(5) 自我意识正确。

自我意识正确包括了解自我与悦纳自我。心理健康的人了解自己的优点和缺点,了解自己的能力、性格、爱好和情绪的特点,根据自己的特点制定的生活目标、自我期待切合实际。此外,心理健康的人还能以喜悦的心情接纳自我,总是努力发展自身的潜能,肯定自己;自己无法弥补的缺陷,能泰然处之,修正自我、完善自我。

(6) 人际关系和谐。

人际关系和谐是心理健康的重要标准,也是维持心理健康的重要条件之一。

所谓人际关系和谐指的是:第一,了解和理解他人。心理健康的人能客观地了解他人的认识和情感需要,了解他人的个性、兴趣和品质,善于发现并学习他人的优点,能够善意地指出他人的问题。第二,乐于接受他人与被他人所接受。心理健康的人喜欢他人,接纳他人,也容易得到他人的喜爱和欢迎。

(7) 社会适应良好。

心理健康的人,能与社会保持良好的接触,认识社会,了解社会,使自己的思想、信念、目标和行动跟上时代发展的步伐,与社会的进步与发展协调一致。当自己的思想行为与社会现实出现矛盾和冲突时,能及时调节、修正自己的计划和行动,并不逃避现实、悲观失望。

(8) 心理特点符合年龄特征。

人的生命发展的不同年龄阶段,都有相对应的不同的心理行为表现,从而形成不同年龄阶段独特的心理行为模式。心理健康的人应具有与同年龄段大多数人相符合的心理行为特征。

知识链接

心理学家谈心理健康

美国学者坎布斯从人格特质的角度观察,认为一个心理健康、人格健全的人应该有以下特质:积极的自我观念、恰当地认同他人,能面对和接受现实,能对自己、周围的事及环境有较清楚的知觉,主观经验丰富可供随时提取使用。

奥尔波特从成熟人性的角度观察,认为健康的个性不受无意识力量的控制,也不受童年心灵创伤或冲突的控制。奥尔波特指出,健康的个性有以下一些特征:自我同他人关系融洽;有情绪安全感;知觉客观;有各种技能并专注于工作;自我形象现实;人生观统一。

心理学家马斯洛则从自我实现的角度提出了自己的观点,他通过对心理健康的49个人进行的大量深入的研究,提出了心理健康者的一系列特征,他把这种人称为"自我实现者",即一切潜能都得以实现的人,他们的特征是:良好的现实知觉;接纳自然、他人与自己;自发、坦率、真实;以自身以外的问题为中心;有独处和自立的需要;自主发挥功能;愉快体验尝新;有神秘或顶峰的体验;有社会兴趣;人际关系深刻;有民主性格结构;有创造性;抗拒遵从。

三、中学生心理健康的标准

综合国内外专家学者的观点,依据中学生的心理发展特征,可将中学生心理健康的标准归纳为:

(1) 智力和认知能力发展正常。

智力是人的观察力、注意力、记忆力、想象力和思维能力等认知能力的综合。中学生的年龄正处于人生智力发展的关键时期。智力与认知能力发展正常,是中学生就学阶段的重要心理条件,是中学生心理健康的重要标准。衡量中学生的智力和认知能力,关键在于看其能否正常发挥出效能。主要标准为:有强烈的求知欲,乐于学习;对新问题、新事物有浓厚的兴趣和探索精神,表现出能动性;智力各因素在活动中能够有机结合、积极协调,正常地发挥作用。

(2) 情绪稳定、乐观,心情愉快。

情绪是人们对客观事物是否符合其需要所产生的态度体验。中学生情绪健康的内容主要有:积极情绪多于消极情绪,使自身保持乐观、积极、向上的心态;情绪反应适度,有适当的引发原因,反应强度与引发情境相符合;能有效地调节和控制情绪的质、量、度,使其能在适当时间、场合恰如其分地表达,既能克制约束,又能适度宣泄,不过分压抑。

(3) 意志健全,有较强的行动的自觉性、果断性、顽强性和自制力。

意志是人们自觉确定目的,并根据目的去克服各种困难,实现预定目的的心理过程。意志健全主要表现为行动的自觉性、果断性、顽强性和自制力,即在活动中有自觉的目的,而不是缺乏主见或盲目决定,一意孤行;执行决定时能及时决断,并根据变化的外界环境随时调整决定;能以坚忍不拔的毅力克服一切困难和挫折,实现既定的目标;同时能有效地控制、调节自身的心理和活动,使之符合实现目标的要求。

(4) 自我观念正确,具有健全统一的个性。

自我观念是人对自身环境以及与周围事物关系的认识,个人总是在与现实环境、与他人的相互关系中,在自己的实践活动中认识自己的。只有树立正确的自我观念,才能形成健全统一的个性。其一致的标准为:对自己的认识比较接近现实,不产生自我同一性混乱;能愉快地接受自己,对自己的生活、学习现状和未来有一定程度的满足感和发展感;以积极进取的人生观作为个性的核心,把自己的需要、愿望、目标和行为统一起来。

(5) 和谐的人际关系。

人总是处在一定的社会关系之中,人们在相互交往过程中所形成的个体间的心理关系称为人际关系。人际关系离不开群体,受认识倾向调节,并且有相应的情感体验。和谐的人际关系主要表现为:乐于与人交往,既有稳定广泛的一般朋友,又有无话不说的知心朋友;在与人交往中不卑不亢,保持自己的个性;宽以待人,乐于助人,客观评价自己和别人,取人之长,补己之短;积极的交往态度多于消极态度；有必要的心理准备，能在复杂的人际关系中保护和发展自己。

(6) 较强的适应能力。

这里的适应能力包括社会适应、学习适应、生活适应等。人生活在社会中，要具有一种积极的适应机制，积极适应自身、环境及社会的各种变化，以调整与社会、环境的协调关系。这种适应能力的标准是能和集体保持好的接触和同步关系，自己的需要、愿望和要求与集体的利益发生矛盾时，能迅速自我调节，谋求与社会协调一致，对社会现状有较清晰的认识，明确自己所处的位置，学会调控解决生活中遇到的各种问题，掌握排解心理困扰、减轻心理压力的方法；学会学习，掌握学习的方法与策略，能够优化和调节自己的学习过程，能够调控自己的学习心理状态，开发潜能，达到良好的学习适应。

第二节　中学生常见的心理学问题

中学生处于个体生理加速发展时期，身心发展具有明显的不平衡性。这种不平衡性在社会、学校和家庭的种种社会因素的影响和推动下，催生了一系列心理健康问题，如，自我意识高涨但无法客观全面认识自我，情绪容易极端化，难以控制自己，程度严重的中学生甚至出现精神分裂倾向和自杀倾向。中学生常见的心理健康问题可分为发展性心理问题和障碍性心理问题。了解这些问题有利于事前及早预防、事后有效缓解。

一、中学生发展性心理问题

"发展性"取向是学校心理健康教育的根本取向，中学目前进行的心理健康教育的实质也是一种发展性教育。这主要是源于大部分学生所面临的问题是心理发展与完善，而不是心理疾病或障碍。与障碍性问题有所不同，发展性心理健康教育更关注中学生的潜能，更重视个性和人格的发展和完善。中学生常见的发展性心理问题主要包括自我概念问题、人际交往问题和学习问题。

(一) 自我概念发展问题

青春期是自我意识发展的第二个飞跃期，初中生在日常生活中常常将很多心智用于内省；自我意识高涨，使其人格出现了暂时的不平衡性。而高中生的自我意识中的独立意向日趋强烈。他们不断追问："我是谁？"这样一个重要的问题。以及"我到底是个怎么样的人？""我的特征是什么？""别人喜欢我，还是讨厌我？"

由于他们的生理、心理均处于急剧变化时期，思维的成熟度不足，突然高涨的自我意识使他们的言行可能出现一些问题，如比较强烈的主观偏执性，他们总认为自己是正确的，听不进别人的意见；觉得他人时刻都在对自己进行品评，担心自己在他人心中的形象，感到别人似乎总是用尖刻挑剔的态度对待自己，因此当听到别人在低声讲话，便怀疑是在议论自己；当别人面露微笑时，又认为是在嘲笑自己；这样的纠结想法使初中生感到压抑、孤独而且神经过敏。

（二）人际交往问题

人际交往也称为人际沟通，指个体通过一定的语言、文字或肢体动作、表情等表达手段将某种信息传递给其他个体的过程。正常的人际交往和良好的人际关系是中学生心理正常发展、个性保持健康和生活具有幸福感的必要前提。中学阶段出现的人际交往问题主要有以下几个方面。

1. 亲子关系方面

人们形成的第一个人际关系就是亲子关系，这种人际关系对人的影响非常大。中学生强烈的"成人感"要求父母尊重他们，改变以前那种不独立、不平等和依附的地位，要求在平等的基础上建立新型的亲子关系。这时，如果父母仍像对待儿童那样给予过多的照顾，提出过细的要求，往往会引起他们强烈的反抗情绪，甚至导致冲突，造成对立，产生疏远，给教育带来难度。在亲子交往中缺乏沟通和相互理解，会造成学生与父母之间关系紧张，相处得不愉快。甚至会出现家庭暴力、学生离家出走以致走上犯罪道路等严重后果。

2. 师生关系方面

师生关系是教育过程中人与人之间关系中最基本、最重要的人际关系，是教师和学生在教育活动中通过相互交往互动形成的、对教育效果具有重要影响的特殊的人际关系。

中学生认为与教师交往中最大的障碍是缺乏相互的理解、沟通不畅。

3. 同伴关系

同伴关系主要是指同龄人之间或心理发展水平相当的个体在交往过程中建立和发展起来的种种人际关系。有75%—85%的同学明显倾向于和同龄人交朋友,这种倾向基本反映出他们对平等关系的向往,他们愿意对"志同道合"的知心朋友倾吐心声。与那些"非志同道合"的同伴之间则存在动力性不足、亲密度和信任度不高、缺乏真诚的沟通等问题。

4. 异性交往方面

随着年龄的增长,中学生身心迅速发展,性不断成熟,异性吸引逐渐强烈。正常的异性交往有利于成长,有利于智力上的取长补短,有利于情感上互相交流,有利于个性上互相丰富,有利于妥善处理人际关系,有利于活动中增进相互激励,但在与异性交往的具体实践中,缺乏相应的性知识和与异性交往的经验,不能掌握处理异性关系的技能技巧,有部分中学生把握不好交往的尺度,出现异性交往过频、过深的情况。

(三) 学习发展问题

1. 学习动力问题

中学生存在较多的学业问题是学习动力不足,即厌学问题,对学习毫无兴趣,视学习为负担,把学习作为一件痛苦的事情,不能从事正常的学习活动。厌学的心理主要表现有:

第一,缺失内部学习动力,这种现象在中学生中相当普遍。他们认为学习是为父母、为家人而学。

第二,体会不到学习的乐趣,他们感到学习是一种苦差事,一提到学习就觉得痛苦,觉得学习是一件毫无乐趣可言的事情。

第三,逃避学习。厌学行为表现为上课不认真听讲、不愿花时间写作业、不愿意参加考试。严重厌学的学生经常逃学,甚至为躲避学习离家、辍学等。

2. 学习能力问题

学生学习能力问题主要表现在:

第一,学习计划性差。学习计划是实现学习目标的保证,但有些学生对自己的学习毫无计划,整天忙于被动应付作业和考试,缺乏主动的安排。

第二,缺乏有效的时间管理策略。有的学生虽然忙忙碌碌,经常加班加点,但忙不到点子上,实际效果不佳。有的学生不善于挤时间。他们经常抱怨每天上课、回家、吃饭、做作业、睡觉,没有多余的时间供自己安排,还有的学生平时松松垮垮,临到考试手忙脚乱。这些都是不会科学利用时间的表现。

第三,呈现出无意义学习状态。学习中不求理解,不讲究记忆方法和技巧,是最低形式的学习。

二、中学生障碍性心理问题

心理障碍指的是各种不同种类的心理和行为异常的统称。在程度上有轻重之分,习惯上,人们用心理困扰、心理障碍和心理疾病分别指称严重程度由低到高的几类心理健康问题。以下所列的中学生易产生的心理障碍,都属于心理辅导与治疗的适用范围。

(一)抑郁症

抑郁症又称抑郁性神经症,是指一种持久的心境低落状态,常伴有焦虑、躯体不适和睡眠障碍的神经症。过度的抑郁反应,通常伴随着严重的焦虑症,焦虑是个人对紧张情景的最先反应。如果一个人确信这种情景不能改变或控制时,抑郁就取代焦虑成为主要症状。

抑郁症主要表现为:(1)情绪消极、悲伤、颓废、淡漠,失去满足感和生活的乐趣,不愿与人交往,对身边的人和事表现得十分淡漠,缺少热情。(2)消极的认识倾向,低自尊、无能感,从消极方面看事物,对未来不抱多大希望,动机缺失、被动。(3)具有周期易发性,个别患者会表现得固执,烦躁不安,易发脾气,周期性的喜怒无常,且发作前无先兆。(4)伴随躯体上疲劳、失眠、食欲不振、消瘦、全身游走性瘙痒或疼痛等。

对抑郁症的产生有各种解释。行为主义认为抑郁的产生是由于经历多次不愉快,生活中缺少强化鼓励,而个人的幸福感、自由感、自我价值感是自己行为多次受到正强化的结果。精神分析派认为抑郁症源于各种丧失或失落(失去爱、失去地位与朋友的道义上的支持)、对外界赞赏的过分依赖以及愤怒的内化。所谓愤怒的内化是当一个人不敢公开表达他的敌意与愤怒时,便将愤怒转向自己,认为自己是无能的、无价值的。在带有认知倾向的心理学家中,贝克认为抑郁源于个人自贬性的思维方式,而塞利格曼认为抑郁的产生与个人对于成败的不适当的归因方式所造成的习得无助感有关。有抑郁症状的人在工作中获得成功时,倾向于用好运气来解释,当遇到失败时,往往用内部的、稳定的、普遍性的原因(如智力水平低)来解释,因而自感失败的结局不可改变,陷于一种自暴自弃的抑郁状况中。人本主义心理学家罗杰斯则认为抑郁症源于理想自我与现实自我之间差距过大。

所以抑郁症的产生一般排除人格和生理因素,主要是由心理原因造成的。如:(1)感情上受到巨大打击,如亲人过世,父母关系紧张,好友离去等带来的情感负担过重。(2)自尊心、自信心受挫,如学业不好,特别是在关键考试中。(3)不良性格的影响,如过于内向、孤僻。

大多数抑郁症患者经治疗或不经治疗能逐渐恢复正常,但有人有复发的倾向。在对有抑郁症的学生进行辅导治疗时,应该注意分析造成学生抑郁的原因,主动与家长配合,有针对性地进行心理疏导,如让他们做一些力所能及的事情,积极行动起来,从活动中体验到成功与人际交往的乐趣,也可采用认知行为疗法,改变学生已习惯的自贬性的思维方式和不恰当的成败归因模式,发展对自己、对未来更为积极的看法。严重者可以辅以抗抑郁药物。

【真题链接】

[2012·上]选择题:某生近期情绪低落、思维迟缓、活动减少,容易自我否定,甚至产生自杀念头。他的主要问题是(　　)。

A. 焦虑　　　　B. 强迫　　　　C. 抑郁　　　　D. 恐怖

[答案] C

(二) 恐惧症

恐惧症是对特定的无实在危害的事物与场景的非理性惧怕。恐惧症可分为单纯恐惧症(对一件具体的东西、动作或情景的恐惧)、广场恐惧症(害怕大片的水域、空荡荡的街道)和社交恐惧症。

对恐惧症产生的原因有不同的解释。(1)精神分析派观点认为恐惧是焦虑的移置。即个人将焦虑转移到不太危险的事物之上,从而避免了对焦虑来源的忧虑。(2)行为主义观点认为恐惧是学习得来的,或者由直接经验中学习得来

(在受到狗的一次攻击后,发展起对狗的恐惧),或者由观察学习得来(例如观察父母对某种场景的恐惧,而使子女形成同样性质的恐惧),或者由信号学习得来(如一个学生在采黄花时被蜂蜇了,就形成了对黄花的恐惧)。(3)认知派心理学家则认为恐惧症源于个人对某些事物或情境的危险作了不现实的评估。

中学生容易产生学校恐惧症。常见的有上学恐惧,表现为学生害怕上学,经常以各种借口不愿上学;学科恐惧,表现为学生害怕学某一学科,感到紧张恐惧;考试恐惧,表现为学生害怕考试,参加考试时极度紧张;教师恐惧,是指学生对某个教师所产生的恐惧反应。这多半属教师对学生不适当地严格管教或对学生的欠妥处理所造成的。对学生的学校恐惧反应教师应仔细分析研究,找到产生的原因,及时加以解决。

另外,中学生中社交恐惧症也较多见,其中包括与异性交往的恐惧。患有社交恐惧症的人害怕在社交场合讲话(在会场上讲演、在公共场合进餐时交谈),担心自己会因双手发抖、脸红、声音发颤、口吃而暴露自己的焦虑,觉得自己说话不自然,因而不敢抬头,不敢正视对方眼睛。

恐惧症的治疗方法主要有以下几种。

(1)系统脱敏法,这是治疗恐惧症的常用方法,使用这一方法最好要及时进行。想帮助学生克服学校恐惧症,父母要有恒心和耐心,要坚决而友善地要求孩子回到学校,习惯学校生活。另一方面,改善班级中人际关系,营造宽松、自由的学校氛围,适当减轻学习压力,使学生获得成功体验,对于克服学校恐惧症同样具有重要意义。

(2)情景治疗。让学生在一个假想的空间里,不断地模拟发生社交恐惧症的场景,不断练习重复发生症状的情节,不断地鼓励学生面对这种场面,让学生从假想中适应这种产生焦虑紧张的环境。

(3)认知疗法。这是一种不断灌输观念的治疗方法,不断告诉学生这种恐惧是非正常的,让学生正确认识人与人交往的程序和与人交往的方法。

(三)焦虑症

焦虑症是一种具有持久性焦虑、恐惧、紧张和植物神经活动障碍的脑机能体不适感。焦虑症是以与客观威胁不相适合的焦虑反应为特征的神经症,这是将焦虑作为一种独立的神经症来看。另一方面,焦虑也是包括焦虑症、抑郁症、强迫症、恐惧症等在内的各种神经症的共同特征。焦虑是由紧张、不安、焦急、忧虑、恐惧交织而成的一种情绪状态。正常人在面临压力情境特别是在个人自尊心受到威胁时，也会出现焦虑反应，但他的焦虑与客观情境的威胁程度是相适合的。

焦虑症的表现是紧张不安，忧心忡忡，集中注意困难，极端敏感，对轻微刺激作过度反应，难以作决定。在躯体症状方面，有心跳加快、过度出汗、肌肉持续性紧张、尿频尿急、睡眠障碍等不适反应。

学生焦虑症状产生的原因是学校的统考，升学方面持久的、过度的压力，家长对子女过高的期望，学生个人过分地争强好胜，学业上多次失败的体验等，使学生缺乏内在的自尊心和价值感。

学生中常见的焦虑反应是考试焦虑。考试焦虑是在应试情境的激发下，受个体认知评价能力、人格倾向与其他身心因素所制约的，以担忧为基本特征，以防御或逃避为行为方式，通过紧张不安的情绪反应所表现出来的一种心理状态。表现是随着考试临近，心情极度紧张；考试时不能集中注意，知觉范围变窄，思维刻板，出现慌乱，无法发挥正常水平；考试后又持久地不能松弛下来。

适度的焦虑对激励学生的学习有积极作用，而过度的焦虑则会使学生变得消沉、退避甚至恐慌，进而抑制学习。某些人具有容易诱发焦虑反应的人格基础，遇事易于紧张、胆怯，对困难情境作过高程度估计，对身体的轻微不适过分关注，在发生挫折与失败时过分自责。这些人格倾向可称作焦虑品质。

为防止考试焦虑症发生，学校咨询人员可以通过一些早期干预的措施，如对这些学生集体指导、讲授自我放松、缓解紧张的方法等进行早期干预。采用肌肉放松、系统脱敏方法，运用自助性认知矫正程序，指导学生在考试中使用正向的自我对话，如"我能应付这个考试"，"成绩并不重要，学会才是重要的"，"无论考试的结果如何，都将不会是最后一次"，正向的自我对话对于缓解学生的考试焦虑，都有较好的效果。

【真题链接】

[2014·下]选择题：小燕近期非常苦闷，一提到学习就心烦意乱、

焦躁不安,对老师有抵触情绪,成绩也明显下降。小燕存在的心理问题是(　　)。

A. 焦虑症　　　B. 神经衰弱症　　C. 强迫症　　　D. 抑郁症

[答案]　A

(四) 强迫症

强迫症即强迫性神经症,是一种神经官能症。大多数人都有过强迫观念,但只有当它干扰了我们的正常生活时,才是神经症的表现。

强迫症包括强迫观念和强迫行为,强迫观念指当事人身不由己地思考他不想考虑的事情。强迫行为专指当事人反复去做他不想做的动作。如果不这样想不这样做,他就会感到极端焦虑,强迫洗手、强迫计数、反复检查(例如门是否锁上)、强迫性仪式动作是生活中常见的强迫症状。

对强迫症的产生有各种解释。有人认为,强迫观念与强迫动作是人们无意识地防止具有威胁性的冲动进入意识的一种替代方式,一个忙碌于强迫性仪式动作的人,一个脑中充满了琐碎强迫观念的人,必然无机会思考那些具有威胁性的事件与观念。强迫症还与一个人的人格特点有关,有些强迫症患者人格上有这样一些特征:主观任性,过分爱干净,过分谨慎,注意琐事,拘泥于细节,生活习惯刻板,往往有强烈的道德观念。另外,成人禁止子女表达负面的情感,是子女产生强迫症状的十分有代表性的背景特征。

易产生强迫症的学生一般比较固执刻板,做事循规蹈矩,墨守成规,不善应变。对自己要求甚高,但又缺乏自信心;对学习工作异常认真负责,但又十分拘泥。

强迫症的治疗方法有很多。常用的方法有森田疗法、暴露疗法、脱敏疗法等。日本的森田疗法强调,当事人力图控制强迫症状的努力以及这种努力所导致的对症状出现的专注和预期,只会对强迫症状起维持和加强作用。因此,为了矫正强迫症状,应放弃对强迫观念作无用控制的意图,而采取"忍受痛苦,顺其自然"的态度治疗强迫行为。治疗强迫行为另一种有效的方法是"暴露与阻止反应"。例如让有强迫性洗涤行为的人接触他们害怕的"脏"东西,同时坚决阻止他们想要洗涤的冲动,不允许他们洗涤。

【真题链接】

1.［2012·下］选择题：汪娟最近有一个毛病，写作业时总觉得不整洁，擦了写，写了又擦，反反复复。她明知这样做没有必要，就是控制不住，她可能出现(   )。

A. 抑郁症　　　B. 焦虑症　　　C. 强迫症　　　D. 恐怖症

［答案］ C

2.［2013·下］选择题：反复出现自己不能控制的动作或观念的神经症属于(   )。

A. 恐惧症　　　B. 焦虑症　　　C. 抑郁症　　　D. 强迫症

［答案］ D

(五) 网络成瘾

随着互联网的不断发展和普及，网络成瘾问题更加引起公众的重视。在我国，网络成瘾的发病年龄为15—40岁，中学生为高发人群。中学生网络成瘾又称网络性心理障碍，目前还没有统一定义。有人将其定义为中学生由于过度地、不当地使用网络而导致的一种难以抗拒再度使用网络的着迷状态并影响到其正常的学习和生活；也有人认为网络成瘾是一种无成瘾物质作用下的上网行为冲动失控，一般会因为过度上网导致个体的社会心理功能受损。

1. 症状表现

网络成瘾者首先表现在不自主的强迫性上网行为、上网过程中不能控制时间导致难以自拔，同时也伴有一些躯体症状，如头晕、心烦、胸闷气憋、紧张性兴奋、懒散等，并且与家长、朋友打电话或与朋友聚会次数减少，下网后变得空虚、失落，不愿与人交流。网络成瘾早期，会渴望上网，如果不能上网就情绪低落、失望、焦虑不安；比较严重时会有生理依赖，有头晕眼花、手指发抖、浑身无力、食欲不振等症状，最后对中学生的身体健康、学业和人际关系产生明显不良后果，对现实生活失去兴趣，不愿意参加集体活动。

2. 网络成瘾的原因

根据国内外研究，导致中学生网络成瘾的原因主要有以下两个方面，一个是个体内部原因,个体内部方面主要是人格特质因素的影响。容易焦虑、自尊感较低、具有抑郁倾向的人更容易网络成瘾,除此,自我控制能力较弱、意志不坚定的学生也容易陷入网络无法自拔。另一个是外部环境原因。外部环境方面主要包括网络本身的特质;网络相关法规不健全;家庭和学校环境的影响。

互联网本身具有匿名性、更新时间快、涉及范围广、自由灵活度非常高等特点,可以使人际沟通和交流富有极大的魅力和吸引力,而且更重要的一点,网络可以不受现实生活的各种限制和约束。这导致中学生很容易沉迷网络,在网络中追求另一种理想化的生活、塑造另一个完美的自我。

目前,我国互联网处于飞速发展阶段,很多规章制度存在很多漏洞,网络相关法规不健全,网络监管的力度也十分有限,导致很多未成年中学生伪装身份上网,能轻而易举打开很多色情、暴力页面。

家庭的教养方式、亲子关系、婚姻关系和家庭暴力等因素都有可能导致中学生产生认知、情绪情感、人际关系方面的失调,学校的学习压力、同伴关系、群体压力、师生关系、异性交往等因素也可能给中学生带来压力和情绪,导致他们想要逃离现实,借助网络来宣泄、缓解现实压力。

3. 网络成瘾的治疗方法

网络成瘾是中学生心理健康问题中常见的现象,也是家长和老师感到最为棘手的学生问题。对于治疗网络成瘾有很多方法,但对于中学生而言,主要采取心理干预的手段,主要有以下几种心理干预方法。

(1) 强化干预法。

网络成瘾的干预中,奖励的使用条件是一旦发现成瘾学生有了减少上网的行为时,就给予奖励、表扬或肯定性评价。惩罚的使用条件是一旦发现成瘾学生上网时间增加时,立即给予处罚。处罚可以是物质性的,如取消他获得他最想要的东西的权利,也可以是精神上的,如校纪处分等。

(2) 厌恶干预法。

厌恶干预指采用惩罚性的厌恶刺激来减少或消除一些不良行为的方法。常用做法有橡皮圈拉弹法、社会不赞成厌恶干预、内隐致敏法等。

① 橡皮圈拉弹法。是由成瘾学生预先在自己手腕上套上一根橡皮圈,当他

坐到电脑前准备上网时,自己用力拉弹手腕上的橡皮圈,使其手腕有强烈的疼痛感,从而提醒自己下网。也可借助外力如闹钟发出尖利的噪音,来促使自己停止上网。

② 社会不赞成厌恶干预。主要是运用影视、舆论等手段,使学生在上网的同时产生一种来自社会的压力,并在心理上造成威慑和畏惧心理,从而达到戒除网瘾的一种干预方法。

③ 内隐致敏法。又叫想象性厌恶干预,是指用想象上网的过程和结果的办法,使自己对上网感到厌恶,从而逐步减少上网时间直至戒除网瘾的一种干预方法。这种方法可与橡皮圈拉弹法结合使用,效果会更好。

(3) 转移注意力法。

学校或班级通过组织各类有意义的文体活动,让成瘾学生参与其中,从而转移他的注意力和减轻他对网络的迷恋程度的一种干预方法。

(4) 替代、延迟满足法。

一方面学校和老师要帮助学生培养替代活动(其感兴趣的课外活动)吸引其注意力,并弄清他的上网习惯,然后使其反其道而行之,在原来上网的时间里做其他事情。另一方面,了解问题学生的上网时间(起初要控制上网时间,不必绝对戒除),将其上网总时间列表,纳入周计划,在可以控制的前提下,逐步减少上网时间最终实现戒除网络成瘾的目标。

(5) 团体辅导法。

将患有网络成瘾症的学生组合成一个团体,由富有经验的老师作为指导者,运用团体动力理论做理论基础,综合运用团体咨询的原则和各种方法,达到使参加团队的成员整体戒除网瘾的目标。

(六) 人格障碍与人格缺陷

人格障碍是长期固定的适应不良的行为模式,这种行为模式由一些不成熟的、不适当的压力应对方法或问题解决方式所构成。人格障碍一般多用于成人,对于18岁以下的儿童与青少年的类似行为表现通常称作人格缺陷、品行障碍或社会偏差行为。有人格障碍的人与有神经症的人相似,都没有丧失与现实的接触,也没有明显的行为混乱。

人格障碍有许多类型,例如,依赖型人格障碍者有被动的生活取向,不能决策和承担责任,有自我否定的倾向;反社会型人格障碍者有两个显著的特点:一是缺乏对他人的同情与关心;二是缺乏羞耻心与罪恶感。

人格障碍是个体先天素质与后天教养的产物。早期失去父母的爱,从小受到溺爱而缺乏惩戒或受到不一致的惩戒;一直受到保护、从未受到挫折,因而没有能力体认与同情他人的痛苦;父母的不正确行为等都是影响人格障碍形成的重要因素。

根据班杜拉社会学习原理,为有人格障碍的人提供良好行为的范例,奖励他们对良好行为的模仿,促使他们将社会规范与外部价值纳入自我结构中,对于矫正他们的反社会行为有一定作用。

(七) 性偏差

性偏差是指青少年性发育过程中不良适应的行为,如过度手淫、迷恋黄色书刊、早恋、不当性游戏、轻度性别认同困难等,一般不属性心理障碍。但对这些不适应行为,应给予有效的干预。

手淫本身不是心理障碍,对身体并无损害,也不是罪恶。应该注意的是对手淫的错误观念引起的心理冲突。对于过度手淫则要采取转移注意、转向于参加文体活动的方法予以纠正。

青春期是性生理发育逐渐成熟,性意识觉醒发展的时期。我国中学生受到的性教育太少,这种情况反而增强了一些学生的好奇心,导致社会上各种不良的思想意识有可能乘虚而入,各种问题也会随之产生。所以中学应重视对学生进行性生理知识教育,用科学知识正确引导他们的好奇心,解除恐惧心理,有利于促进学生身心发展。

(八) 进食障碍

进食障碍包括神经性厌食、贪食和异食癖等,其中神经性厌食是一种由于节食不当而引起的严重体重失常。凡是由于患者厌恶进食而导致正常体重骤然下降25%者,即被视作厌食症。神经性厌食症多发生于女性(女生比男生多20倍),其症状是对食物极端厌恶,甚至恐惧、四肢无力,女生则有的出现闭经。由于家庭不断施与压力,当事人有可能变得脾气暴躁。神经性厌食的形成可能与青少年担心发胖而极度限制饮食的错误做法以及父母过分关注孩子体型或姿态的态度有关。

神经性厌食可采用行为疗法、认知疗法予以矫正。

(九) 睡眠障碍

睡眠障碍包括失眠、过度思睡、睡行症、夜惊、梦魇等。失眠可能由压力事件、脑力或体力劳动过度引起,也可能是神经症的伴生物。夜惊可能与儿童发育阶段精神功能暂时失调有关。梦魇与学生日间情绪压力有关。

可采用肌肉松弛法来治疗失眠,严重者可辅以药物,但不宜长期服用。

第三节　心理辅导的方法

心理辅导是学校开展心理健康教育的重要方式。学校的心理辅导是一种心理上的助人活动,指的是在一种新型的、建设性的人际关系中,辅导教师运用专业知识和技能为其提供合乎需要的、心理上的帮助和支持,帮助学生处理面临的问题,发展其未能充分利用的潜能与机遇,进而使其获得自助的能力与意愿,克服成长中的障碍,增强与维持自身的心理健康,以便在学习、工作与人际关系各个方面做出良好适应。简言之,心理辅导的目的不是帮助,而是助人自助。

一、心理辅导的目标

学校心理辅导的目标与学校的教育教学目标是一致的,但心理辅导只是学校的一个方面,其目标也有自身的独特之处。重点是帮助学生认识自己、接纳自己、管理自己;帮助学生认识、掌握和适应周围的环境,从而能顺利解决各种问题和危机,增强应对社会变迁的能力和勇气;帮助学生去除特殊症状,改善行为;指导学生自主选择,承担一定的责任;鼓励学生探索和发现自己的潜能。

根据上述目标,可以把心理辅导的目标概括为两个方面:学会调适和寻求发展,其中,前者是基本目标,以此为目标的心理辅导称为调适性辅导,后者是高级目标,以此为目标的心理辅导称为发展性辅导。因此,这两个目标就是为了引导学生达到基本的和更高级的心理健康水平。

二、心理辅导的原则

学校心理辅导有其独特之处,它的服务对象是学生,服务者兼具教师和心理咨询师的角色。在学校心理辅导过程中,还需要遵循以下原则:

(一)面向全体学生的原则

学校心理辅导的功能在于通过对学生的引导、指导、协助和服务,促进每一个学生的成长和发展。心理辅导应该面向全体学生,无论他们心理是否健康,都应该是心理辅导的服务对象,都应该提供无差别的帮助。那些认为只有产生了心理问题才能去寻求心理健康老师的帮助的观点显然是错误的。相信每一个学生都是有潜能的,都是具有强大的抗逆力的,这才是学校心理辅导的出发点,而不是等着学生出问题了再来解决。

(二)预防与发展相结合的原则

学校教师要用发展的、变化的眼光来看待学生,要相信学生具有无限的发展潜能,要对学生的未来抱有积极乐观的态度,对各种学生问题应该理性对待。以预防为主的心理辅导方法是比较有效的。例如,对中学生进行异性关系处理的辅导就非常必要,可以提前告诉学生对异性感兴趣是十分正常、普遍的,关注异性对自己的看法也是非常常见的,一味地限制与异性交往的方法是不可取的,盲目的打压只会造成更消极的影响。

(三)尊重学生与理解学生的原则

尊重学生意味着尊重学生的人格和尊严,尊重学生的价值,认为学生与老师在人格上是平等的,对所有学生不歧视。真正做到尊重学生很难,这要求心理辅导老师把学生视为平等的人看待,而不是以师生关系的视角。例如,老师在辅导过程中也要请学生坐下,不能老师坐着、学生站着,还要充分聆听学生、尽量不随意打断。

理解学生意味着教师要尝试换位思考,努力去思考、感受学生的一言一行。例如,中学生处于对美好爱情的向往状态,应该理解他们对年轻一代偶像的崇拜,而不能随意贬低、诋毁,更不能嘲讽、打击。

(四)重视学生主体性的原则

在心理辅导过程中,教师要以学生为主体,以学生为中心,充分发挥学生的主观能动性。例如,对学生的学习态度进行辅导时,要多鼓励学生自己尝试、总结和反思,以此影响他的学习观,而不是强行灌输自己的观点。以学生为主体,心理辅导效果更好、持续时间更久。

(五)个别化对待的原则

学生的个别化差异是客观存在的。每一个学生都是独特的个体,心理辅导的目的不在于缩小学生之间的差距,相反地,在于充分发挥学生的个性,挖掘每一个学生的潜能,让其独特性得到充分展现。这就要求在辅导过程中要具体问题具体分析,不能一刀切、一碗端。不能认为学习成绩差的学生就一定是因为不努力、学习态度差,一定所有的方面都很糟糕,不如其他同学,应该尝试接触、了解他,帮助他发现自己的潜能,重塑自信。

(六)整体性发展的原则

在心理辅导过程中,除了注意差异性以外,还要考虑作为一个整体的学生各个方面的协调发展。这要求老师要将学生视为一个立体的人。在辅导时要注意引导,注意全面发展。例如,很多家长、教师和学生认为,只要学习成绩好就行了,体育课可以不上。针对这种错误的观点,老师就应该及时进行矫正。

三、心理辅导的基础

心理辅导以良好的关系建立为基础。尊重、真诚和同感是有效的心理辅导关系的关键。辅导教师要站在学生的立场和角度看问题,多理解和体会学生的感受。

(一)尊重

尊重学生的人格、价值和权利是心理辅导的首要条件。尊重表现在:

(1) 对每一个人的接纳。既接纳长处,也接纳不足。接纳每一个学生,承认他与其他人的不同,承认他的独特个性。

(2) 对学生的承诺。包括不迟到、高度关注对方的倾诉、严格履行保密的承诺。

(3) 对学生的态度。要持有非评判、非批评、不贬低的态度和立场。

(4) 对谈话的内容。准确理解倾诉的内容,即使不同意或不支持对方所说、所做,也应该避免谴责对方。

(二) 真诚

在辅导过程中,教师要诚实、自然、自由、开放,去除伪装或戒备心理,以"真正的我"的面目出现,做到表里如一、言行一致、前后呼应。具体表现在:首先,在个别谈话中,可以全身心投入地倾听,不必盘算如何做出"完美的回答"而中断,可以表达真实想法和感受;其次,在必要时,可以自我暴露,向学生讲述自己的经历和遭遇。值得注意的是,真诚并不是教师可以毫无顾忌地表达自己的每一个想法和感受,也不等于教师可以随意辅导。

(三) 同感

知识链接

同感的原则

(1) 我怎么对待别人,别人就怎么对待我。

(2) 想要他人理解我,首先要先理解他人。

(3) 别人眼中的自己才是真正存在的自己。学会以别人的角度看问题,并据此改进自己在他们眼中的形象。

(4) 只能修正自己,不能修正别人。想要成功地与人相处,让别人尊重自己的想法,唯有先改变自己。

(5) 真诚坦白的人,才是值得信任的人。

(6) 真情流露的人,才能得到真情回报。

同感是比较口语的表达,常常可作为"感同身受"的简称,也可称为共情、共感、同理心,指进入受辅导学生的内心世界,站在他的角度看问题,体察他的思想和感受,了解他观察自己与周围世界的方式。同感有以下特征:

(1) 设身处地。从学生的角度看问题。注意换位思考,有同理心。

(2) 保持客观和中立。既不能以自己的经验和思维去推测学生的感受和情感,也不能完全陷入学生的情绪状态中无法自拔,例如,受辅导者哭,辅导者不应也跟着哭,而是以客观中立的心态去分析问题和解决问题。

(3) 传达感受。及时、准确地反馈自己对受辅导者的了解与体察,以引起互动。

四、心理辅导的内容

教学是学校的中心工作,因此,学校心理辅导的首要内容是学习方面的指导和帮助,其次是人格辅导、生活辅导和生涯辅导。

(一) 学习辅导

教师要利用专业知识和技能,帮助学生认识学习的原理和方法,提高学习效率,挖掘和发挥其潜能。学习辅导与"家教""课外辅导""补课""教师课后对学生的辅导"等是完全不同的概念。学习辅导主要针对的是学习技能、学习动机、学习情绪和学习习惯。

学习辅导有广义狭义之分。其中,广义的学习辅导是对学习者在学习过程中发生的各种障碍和问题进行辅导,包括学习动机、学习技能、学习情绪和学习习惯等。授人以鱼,不如授人以渔。帮助学生找到合适自己的学习方法和技巧,才能学习辅导的要义。

狭义的学习辅导是对学生经历了学习挫折和困难时所产生的心理困扰和行为障碍进行的辅导。这种辅导侧重心理方面的辅导,已经不再局限于学习范围之内。

从培养学生良好的心理素质角度看,广义的学习辅导更有积极意义,辅导学生学会调适和寻求发展的目标。学习心理辅导的核心是提高学生的自主学习能力、判断能力和独立思考能力,并非单纯提高学习成绩。

(二) 人格辅导

这里的人格指的是对自己、对他人、对事物的个性心理品质。教师要帮助和促进学生人格的健康成长,注重对学生的自我意识、情绪的自我调适、意志品质、人际交往与沟通、群体协作技能进行辅导,培养和提高学生良好的个性心理和环境适应能力。例如,对学生自卑心理的辅导就可以从自我意识入手,帮助其逐步建立起客观、全面的自我认识,最后克服过度自卑心理,恢复一定程度的自信心。

(三) 生活辅导

生活辅导的目标在于培养学生健康的生活情趣、乐观的生活态度和良好的生活技能,这对于学生未来获得幸福而充实的生活具有潜在影响,同时对他们个性的发展、才能的增长、学习效率的提高也有辅助作用。主要包括休闲辅导、消费辅导和日常生活技能辅导等。

(四) 生涯辅导

升学与择业是每一个学生成长与发展的必经过程,是事关个人前途命运的重大转折。生涯辅导是为学生未来的生活做准备的教育活动,目的在于帮助学生了解自己的能力、特长、兴趣和社会就业条件,在此基础上确立自己的人生志向,进行职业选择和准备,为今后顺利地踏入社会打下良好的基础。

对于中学毕业生而言,往往面临着就学和就业的巨大压力和考验。中学生人生阅历十分有限、社会经验缺乏,对社会职业的认知难免停留在表面。这时候,可以从一年级开始就着手生涯规划辅导,帮助学生认识职业、认识社会,帮助学生规划大学、规划人生。

五、心理辅导的方法

对学生而言,心理辅导方法的重点在于影响或改善学生的认识和行为。目前而言,学校心理辅导的方法有以下三种类型:行为改变、行为演练和认识改善。

(一) 行为改变的常见方法

1. 强化法

强化法用来培养新的适应性行为。根据学习的基本原理可知,一个行为发生后,如果紧跟着一个强化刺激,那么这个行为就会再次发生。例如,一个学生不敢同老师讲话,学习上遇到了困难也没有勇气去求教,某一次他尝试了向老师请教问题,老师耐心解答并且表扬了他,这个学生就可能会形成主动向老师请教的行为模式。

知识链接

强化法的原理是操作性条件作用,某一行为得到奖赏,这个行为重复出现的概率就会增加,反之可能会减少。强化分为正强化、负强化、惩罚和消退。

【真题链接】

[2013·下]选择题：晓红是韩老师班上的学生,她孤僻、羞涩。当她主动与同学交谈或请教老师时,韩老师会给予肯定,这种心理辅导方法是(　　)。

A. 强化法　　　　　　　　B. 系统脱敏法
C. 理性-情绪疗法　　　　　D. 来访者中心疗法

【答案】　A

2. 代币奖励法

代币是一种象征性强化物,比如筹码、小红花、星星、盖图章等,都可以作为代币使用。当学生做出期望的良好行为以后,教师可以发给其一定数量的代币作为强化物,这样,学生为了不断得到代币,就会做出更多教师期望的行为。代币法的优点是：可将奖励的数量和行为的数量、质量一一对应起来,代币也可以兑换有实用价值的物品或活动,代币也不会产生"饱"的现象而使强化失效。

3. 行为塑造法

行为塑造,指的是通过不断的强化逐渐趋近于目标的一些反应,来形成某种比较复杂的行为。有时候,教师所期望的行为在某学生身上很少出现或很少完整出现,那么,就可以依次强化那些接近目标的行为,直到期望行为的完整出现。

4. 示范法

班杜拉的社会学习理论告诉我们,学生的观察和模仿是其学习的重要方式。因此,必要的榜样示范是比较有效的。模仿学习是一种替代强化。由于榜样或范例不同,示范法不仅包括教师或其他人的示范,也包括大众媒体所提供的示范,如电视、电影、各种网络视频、图片等。

5. 惩罚法

惩罚的目的在于消除不良行为。惩罚有两种：在不良行为出现以后,呈现一个厌恶刺激,如否定评价、警告处分等;除此,也可以撤销一个愉快的刺激,如不做完作业就不可以玩游戏。

知识链接

有效运用惩罚法的原则：

(1) 选择的被惩罚行为应该是具体的不良行为，而不是个人。即"对事不对人"。例如，学生上课注意力不集中、和同桌嬉闹，教师应该针对这些具体行为进行教育，不可全盘否定其本人或整体表现。

(2) 选择好惩罚物。有的学生对一般的批评毫不在意，有的学生只需要看几眼就可以改正不良行为，这就需要了解学生。

(3) 实施惩罚时保持平静。情绪的激动和愤怒容易加重惩罚强度。

(4) 惩罚必须及时。教育要及时，不翻旧账，不算总账。

(5) 惩罚应基于爱和尊重。态度和蔼、满怀真诚地实施惩罚时效果最佳。教师使用惩罚时要出于爱心。

(6) 惩罚法应该与其他方法结合起来使用。

值得关注的是，惩罚法在控制和消除不良行为方面作用显著，的确可以起到"立竿见影"的效果，因而比较常见，但它也有很多潜在的缺点和副作用，尤其是对未成年的中小学生的副作用可能更大，要谨慎使用。惩罚有可能会导致的消极后果是：

(1) 引起不良情绪反应。有些学生接受惩罚以后情绪非常不稳定，可能会大哭、焦虑、愤怒、悲伤，有些学生可能还会迁怒于他人或物，导致一些不礼貌或冲撞行为，甚至可能有踢凳子、拍桌子、摔东西等破坏行为。

(2) 容易产生条件惩罚物。有些学生受到惩罚后不仅会对惩罚物产生害怕和抑制反应，而且还会对与之相联系的其他物体和情境也产生逃避反应。这时，和惩罚相联系的事物有可能形成条件惩罚物。例如，学生厌学、逃学和离家出走，重要原因之一可能是教师、家长的惩罚产生了条件惩罚物。

(3) 可能导致学生模仿成人的惩罚行为来对付学生。有时候，惩罚的结果是纠正了一种不良行为，但无形中就教给了学生另外一种不良行为。例如，经常打架、骂人的学生，很可能是父母粗暴教育的结果。

(4) 可能导致学生的个性极端化发展。经常被惩罚的学生，要么变得胆小懦弱、缺乏自信，要么变得胆大妄为、无法无天。

(5)可能导致使用者上瘾。惩罚的效果往往立竿见影,而且实施起来非常方便。惩罚很容易使使用者上瘾而忽视了惩罚效果的短暂性和不良行为的易重现性,更忽视了惩罚可能带来的不可挽回的伤害,例如,教师体罚成瘾,导致学生自杀。

以上后果告诫教育工作者和家长使用惩罚方法时要权衡利弊,谨慎使用。

6. 自我控制法

自我控制就是让当事人自己运用学习原理进行自我分析、自我监督、自我强化和自我惩罚,以改善自身行为。理论上,这种方法是一种经过人本主义改善过的行为改变方法,优点在于突出了当事人的责任感,增加了改善行为的练习时间。

(二)行为演练的基本方法

1. 全身松弛法

这种方法在于通过改善肌肉的紧张来减轻酸痛感,从而应对情绪上的紧张、不安和焦虑等。全身松弛法有不同的操作方式,紧张、松弛对照训练是最为常见的一种。这种训练方法的要点是训练者要学会接受自己的生理状态,辨认肌肉紧张、放松的感觉,对肌肉进行"紧张—坚持—放松"的练习,从这两种感觉的对比中学会放松。训练时,对全身多处肌肉按固定次序进行放松。

2. 系统脱敏法

系统脱敏指的是当某些人对某事物(如绒毛玩具类)、某环境(如高空、密室)产生敏感反应(害怕、焦虑、不安)时,可以在当事人身上发展一种不相容的反应,使他对本来会敏感的事物和环境不再敏感。例如,某个学生非常害怕猫,可以让他先看猫的照片,跟他谈论猫,再让他远距离观看在笼中的猫,让他慢慢靠近,最后鼓励他触摸猫、抱起猫,逐步消除他对猫的害怕心理。

知识链接

系统脱敏法由南非精神病学家沃尔帕于20世纪50年代创立,主要建立在经典条件反射和操作条件反射的基础上,其治疗原理是对抗条件反射,基本原则是交互抑制,即在引发焦虑的刺激物出现的同时,让病人做出抑制焦虑的反应,故又称交互抑制法。

【真题链接】

[2012·上]选择题：心理辅导老师通过帮助李晓明建立焦虑等级，让他想象引起焦虑的情境，进行放松训练，从而缓解他的焦虑。这种心理辅导方法是（　　）。

A. 强化法　　　　　　　　B. 系统脱敏法

C. 理性-情绪疗法　　　　　D. 来访者中心疗法

【答案】　B

3. 肯定性训练

肯定性训练也叫自信训练、果敢训练，目的是促进个人在人际关系中公开表达自己的真实情感和观点，维护自己的权益也尊重别人的权益，发展人的自我肯定行为。自我肯定行为主要表现在三个方面：

(1) 请求。请求他人为自己做某事，以满足自己的合理需求。

(2) 拒绝。拒绝他人的无理要求。

(3) 表达自己真实的想法。敢于表达自己的意见或感受。

生活中，很多学生表现出来的是不肯定行为，例如，谈话时不敢直视对方眼睛，说话句子简短，不敢提出合理的要求，不敢拒绝别人的无理要求，不敢表达自己的不满情绪，与同学发生冲突或矛盾时不敢正面解决问题而是哭着找老师、找父母等。

肯定性训练是通过角色扮演来增强自信心，然后再将学习到的应对方式应用到生活中。通过训练，当事人不仅降低了焦虑程度，也发展了应对能力。

(三) 改善认知的方法

认知疗法是20世纪六七十年代在美国流行的一种心理咨询与治疗方法。认知疗法是根据人的认知过程，影响其情绪和行为的假设，通过认知和行为技术来改变患者不良认知的一类方法的总称。

认知疗法是个体情感和行为的中介，认为不良的认知是引发自我挫败行为的根本原因，通过改变人的认知过程以及在这一过程中产生的认识，可以改变情绪和行为。不良的认知，即不合理的、歪曲的、消极的信念和想法。

认知疗法的基本过程有四步。

(1) 建立求助的动机。在此过程中,要认识适应不良的认知—情感—行为类型,受辅导者要和教师对其问题达成认知上的统一,对不良表现给予解释,并且估计预期效果。

(2) 适应不良认知的矫正。要使受辅导者发展新的认知和行为,来替代适应不良的认知和行为。

(3) 培养新观念。在处理日常生活问题的过程中,用新的认知对抗原有的认知。要让受辅导者练习将新的认知模式应用到社会情境之中,取代原来的认知模式。

(4) 改变有关自我的认知。作为新认知和训练的结果,要让受辅导者重新评价自我效能以及自我在处理认识和情境中的作用。

(四) 合理情绪疗法(理性情绪疗法)

20世纪50年代,阿尔伯特·艾利斯在美国创立了理性情绪疗法。这种方法是认知心理治疗中的一种,也采用行为治疗的一些方法,故被称为一种认知行为治疗的方法。他认为,人的情绪是由本身的思想决定的,合理的想法和观点会形成健康的情绪,反之,不合理的想法和观点会导致负面的、不稳定的情绪。人有很多非理性的观点,如"我必须成功并得到别人的赞许","别人必须对我关怀体贴","事情应该做到完美","上课回答问题答错了很丢人、很糟糕"等。由此,他提出了一个解释人的行为的ABC理论。

A指的是诱发事件(Activating events),个体遇到的主要事实、行为、事件。

B指的是信念(Beliefs),个体对这一事件的信念或观点。

C指的是结果(Consequences),即事件造成的情绪结果。

人的情绪反应C是由B(我们的想法或信念)直接决定的。但很多人只会关注A和C的关系,而忽略了B的存在。B如果是一个非理性观念,就会造成负面情绪。若要改善情绪状态,必须驳斥(D),从而建立新观念并获得正面情绪效果(E)。这就是理性情绪治疗的五个步骤。这种方法是一项具有浓厚教育色彩的心理治疗法,吴丽娟在此基础上编拟了"理性情绪教育课程",该课程首先让学生分辨理性与非理性观念,然后驳斥非理性观念。例如,

A. 事件:这个问题我回答不好。

B. 观念：老师会批评我，同学们会笑话我，太丢人了。

C. 情绪：难过、沮丧。

D. 驳斥：这不是事实。只是我自己的想法，怎么知道同学们就一定会笑话呢？即使有人笑话，一会儿就没事了。

E. 新观念：可能没人笑话我；被笑话只是暂时的，只要认真学习听课，回答问题就不会出错；我还有很多其他优点。

知识链接

不合理信念的特点：

（1）绝对化的要求。以自己的意愿为出发点，对某一事物持有必定或应该发生的信念，通常与"必须""绝对""不可能"等字眼联系在一起。

（2）过分概括化。以偏概全的不合理思维。例如，做错了某一件事就认为自己一无是处，别人稍微有一点不对就完全否定他人。

（3）糟糕至极。当与自己期望或要求不符合的事情发生时，就认为糟糕到了极点，无法接受现实，思想极端。

（五）来访者中心疗法

这是由美国心理学家罗杰斯创立的，他是人本主义心理疗法的主要代表。不同于其他疗法，这个方法有以下六个方面的新特点。

（1）充分相信人的潜能。认为受辅导者有能力找到更好的应对方法，无需教师干涉。

（2）在辅导过程中教师不是指导者，也不是权威专家，而是一个拥有专业知识和技能的伙伴或朋友。在谈话时，教师要以热情的态度倾听，不打断、不解释，不把自己的观点强加于对方，也不妄加评论，只是对对方的谈话表示兴趣、理解和耐心，也就是说，以来访者为中心。

（3）强调教师和受辅导者之间应该建立融洽的关系。这是最重要的。教师应创设真诚的、温暖的和理解的辅导氛围。没有干扰和控制，只有教师的温暖、关怀和理解，才可以使来访者感到轻松、自由、安全，将内心的忧虑和痛苦一吐为快。

(4) 在整个辅导过程中教师不给予指导。这也是来访者中心疗法与其他疗法的根本区别。即教师不要代替来访者做决定,也不确定下一步的计划,不解释、不分析谈话的内容,也不指出存在的问题。教师可以作情感反应和内容反应,具体方法是重述谈话重点,鼓励其继续说下去。

(5) 对于辅导内容。不是把重点放在受辅导者或来访者的过去,不一定要追问历史,而是直接处理现在的情况,尤其是当前的情绪困扰。

(6) 成功的辅导表现为来访者或受辅导者的生活能力不断提高。能妥善处理生活中的问题;缓解了情绪困扰与内心的紧张和焦虑;变得更有信心;与他人的关系更为融洽,行为更加成熟;来访者心理适应能力增强,能勇敢面对困难与挫折。

在实际的心理辅导工作中,应该根据学生的具体需求,灵活运用各种方法。

【真题链接】

1. [2014·下]选择题:小华最近遇到了一些困难,心理辅导老师引导他梳理了错误观念,并形成了正确的认识,解决了问题。小华所接受的这种心理辅导方法是( )。

    A. 行为分析法　　　　　　B. 理性情绪疗法
    C. 系统脱敏法　　　　　　D. 来访者中心疗法

    【答案】 B

2. [2014·上]选择题:晓颖认为做事应该尽善尽美,决不允许出现任何差错,因而平时稍有失误就极度焦虑,张老师通过改变认知偏差的方式来帮助她克服这种焦虑。这种心理疏导是( )。

    A. 强化法　　　　　　　　B. 系统脱敏法
    C. 消退法　　　　　　　　D. 理性情绪疗法

    【答案】 D

3. [2015·下]选择题:中学生小阳总认为他是一个完美的人,任何事情都会按自己的意愿发展,但是现实往往事与愿违,这让他非常苦恼,希望得到心理辅导老师的帮助。如果对小阳进行心理辅导,最可行的办法是( )。

A. 放松训练法 B. 系统脱敏法
C. 理性情绪疗法 D. 代币奖励法

【答案】 C

模拟通关基础练习

一、单项选择题

1."没有查出病就是健康"实质上忽视了人的( )。
A. 生理健康 B. 生理卫生 C. 心理健康 D. 身体健康

2.心理健康教育的对象主要是( )。
A. 心理障碍学生 B. 正常学生
C. 重度心理健康问题的学生 D. 大多数学生

3.小王总是怀疑自己家的门没有上锁,因此常常反复检查,这是一种( )。
A. 强迫行为 B. 强迫观念 C. 焦虑 D. 强迫

4.抑郁症的主要特征是持久性的( )。
A. 焦虑 B. 紧张 C. 心境低落 D. 注意障碍

5.焦虑是由紧张、不安、焦急、忧虑、恐惧交织而成的一种情绪状态。中学生最常见的焦虑反应是( )。
A. 社交焦虑 B. 考试焦虑 C. 活动焦虑 D. 人际焦虑

6.关于考试焦虑症,以下哪种说法不正确?( )
A. 治疗严重考试焦虑症,必要时可以配合抗焦虑药物
B. 学业压力和考试焦虑会形成恶性循环,令考试焦虑越来越严重
C. 考试焦虑症的形成原因主要是学生内部的压力,所以只要处理好学生的心态和观念就可以
D. 系统脱敏法是治疗考试焦虑症的方法之一

7.在对学生进行心理辅导时,常常使用的"强化法"属于( )。
A. 行为改变法 B. 认知改变法 C. 精神分析法 D. 肯定训练法

8. 提出理性情绪疗法的心理学家是(　　)。

　　A. 斯金纳　　　B. 巴甫洛夫　　C. 埃利斯　　　D. 贝克

9. 罗杰斯在其"以人为中心的治疗"中,将"无条件积极关注"看作心理辅导的重要原则。由此可知,学校心理辅导的原则之一是(　　)。

　　A. 面向全体学生原则　　　　　B. 发展性原则

　　C. 尊重与理解学生原则　　　　D. 尊重学生主体性原则

10. 心理辅导的主要目标是学会调适和(　　)。

　　A. 诊断评估　　B. 克服障碍　　C. 行为矫正　　D. 寻求发展

11. 某个学生性格比较内向,不敢跟老师说话。有一次不得已跟老师提了一个很小的问题,结果老师立即表扬了他,并且耐心细致地解答了,从此他便积极主动地提问了。这里运用了行为改变中的(　　)。

　　A. 强化法　　　B. 代币奖励法　　C. 行为塑造法　　D. 示范法

二、简答题

1. 简述中学生网络成瘾的原因和常用的心理干预疗法。
2. 学校开展心理健康教育的途径有哪些?
3. 简述学校心理辅导的主要目标。
4. 同感的具体表现有哪些?

三、论述题

结合现实案例解释、说明理性情绪疗法的步骤。

模拟通关基础练习参考答案

一、单项选择题

1. C　2. B　3. A　4. C　5. B　6. C　7. A　8. C　9. C　10. D　11. A

二、简答题

1. 网络成瘾的原因有:(1)社会环境的影响:网络的迅速发展对青少年存在诱惑。(2)家庭教育的影响。(3)青少年满足感的缺失使得他们易在网络中寻求满足。(4)青少年生理及人格特点的影响。

常用的心理干预法有:(1)强化干预法。(2)厌恶干预法。(3)转移注意力法。(4)替代、延迟满足法。(5)团体辅导法。

2. 学校开展心理健康教育的途径主要有：(1)独立开设心理健康教育课程。(2)将心理健康寓于活动之中。(3)在学科教学中渗透心理健康教育的内容。(4)个别辅导。(5)团体辅导。

3. 心理辅导的主要目标可概括为两个方面：学会调适和寻求发展，其中，前者是基本目标，以此为目标的心理辅导被称为调适性辅导，后者是高级目标，以此为目标的心理辅导被称为发展性辅导。

4. 设身处地；保持客观和中立；传达感受。

三、论述题

理性情绪疗法包括以下几个步骤，1. 找出 ABC，如：A. 事件：这个问题我回答不好。B. 观念：老师会批评我，同学们会笑话我，太丢人了。C. 情绪：难过、沮丧。2. 确定不合理观念 B；3. 与不合理信念辩论，如：D. 驳斥：这不是事实。只是我自己的想法，怎么知道同学们就一定会笑话我呢？即使有人笑话，一会儿就没事了。4. 建立新观念，如：E. 新观念：可能没人笑话我；被笑话只是暂时的，只要认真学习听课，回答问题就不会出错；我还有很多其他优点。5. 基于新观念，获得正面情绪效果。

教师能力训练

1. 案例分析：

案例一：小刚今年上初二，为了让孩子多学习一些东西，父亲特意为他买了一台电脑，小刚很高兴，放学回家后，就坐在电脑旁，电脑也确实给小刚的学习带来很大帮助。小刚在学校听同学说电脑游戏特好玩，起初他也只是好奇同学都玩游戏，想自己也试试，放松一下。没想到，这却成了小刚沉迷于网络游戏的开始。由于游戏的不断升级所带来的刺激越发激起了小刚玩游戏的兴趣，早退、旷课等以前没有过的事情开始出现在这个曾经是好学生的小刚身上，由于花在玩电脑上的时间和精力越来越多，他的学习成绩不断下降。小刚沉迷在网络游戏的世界里，难以自拔。家长、老师百般劝说，都没有效果，家长没办法，最后只好听从老师的建议，请专家予以帮助。

案例二：小红是某小学四年级的学生，活泼可爱，学习也很用功，可就是怕考试。一听说要考试，情绪就极度紧张，面红耳赤，心跳加速，心神不定，紧锁眉头。考试时，考卷发下来，双手颤抖，头脑一片空白，注意力不能集中，严重时连考试题都看不清。

结合案例，分析出原因并找出相应的解决方法。

2. 设计题：假如你是一名学校心理辅导教师，有一次在与学生的谈话中，你发现你跟学生有过相似的经历，但那段经历你从未跟人提及，因为你觉得非常隐私。请问，学生倾诉得很动情投入，这时，你要如何进行自我暴露但又保持客观中立？请据此设计、预想一段对话(包含肢体动作、表情)。

3. 角色演练题：假如你是一名学校心理辅导教师，在进行辅导时，学生无意间透露了他们一伙人夜里偷偷翻墙出去上网、又翻墙回宿舍的经历。请问你打算如何处理？

教师能力训练答案要点

1. 案例一中小刚网络成瘾的原因有：(1)小刚对电脑游戏的好奇。(2)小刚正处于青春期，这一时期的青少年的内心世界是充满矛盾、多变的，自制力还不强。青少年身心发展具有不成熟性和不稳定性。(3)小刚家长起初没能对孩子上网、使用电脑进行正确的引导和监管，以及对青少年的心理发展特点缺乏了解。

遇到青少年网络成瘾，家人要尽量减少对他们的责备，多和他们交流，多理解、多倾听他们。要帮助他们寻找迷恋网络的原因，如性格内向、成绩不如意或者人际关系不顺等。与此同时，要注意帮助他们培养积极的爱好。家长要给孩子以支持，要理解孩子的行为，尊重他们。父母还可以了解青春期的心理特征和网络知识，不妨和孩子一起使用电脑，正确引导。必要时把家里的电脑放在显眼的地方(如客厅)，不要放在卧室里，用外部条件加以约束，通过各种方法最终实现孩子的自我成长，心理上彻底脱瘾。如果仍不能帮助他们摆脱困境，就要寻求专业人士的帮助。

案例二中小红害怕考试，考试时表现不良的主要原因是对考试过度焦虑。

她的反应是典型的考试焦虑。考试焦虑是在应试情境的激发下，受个体认知评价能力、人格倾向与其他身心因素所制约，以担忧为基本特征，以防御或逃避为行为方式，通过紧张不安的情绪反应所表现出来的一种心理状态。表现是随着考试临近，心情极度紧张。考试时不能集中注意力，知觉范围变窄，思维刻板，出现慌乱，无法发挥正常水平。考试后又持久地不能松弛下来。

解决考试焦虑可以采用的治疗方法有：（1）为防止考试焦虑症发生，学校咨询人员可以通过一些早期干预的措施，如讲授自我放松缓解紧张的方法等进行早期干预。（2）采用肌肉放松、系统脱敏方法，运用自助性认知矫正程序，指导学生在考试中使用正向的自我对话，如"我能应付这个考试"，"成绩并不重要，学会才是重要的"，"无论考试的结果如何，都将不会是最后一次"，对于缓解学生的考试焦虑，都有较好的效果。

2. 此题属于个性化开放性问题。同学们可以充分展现自己的智慧进行个性化的设计。但设计必须遵循以下原则：（1）自我暴露是一种心理咨询技巧，属于影响性技术，主要目的是通过自我开放表明理解来访者，从而促进来访者的进一步开放。（2）自我暴露要适度，不是完全自我暴露表达自己，而是为了有助于治疗。（3）自我暴露要注意伦理原则，保持价值中立。

3. 此题也属于开放性问题，同学们可以自由发挥。但要注意：（1）这是来访者自我暴露的问题，心理辅导老师应注意把握学生自我暴露的目的和心理。（2）心理辅导老师应利用学生自我开放的程度对学生进行疏导。（3）学生的自我暴露可能表明学生对心理辅导老师的信任，心理辅导老师应注意保持良好咨访关系。

第六章　教师心理

> **开篇案例**

一起读师范大学的41位同学，下海的下海，做官的做官，除我以外，都纷纷改了行，都比我有出息。同学会上，大家劝我别死心眼，只要愿意离开南疆那片戈壁滩，大伙儿有的是办法。他们想不通我待在茫茫戈壁竟不为外面的精彩世界所动，还能心如止水。看着同学们满面春风地在一起高谈阔论，我的思绪飘到了十年前。

其实，大学毕业刚工作那阵，我也不安心教书，整天想着改行。一天，我在报上看到了市委招聘秘书的消息。我立即向学校请了几天病假，名曰去市里看病，实则是去市委面试。天遂人愿我顺利地通过了面试，市委领导当场拍板，录取了我，让我回去办好手续就可到市委报到。我拿着商调函心里喜滋滋的，那高兴劲就甭提了。

从市里回来，下了车，碰巧学校还没下班，我顾不上休息，直奔校长办公室。我推开校长办公室的门，校长刚上课回来，正闭目养神呢。我兴奋地把商调函往他面前一放，说："校长，我请求调走。""什么？调走？你不是看病去了吗？"校长愣了愣说。我把经过简单地说了说，校长拿过商调函仔细看了看，见真有其事就说："小李，你还是先回宿舍看看再说吧！"回到宿舍，我惊呆了。床上堆满了鸡蛋、红枣、葡萄干……同事小王老师说："自从你请假走后，每天都有学生来问你的情况。"我望了望床上的礼品，嗳！瞧这些学生。这时候，心里颇为踌躇，可我不能教一辈子书呀！我本想悄悄地办好手续，悄悄地离去。可是我要调走的消息还是不胫而走。第二天早上，我刚起床，我班学生不上早读课，在班长的带领下，分成四行整整齐齐地站在我的宿舍门前。我问班长是怎么回事。班长说:"老师,听说你要调走,全班同学都舍不得你走,我们想用这种方式请求你留下!"我一听就来气,严厉地对班长说:"胡扯,老师的事不要你管,把同学们带回教室上课。""你给我们上课,我们马上就回去!"大家异口同声地说。"你……你……你们太不像话了!"我见学生跟我过不去,气得浑身哆嗦。"老师,你别生气,前几天我们听说你生病去市里医院了,我们想肯定是我们这儿的自来水不干净,大家凑钱给你买了一个过滤器。"说完,他从书包里拿出过滤器,毕恭毕敬地递了过来。不知是我正在气头上,还是别的原因,我竟一把把班长递过来的过滤器打落在地。班长和全班同学一怔,想不到他们一向温文尔雅的李老师今天如此粗暴。班长拾起被我打落的过滤器,用手不停地拍打过滤器上的尘土,拍着拍着竟呜呜地哭起来。我才意识到我刚才的举动太粗暴,伤了学生的心,我窘迫极了,只好把我班学生带回了教室。

后来,我留了下来,一直到今天。想想当时学生挽留我的情景和学生渴求知识的眼睛,我还有什么理由改行呢?富贵何所求,学生的一声问候,一句祝福,就是我一生的幸福。

思 考

李老师在个体价值和社会价值的矛盾冲突中选择了留在戈壁做教师,请分析到底是什么留住了李老师?并请从不同角度分析教师职业存在的价值。

内容提要

教与学的心理是教育心理学的核心问题。教师心理是教育心理学的重要内容,教师心理包括教师角色心理、教师心理特征、教师成长心理和教师心理健康四个部分。认识教师心理发展规律,对于师生而言均至关重要。本章内容在介绍教师角色定位和心理的基础上,分析了教师成长过程中的心理影响因素,进而阐明了教师心理健康的重要意义及方法。本章有助于增强学生对教师心理的认识,提升对教师心理素质和心理健康的理解。

学习目标

1. 了解传统的教师角色观和现代的教师角色观,教师角色形成的阶段,教师心理健康的影响因素。

2. 理解教师角色、教师心理特征的含义,教师威信的形成与发展,教师成长与发展的基本途径。

第一节 教师角色心理

"师者,所以传道、授业、解惑也。"教师是人类灵魂的工程师、春蚕、蜡烛、园丁……教师是学生学习的合作者、支持者、倾听者……在不同社会背景下,由于社会大众对教师具有不同的要求和期望,导致形成了不同的教师观,进而成为教师扮演不同角色的基础和前提。角色(role),最初是由拉丁语 rotula 派生出来的,这一概念最初在学术著作中出现是在 20 世纪 20 年代社会学家格奥尔·齐美尔(Georg Simmel)的《论表演哲学》一文中①,最初,角色是戏剧舞台中的用语,后来,美国社会学家米德(R. H. Mead)和人类学家林顿(R. Linton)把角色这个概念正式引入了社会心理学研究。因此,角色是一个心理学概念,指的是个体在社会群体中的特定身份和与之相联系的行为模式。教师的角色是社会赋予教师职业的身份和职责,可见教师角色是一种社会角色,与其职业行为息息相关。

一、教师角色的内涵

教师角色是指按照其特定的社会地位所应承担的相应社会角色。它规定了教师在教育情境中所应该表现的心理和行为方式。符合角色期望的教师行为会受到社会的认可和支持。

知识链接

关于教师角色的日常话语

师者,教人以道者之称也。(《周礼》)

智如泉源,行可以为仪表者,人之师也。(《韩诗外传》)

---

① 全国 13 所高等院校《社会心理学》编写组.社会心理学(第四版)[M].天津:南开大学出版社,2008:65.

> 师者,人之模范也。(扬雄《法言·学行篇》)
> 师者,所以传道、授业、解惑也。(韩愈《师说》)
> 教师是太阳底下最崇高的职业。(夸美纽斯)
> 教师是人类灵魂的工程师。(加里宁)

二、教师角色观的发展及演变

社会对教师的期望是变化发展的,这也就决定了教师角色并不是一成不变的。美国学者雷道和华顿保认为教师兼有十种不同角色:社会代表、知识的源泉、裁判员或法官、辅导者、学生行为优劣的观察者、认同的对象、父母的替身、团体的领导者、朋友、情感发泄的对象。在我国,教师的角色经历了一系列变化,从"三人行,必有我师"、长者为师,到有学识者为师,再到"传道授业解惑"者为师和良师益友、亦师亦友,与过去相比,今天的教师角色更加开放、更加民主平等。

(一)传统教师角色观

1. 知识的传授者

教师很长一段时间被认为是知识的传授者,主要任务在于向学生传授科学文化知识,丰富其知识经验,发展其智力。这种角色容易造成单向灌输、填鸭式教学现象,不利于学生个性的培养和创造性的发挥。在新课程理念的指导下,教师的这一角色已式微,并且正向学生学习的促进者转变。

2. 教学的引领者

教学过程历来由教师主导,以教材为中心、以教师为中心的传统观点深入人心,教师直接决定了教学目的、教学目标、教学计划和教学评价。这种角色较少考虑学生的需要、个性和兴趣。

3. 行为的示范者

学高为师,身正为范。"其身正,不令而行;其身不正,虽令不从。"教师的言行举止都可能对学生产生影响。学生良好的道德品质和健康的人格的形成均受到教师示范的影响。班杜拉的社会学习理论说明,良好的榜样和示范会对学生产生直接的影响。对于学生而言,教师的一言一行都是模仿的对象,加上教师的权威性,学生对教师有一种自然的信赖感,因此,学生很容易将他们喜爱的教师视为榜样来模仿。这种角色要求教师严格要求自我,注重自我的行为处事作风,给学生树立一个良好的榜样。

4. 班级的管理者

教师,特别是班主任,承担着班级的所有事务,是整个班级的领导者。从班级日常事务,到学生的学习、生活,再到课外活动,都是教师需要负责的事项。这种角色要求教师要重视集体环境的创设,首先为学生提供一个良好的学习环境;同时也要强调纪律规范的重要性,使班集体井然有序地运行;再者,良好的同学关系和师生关系也是良好班风的重要组成部分,教师也要注重人际关系的处理。

知识链接

传统教师角色有四个强调、四个忽视。

(1) 强调社会责任,忽视教师个人的生命价值与需要。

(2) 强调教师的权威,忽视教师与学生的合作关系。

(3) 强调教师的学科素养和教学技能,忽视教师促进学生成长的专业意识。

(4) 强调教师劳动的传递性,忽视教与学的创造性。

(二) 现代教师角色观

随着社会的进步和科技的发展,教师的角色不再像过去那样单一,新时代赋予了教师角色新的内涵,教师角色更加丰满,同时也面临着一些角色冲突和挑战。例如,终身教育要求教师除了知识的传授,还要激励学生思考,培养学生终身学习的意识和能力。再如,网络使教育资源不再匮乏,学生的知识和见解可能超过老师,加上知识观的演变、新课改的要求,教师角色必然发生改变。教师不仅仅是知识的传授者、教学设计的引领者、行为的示范者、班级的管理者,更是学习的引导者、成长的支持者、教育教学的研究者、心理健康的守护者。

1. 学习的引导者和促进者

建构心理学派研究证明,学生的学习不是一个被动的过程,而是一个积极主动的、建构的过程。这就要求教师不仅是知识的传授者,还应该扮演苏格拉底式的"助产士",在引导学生掌握知识和技能的同时,促使学生发现问题、分析问题和解决问题。

除此之外,调动学生的主动性和积极性也是教师应该做的,多鼓励学生进行自主探究学习,使教学一改过去的单向灌输式形态,变为一个双向交往的互动过程。

2. 成长的合作者和支持者

学生心目中好教师的标准是类似的,热爱学生、尊重学生、关心学生,这是一名好教师首先应该做到的。在学生成长和发展过程中,教师的角色应该从过去的权威型向今天的民主合作型转变,尊重每一个学生、公正公平,重视学生的思维、习惯和性格的养成,与学生进行平等对话交流,倾听每一个学生的心声,真诚地与学生相处,建立起平等、民主开放、轻松和谐的师生关系。

3. 教育教学的研究者

过去,教师只需要教好书即可,现在,教师不仅要教好书,还要做好科研,向有科研意识的研究者角色转变,以研究者的视角关注教育和教学,关注学生的发展,并善于思考和总结,不断在实践中验证理论、在理论中丰富实践。斯滕豪斯说过:"教师即研究者。"具体而言,意味着在教学过程中,教师要以研究者的心态置身于教学情境之中,以研究者的眼光审视和分析教学理论和教学实践中的各种问题,对自身的行为进行反思,对出现的问题进行探究,对积累的经验进行总结,使之形成规律性认识。这实际上是一种行动研究。

知识链接

教师角色的转变

(1) 从主流价值观的灌输者转变为推介者。

(2) 从知识的传授者转变为学习的指导者。

(3) 从学生监护人和管理者转变为学生的引导者和朋友。

(4) 研究者。

4. 心理健康的守护者

教师不应该只关注学生的学习,还要注重学生的心理状态。青少年时期是每一个学生的重要转折和过渡时期,难免会遇到各种困惑和问题,教师及时疏导,有利于学生身心健康发展。因此,守护学生的心理健康也是新时代赋予教师的新职责。教师要具备基本的心理健康知识和技能,对学生的心理健康进行事前预防教育和事后治疗。

除此之外,教师还被认为是"倾听者""交流者""课程开发者""教学组织者""独裁者""对话者""朋友""心理医生""微笑大使"等。

三、教师角色的形成

教师角色的形成是一个连续的过程,通过长期的教学实践,新手型教师逐步成长为能够胜任教学工作的专家型教师。一般地,这个过程需要经历三个阶段,即角色认知阶段、角色认同阶段和角色信念阶段。

1. 角色认知阶段

角色认知指的是角色扮演者对某一角色行为规范的认知和了解,知道哪些行为是合适的,哪些行为是不合适的。角色认知是角色扮演的基础,个人能否成功扮演某一角色,首先取决于对角色认知的程度。教师主要通过学习、观摩、职业训练和社会交往了解自身的责任和义务,并与社会上其他职业角色区分开来。一般地,从教1—2年的新手型教师就能够形成比较完整的教师角色认知。

2. 角色认同阶段

教师经过实践以后,接受教师角色所承担的社会职责,用以控制和衡量自己的行为,这就说明到了角色认同阶段。对教师角色的认同不仅体现在对教师角色的职责的了解上,也体现在情感体验上。对教师职业角色的认同,是成功扮演教师角色的情感基础。

3. 角色信念阶段

教师在角色扮演中,将职业角色的社会要求转化为个体需要,坚信自己对教师职业的正确认知,并将其作为行为规范和标准来指导、约束自己的行为,形成职业的自尊心和自豪感。教师到了这个阶段,会自觉地为教育事业奉献自我,信念坚定并且努力地践行。这说明新手型教师成长为一名成熟的专家型教师。

四、教师威信的建立和维护

教师的威信是教师成功扮演角色的结果的体现,威信有助于社会对教师角色期待的实现。

（一）教师威信的含义及功能

教师威信来源于学生心理上对教师的一种信服和崇敬,是由教师的人格、教学水平、能力、学识等多种因素形成的魅力,反映了学生对教师的态度。

教师威信对学生的学习和生活具有明显影响。其功能主要表现在:

第一,教师威信有助于学生主动积极地学习知识。学生一旦对教师产生了信任感和崇拜感,就会对教师的指导表现出极大的积极性,进而对学习认真投入,顺利掌握知识。

第二,教师威信有助于学生良好行为习惯的养成。威信高的教师容易成为学生的榜样,其言谈举止会成为学生模仿的对象。

知识链接

美国《时代》周刊曾刊登了保罗·韦地博士对九万名学生的调查结果,学生认为好的教师应具有如下十二种品质:

(1) 友善的态度。

(2) 尊重每一个人。

(3) 耐性。

(4) 兴趣广泛。

(5) 良好的仪表。

(6) 公正。

(7) 幽默感。

(8) 良好的品行。

(9) 对个人的关注。

(10) 伸缩性(灵活性)。

(11) 宽容。

(12) 颇有方法。

第三,教师威信有助于良好班集体的形成。有威信的教师的表扬和奖励能给学生愉快、自豪的情感,有威信的教师的批评和惩罚能引起学生内疚、自责和悔悟的情感,营造一种人人积极向上求进步、及时改正错误的文化氛围,有利于促进班级的健康有序运行。

第四,教师威信有助于良好师生关系的建立。有威信的教师能取得学生的信任,学生愿意接近教师,教师愿意影响学生,这种融洽的互动过程有助于良好师生关系的建立。

(二)教师威信的具体表现

教师威信就是成功地扮演了社会赋予教师职业的角色,这与学生心目中的好教师标准有相似之处。

我国曾有人以"学生喜欢什么样的教师"为题,向 4 415 名中学生作书面调查,结果得出,学生所喜欢的教师品质依次是:(1)教学方法好。(2)知识广博。(3)耐心温和。(4)实事求是,严格要求。(5)热爱学生,尊重学生。(6)对人对事公平合理。(7)负责任,守信用。(8)说到做到。(9)有政治头脑,关心国家大事。(10)讲文明,守纪律。

知识链接

日本学者大竹诚对日本中学生的调查结果显示学生所喜欢的教师品质依次是:

(1)理解学生。

(2)亲切,平易近人。

(3)能信赖学生。

(4)公正。

(5)教得清楚。

(6)开朗。

(7)感情真挚。

(8)教育热心。

(9)守时,不懒惰。

(10)活泼。

(11)教学有趣。

(12)知识丰富。

我国有学者调查了高中生心目中有威信的教师所具备的条件,结果发现教师威信体现在以下六个方面:(1)思想品质:严格要求自己,有道德修养,讲文明,生活作风正派,言行一致,以身作则,为人师表。(2)知识水平:有真才实学,知识丰富,有广博的学科专业知识,也有丰富的课外知识。(3)教学能力:教学方法好,讲课生动,表达能力强,富有启发性,并且有良好的教学效果。(4)教育热情:热爱教育事业,关心爱护学生,师生关系融洽。(5)工作态度:尽责认真,严格要求学生,治学严谨,诲人不倦。(6)教育作风:对人和蔼可亲,不体罚学生,不粗暴对待学生,不偏爱某类学生,民主公正,经常参加学生活动。

(三)教师威信的影响因素

由教师威信的具体表现可知,教师威信的形成受到多种因素的综合影响,但最关键的还是在于教师个人。

(1)渊博的知识。

传授知识和技能是教师的基本任务,丰富的知识也是教师职业能力的关键,因此,具有比较渊博的知识是树立教师威信的基本条件。无论是学科专业知识,还是学科以外的课外知识,教师都应该具备。知识渊博的教师有助于激发学生的求知欲和探索欲,为学生树立一个良好的学者型教师形象。

(2)高超的教育艺术。

"假如你的工作、学问和成绩都非常出色,那你尽管放心,他们全会站在你这一边,决不会背弃你……相反的,不论你是多么的亲切,你的话多么动听,态度多么和蔼,不论你在日常工作和休息的时候是多么可爱,但是假如你的工作总是一事无成,总是失败,假如处处都可以看出你业务不精……那么,除了蔑视之外,你永远不配得到什么。"这说明,教师威信与教学水平息息相关,也就意味着要想树立威信,除了丰富的学识,还要具备高超的教育艺术,让学生在快乐中学习和成长。

(3)良好的教师仪表。

教师仪表是精神风貌的重要指标,包括教师的仪容、教态、表情、举止、着装等,整洁大方、得体的教师仪表对学生的心理会产生积极影响,尤其是对中小学生。教师要注重日常的一言一行,努力纠正不良习惯。

(4)一视同仁的公正态度。

教师威信不是一朝一夕建立起来的,而是在长期与学生相处、交往过程中树立起来的。在这个过程中,公正的态度不仅有利于学生对教师产生亲切感、信任感和敬佩感,还有助于教师及时关注全部学生的需求,能迅速树立威信。

(四) 建立教师威信的方法

知识链接

在网络教育时代,重塑教师威信的几个转换:

(1) 教师权威意识的转换:从"制度权威"到"魅力权威"。

(2) 文化传递意识转换:从"后喻文化"到"前喻文化"。

(3) 师生关系意识转换:从"师倨生恭"到"师生平等"。

(4) 教育使命意识转换:从"科技至上"到"人文关怀"。

由于不同年龄段的学生的身心特征不同,教师建立威信的方法也不尽相同。在小学低年级学生中,教师能比较迅速地建立起威信;小学高年级学生由于自我意识和思维水平的发展,尊重学生的教师更容易建立威信;进入初高中以后,学生对教师的评价逐渐全面,不仅对教学水平、知识丰富程度有了评价,也会关注教师的道德品质、工作作风,这个阶段,教师如果能够德才兼备,更容易建立威信。树立教师威信有以下几种方法。

(1) 正确认识自己的威信,并合理利用。

威信与威严不同,教师必须对威信具有正确的认识,并合理地利用自己的威信,不能把威信作为自己的特权,为了建立和维护自己的威信伤害学生,不能滥用学生的信任和崇敬。

(2) 实事求是、积极上进。

人无完人。即使有威信的教师,也存在或多或少的缺点,也可能犯错误。这是不可避免的。教师勇敢承认自己的错误,敢于正视、面对自己的不足,不仅不会损坏威信,反而会进一步提高自己在学生心目中的地位。

(3) 不断进取、终身学习。

传授知识和技能是教师的基本职责。教师同时也要注重培养学生的个性和创造性,帮助学生形成健康的人格。这就要求教师自己也要不断学习,丰富自己的学识,提高自己的综合素质,才能满足学生不断变化发展的需求,才能更有效地促进学生的身心健康成长,最终也有助于提高教师威信。

(4) 言行一致、以身作则。

社会对教师的角色期望是学识丰富、讲文明、有道德的文化人。教师的言谈举止需要与这个角色期望相一致,如果教师说一套、做一套,或者教师的一言一行与学生心目中的教师形象不符合,他在学生中的威信就会大大降低,反之,言行一致的教师不仅会提升自己的威信,而且还能增强教育感染力,为学生的言行做出表率。

教师威信具有一定的稳定性,但也是处于发展变化之中的。教师在建立起威信以后,还要注意维护和继续加强。

【真题链接】

[2012·下]简答题:简述建立教师威信的途径。

【答案要点】 培养自身良好的道德品质;培养良好的认知能力和性格特征;注重良好的仪表、风度和行为习惯的养成;给学生以良好的第一印象;做学生的朋友与知己。

第二节 教师成长心理

教师的职业是沟通昨天与今天的桥梁,教师的职责和使命比以往任何时候都显得更为重要。百年大计,教育为本,教育发展,关键在教师。民族振兴的希望在教育,教育振兴的希望在教师。教师们普遍认为,从来没有像今天这样感到如此大的压力。身为教师越来越感到责任的重大、教育工作的艰难。教师职业成长心理成为时下学者关注的重要领域。

一、教师成长的历程

目前,不管在教育理论界,还是在教学实践中,许多研究者和管理者都特别关注教师专业思想、专业能力、专业知识等方面的发展,而很少关注教师成长。

要促进教师专业发展,我们必须重视教师的成长。从一名新教师成长成为合格教师需要一个过程,而教师在不同的成长阶段所关注的问题不同,学者们针对教师专业发展阶段问题提出了各种发展模式,如"形成—成长—成熟—专业化"四阶段论、"新手—专家"理论、"自我更新"理论,以及教师职业周期动态模式八阶段论。这里重点介绍福勒和布朗的观点:根据教师的需要和不同时期所关注的焦点问题把教师的成长划分为关注生存、关注情境和关注学生三个阶段。

1. 关注生存阶段

这是教师成长的第一阶段。处于这一阶段的一般是新教师,他们非常关注自己的生存适应性,最担心的问题是:"学生喜欢我吗?""同事们如何看我?""领导是否觉得我干得不错?"等。因而有些新教师可能会把大量的时间都花在如何与学生搞好个人关系上。有些新教师则可能想方设法控制学生,因为教师都想成为一个良好的课堂管理者,而很少考虑如何让学生获得学习上的进步。

2. 关注情境阶段

当教师感到自己完全能够适应时,便把关注的焦点投向了提高学生的成绩,即进入了关注情境阶段。在此阶段教师关心的是如何教好每一堂课的内容,一般总是关心诸如班级的大小、时间的压力和备课材料是否充分等与教学情境有关的问题。传统教学评价也集中关注这一阶段,一般来说,老教师比新教师更关注此阶段。

3. 关注学生阶段

当教师顺利地适应了前两个阶段后,成长的下一个目标便是关注学生。教师将考虑学生的个别差异,认识到不同发展水平的学生有不同的需要,某些教学材料和方式不一定适合所有学生。能否自觉关注学生是衡量一个教师是否成长成熟的重要标志之一。

【真题链接】

[2013·下]简答题:简述福勒等人提出的教师成长的三个阶段。

【答案要点】 (1)关注生存阶段。(2)关注情境阶段。(3)关注学生阶段。

二、教师成长与发展的基本途径

教师要适应发展和变革,必须要考虑其成长与发展。而教师成长与发展的基本途径主要有两个:一方面是通过师范教育培养新教师作为教师队伍的补充,即教师培养;另一方面是通过实践训练提高在职教师素养,即职后培训。对于教师个人来说,主要成长与发展途径是实践训练,实践训练主要从以下几方面入手。

(一)观摩和分析优秀教师的教学活动

对优秀教师的课堂教学活动进行观摩和分析,是培养和训练新教师的一种非常有效的方法,也是目前中小学教师发展非常常见的方法。

对优秀教师的观摩是当前采用较多的一种方法。课堂教学观摩可分为组织化观摩和非组织化观摩。组织化观摩是有计划、有目的的观摩;非组织化观摩则没有这些特征。一般来说,为培养提高新手教师和教学经验欠缺的年轻教师宜进行组织化观摩,这种观摩可以是现场观摩(如组织听课),也可以观看优秀教师的教学录像。非组织化观摩要求观摩者有相当完备的理论知识和洞察力,否则难以达到观摩学习的目的。通过观摩分析,学习优秀教师驾驭专业知识、进行教学管理、调动学生积极性等方面的教育机智和教学能力。

弗兰德斯将他的相互作用分析法运用于实习生和在职教师的训练。结果发现,经过这种训练的实习生和教师更能理解学生的想法。这种训练使教师的课内行为变得更加自然。

(二)开展微格教学

微格教学是师范类院校必须开展的一项课程。微格教学指以少数的学生为对象,在较短的时间内(5—20分钟)尝试做小型的课堂教学,可以把这种教学过程摄制成录像,课后再进行分析。这是训练新教师提高教学水平的一条重要途径。

微格教学虽然有各种方法,但基本采用如下的程序。

(1)明确选定特定的教学行为作为要着重分析的问题(如解释的方法、提问的方法等)。

(2)观看有关的教学录像。指导者说明这种教学行为的特征,使实习生和教师能理解要点。

（3）实习生和教师制定微型教学的计划，以一定数量的学生为对象，实际进行微格教学，并录音或摄制录像。

（4）和指导者一起观看录像，分析自己的教学行为，指导者帮助教师和实习生分析一定的行为是否合适，考虑改进行为的方法。

（5）在以上分析和评论的基础上，再次进行微型教学，这是要考虑改进教学的方案。

（6）进行以另外的学生为对象的微格教学，并录像录音。

微格教学能促使教师更为深入地分析自己的教学行为，有针对性地改进教学行为，因而往往比正规课堂教学的经验更有效。

（三）进行专门训练

要想促进新教师的成长，也可以对他们进行专门化训练。有人曾将某些"有效的教学策略"教给教师，其中的关键程序有：（1）每天进行回顾。（2）有意义地呈现新材料。（3）有效地指导课堂作业。（4）布置家庭作业。（5）每周、每月都进行回顾。

（四）反思教学经验

教师即反思者，教师自觉地把自己的教学实践作为认识对象，进行全面而深入的思考和总结，从而不断改善自己的教学行为，提高自己的教学水平，这是教师成长的重要途径。

对教学经验的反思，又称反思性实践或反思性教学，这是一种思考教育问题的方式，要求教师具有做出理性选择并对这些选择承担责任的能力。

波斯纳提出了一个教师成长公式：经验＋反思＝成长。他还指出，没有反思的经验是狭隘的经验，如果教师仅仅满足于获得经验而不对经验进行深入思考，那么他的发展将大受限制。

科顿等人1993年提出了一个教师反思框架，描述了反思的过程。

（1）教师选择特定问题加以关注，并从可能的领域，包括课程方面、学生方面等，收集关于这一问题的资料。

（2）教师开始分析收集来的资料，形成对问题的表征，以理解这一问题。他们可以利用自我提问来帮助理解。提出问题后，教师会在已有的知识中搜寻与当前问题相似或相关的信息。如果搜寻不到,教师就会去请教其他教师和阅读专业书籍来获取这些信息。这种调查研究的结果,有助于教师形成新的、有创造性的解决办法。

(3) 一旦对问题情境形成了明确的表征,教师就开始建立假设以解释情境和指导行动,并且还在内心对行动的短期和长期效果加以考虑。

(4) 考虑过每种行动的效果后,教师就开始实施行动计划。当这种行动再被观察和分析时,就开始了新一轮循环。

布鲁巴奇等人于 1994 年提出了四种反思的方法。

(1) 反思日记:在一天教学工作结束后,要求教师写下自己的经验,并与其指导教师共同分析。

(2) 详细描述:教师相互观摩彼此的教学,详细描述他们所看到的情景,教师们对此进行讨论分析。

(3) 交流讨论:来自不同学校的教师聚集在一起,首先提出课堂上发生的问题,然后共同讨论解决的办法,最后得到的方案为所有教师及其他学校所共享。

(4) 行动研究:为弄明课堂上遇到的问题的实质,探索用以改进教学的行动方案,教师以及研究者用以进行调查和实验的研究。它不同于研究者由外部进行的旨在探索普遍法则的研究,而是直接着眼于教学实践的改进。

第三节 教师心理健康

健康的心理和健全的人格是教师职业成长心理的重要内容,教师的职业活动对象是人体自身的心理健康水平,直接影响着对学生心理健康的维护和促进,由于教师职业的特殊性,专业化进程的加快,教师的压力越来越大,教师的心理健康问题越来越受到广泛的关注。

一、教师心理健康的标准

制定教师心理健康的标准,既是现代流行病学调查的需要又是教育科学研究的需要,更符合贯彻落实科教兴国战略的现实要求。否则难以界定教师心理健康的含义、表现和范畴。根据教师身心健康实证研究的结果,针对教师职业特点、工作性质及理论研究,教师的心理健康标准应具备以下几条:

(1) 能积极悦纳自我。

积极悦纳自我即真正了解、正确评价、乐于接受并喜欢自己。教师对自己的能力优缺点作出恰当客观评价,不随便拿自己跟别人比较,能平衡自我与现实、现实与现实的关系。

(2) 有良好的教育认知水平。

教师能面对现实并积极地去适应环境与教育工作的要求,能主动丰富实践经验,提升知识水平、提高教育研究能力,广泛吸收信息。

(3) 热爱职业,爱护学生。

教师能从爱的教育中获得自我安慰与自我实现,从有成效的教育教学中获得成就感。培养自己对教育事业的信仰,对教育充满信心并从中体验获得感和幸福感。

(4) 具有稳定而积极的教育心境。

教师的教育心理环境是否稳定、乐观、积极,将影响教师整个心理状态及行为,也关系到教育教学效果。

(5) 能控制各种情绪与情感。

繁重艰巨的教育工作要求教师有良好的、坚强的意志品质,即教学工作中有明确的目的性和坚定性;处理问题时有决策的果断性和坚持性;面对矛盾有沉着冷静的自制力;面对学生有给予爱和接受爱的能力。

(6) 和谐的教育人际关系。

教师良好和谐人际关系通常表现为有正常的荣誉观、名利观;交往中能了解彼此的权利和义务;能客观了解和理解别人,能够接受对方,接受他人的优点,也接受他人的缺点;与别人相处时,积极态度多于消极态度,尊重、理解、赞美、喜悦多于仇恨、怀疑、妒忌、厌恶;积极与他人真诚沟通,懂得与上下级和同事友好合作,注重建立和谐的师生关系。

(7) 能适应和改造教育环境。

随着经济社会的快速发展,教育的环境也在不断发生变化,教师要不断适应新的教育环境,并能够改造教育环境,使之更能促进教育发展。

二、教师心理素质与教师心理健康的关系

教师心理素质是指教师在教育教学活动中,在心理过程和个性心理特征方面所表现出来的本质特征。教师心理素质是一个结构和过程相统一的系统,该系统的内部包含行为、知识、能力、观念、人格等成分。教师的心理素质作为一个系统,若其结构完整,在与环境、他人互动的过程中各个成分能协调有效地运行,那么,教师的心理就是健康的。如果教师的心理素质系统结构不完整或不够完善,系统在与环境互动的过程中某个环节或某些环节上存在问题,致使该系统的功能出现某种程度的失调,教师在教育活动或日常生活中不能良好地适应或潜能得不到正常发挥,那么教师的心理就不够健康,甚至存在一定的心理行为问题。因此,教师心理健康水平是教师心理素质的一个重要反映和评价指标。心理健康的目标即全面提高教师的心理素质,在教育实践和生活实践中不断地完善其结构,使心理系统的运行达到最高、最佳状态。

三、教师常见的心理冲突

造成教师心理健康存在问题的原因是多方面的,既与当前社会变化、市场经济带来的压力、冲击有关,也与社会、家庭、学校对考试升学率的片面重视及有关教育体制政策的不合理密不可分,同时还与日益增加的教育教学重负有关,与教师自身素质相关,总体来说有以下几点。

(1) 负担过重,过分疲劳。

教师的工作是艰苦的脑力劳动和体力劳动,教师除了上课,还要批改作业,出各种练习题或考试题,如果是班主任还需要处理班务,进行个别教育,组织各种活动以及家访等。有一部分新教师一工作就当班主任,由于年轻加上经验不足,工作中往往疲于奔命,这样会导致心理冲突。

(2) 现实与理想之间反差巨大。

新教师普遍感到,应该坚持教育与社会理想,用理想模式来塑造自己,但难免在现实中处处碰壁;力求避免与现实中的不良因素同流合污,但有时又难免随波逐流;主观上想驾驭现实,但实际上又力不从心。

(3) 个人的理想等主观需要与这些需要难以实现之间存在矛盾。

新教师刚踏入社会,认识问题和解决问题的能力还不是特别强,面对个人主观需要与客观上难以满足个人主观需要的矛盾,往往无所适从。在心理冲突困扰下,一些新教师从心里感到烦恼、紧张、不安、焦虑、压抑、痛苦……发展为各种不同程度、不同性质的心理障碍。当无力解决心理冲突时,一些人很容易消沉下去,感到什么都无所谓,情绪低落、抑郁,甚至可能导致严重的心理障碍。

(4) 自我认知出现偏差。

新教师的自我认知偏差主要表现为两种类型:一是自我扩展型,其特点是过于悦纳自己,自我评价偏高,形成虚假的理想自我,常表现为过于看高自己而导致自负,自吹自擂,盲目自尊。二是自我否定型,其特点是对自我认识和评价过低,常表现为安于现状,不思进取,由自卑导致自暴自弃,最终走向自我否定。

四、影响教师心理健康的主要因素

实际上,教师既是"经师"更是"人师",教师以自己的全部心理品质影响着每一个学生的心灵,相对于学科专业知识和教学技能而言,教师自身的心理素质有着更为重要的教育影响力。由于对教师心理成长关注的缺失,也使得当前我国中小学教师的心理健康令人担忧;对教师心理成长的忽视,直接影响到了教师心理健康的发展,使许多教师陷入心理困境之中。因此,关注影响教师心理健康的主要因素是当前我国教师教育的新视点。影响教师心理健康的主要有以下几项因素。

(一) 职业压力

在社会发展的今天,教师正经历着来自社会各界的超负荷压力,包括人际压力、职业角色压力、工作压力、生活压力、家庭压力等。过重的职业压力导致教师心理空间被严重挤压扭曲,考不完的试,操不完的心,干不完的工作,压得教师透不过气来。许多教师惶恐不安,心绪不宁,很小的一件事,可能就会引发强烈的情绪反应,甚至导致行为失常,出现心理障碍。压力使教师本来就存在的不良适应更加严重,而社会对教师的关注程度尚未提高,教师的社会地位和经济地位低,福利待遇和工作环境差,工作量大,工作责任重,工作竞争强,社会期望值高,加之维护教师心理健康的措施和方法也不完善。这些因素的结合,使教师的心理压力越积越重,最终导致心理健康问题日益复杂化。传统教师教育对教师心理成长关注的缺失,直接影响到了教师的个人发展,而教师现实的生活状态则又进一步危害着教师的心理发展状况,导致教师心理问题频生。

教师的职业压力主要是由工作引起的,是教师对来自教学情境的刺激而产生的情绪反应。了解教师职业压力的来源,帮助教师有效地应对,是维护和促进教师的心理健康的重要途径。伍尔若和梅将教师职业压力按性质的不同分为五类:

(1) 中心压力——较小的压力及日常的麻烦。例如,上课需要的幻灯片找不到了。

(2) 外围的压力——教师经历的重大生活事件或压力情节。例如,因工作调动对新场所的适应障碍或长期的人际关系冲突。

(3) 预期性压力——教师预先考虑到的令人不愉快的事件。例如,与上级领导进行谈话或对后进生考试成绩的担忧。

(4) 情境压力——教师现在的心境。

(5) 回顾压力——教师对自己过去的压力事件及相关经历进行的评价,即教师长期处于压力之下产生的不良心理对其工作、生活的消极影响。

(二) 职业倦怠

今天,教师的职业倦怠已经成为一种普遍现象,也同样是教师心理发展状况的现实写照。职业倦怠是指个体在长期的职业压力下缺乏应对资源和应对能力而产生的身心耗竭状态。职业倦怠所产生的生理、情绪、认知和行为等方面的问题,会导致教师产生严重的身心疾病。玛勒斯等人认为职业倦怠主要表现在三个方面。

一是情绪耗竭,主要表现在生理耗竭和心理耗竭两个方面。如极度的慢性疲劳、力不从心、丧失工作热情、情绪波动大等。

二是去人性化,即刻意在自身和工作对象间保持距离,对工作对象和环境采取冷漠和忽视的态度。教师以一种消极的、否定的态度和情感对待学生。

三是个人成就感低,表现为消极地评价自己,贬低自己工作的意义和价值。

中小学教师的职业倦怠和其所拥有的社会支持之间有显著的相关。也就是说,教师所拥有的社会支持越多,就相应地表现出更少的职业倦怠,同时,教师的教学成就感越强,其倦怠感越低。教龄越长的教师,一般所承担的教学任务及担负的责任相对越多,但他们的体力和精力相对欠缺,特别是那些已为人父母者,工作之余的大量时间都用于孩子的抚养和教育上,因而对于健康问题的关注就没有未婚者明显,这可能使他们在工作中更易表现出较多的情绪衰竭。

(三)屡禁不止的师源性心理伤害

近些年来,随着家庭、社会对子女教育问题关注程度的提高,教师也开始成为公众注意的焦点,对教师的负面报道时常见诸报端,许多师源性伤害事件的发生,不断使社会对教师这一职业产生怀疑,导致公众对教师职业信任度降低,这已经在一定程度上损害了教师群体的形象,间接影响到了教师在学生心目中的地位,进而影响到教育教学的质量。如何客观地看待这一现象?如何采取切实有效的措施以提高教师的职业素质,提升教师的教育影响力?这已成为当前教育领域急需解决的现实问题之一。对此,不论是教育行政部门,还是学校内部,都在积极努力并想办法杜绝问题的产生与蔓延,或是加强行政管理和处罚的力度,或是制定一系列规章制度约束教师的行为,或是通过师德教育改善教师的职业道德等。这些措施的施行,虽然在一定程度上缓解了问题的产生,规范了教师的行为,但并没有从根本上解决问题,仍然需要从多个不同侧面探讨问题的成因,采取多样化的方式,以寻找到解决问题的有效策略。

我们认为,师源性伤害等类似事件的发生,并非完全源自教师的职业道德问题,实际上,有些是教师心理健康问题的表现,而有些则是教师在过强职业压力下的一种失常反应,是教师职业倦怠的表现,反映的是教师心理素质发展方面的缺陷。因此,对于因心理问题导致的师源性伤害现象,单纯靠规章制度和师德教育则难以奏效,应当从外在的行为规范走向教师内在的心理世界,关注教师的心理需求,关注教师的心理成长!

五、教师心理健康的维护

教师心理不健康,则容易形成扭曲的价值观,例如,狂热的拜金思想,浮躁、盲目追求,等价交换,挥霍健康、透支生命。也容易形成扭曲的人格,例如,通过工作虐待自己,形成教师暴力、强迫型人格、偏执型人格。这些将严重影响教师的职业道德水平,不仅对教师身心产生不利影响,也严重影响正常的教学工作。因此教师心理健康的维护至关重要。可通过以下方式进行维护。

(1) 个体积极的自我调适。

个体自我调适的目的是通过改变个体自身的某些特点来增强适应工作环境的能力。自我调适的主要方法有放松训练认知压力管理、时间管理、社交训练和态度改变、归因训练、加强训练等。教师了解自我,悦纳自我,培养开朗、乐观、积极向上的个性品质,多参与社会活动,与他人分享工作体验,也可以减轻工作压力。对于出现倦怠症状的教师,在自己有意识的调整情绪的过程中,也可借助于他人的力量找朋友倾诉,找专家咨询,这些都是缓解倦怠的有效途径。教师尤其需要转变观念,采取积极的应对策略和归因方式,做到合理的饮食和锻炼,保持身体健康。

(2) 组织有效的干预。

组织干预的思路就是通过削减过度的工作时间降低工作负荷、明确工作任务、积极沟通与反馈、建立有效的社会支持系统来防止和缓解教师的心理压力。改善学校领导方式是缓解教师职业压力的有效途径,学校领导要关心教师生活。增强教师对学校的认同感和自尊心,有效地防止职业倦怠的发生。

(3) 构建社会支持网络。

社会发展的今天,世界各国逐渐加大了对教育的投入,同时也对教育寄予了较大的期望。社会各方面对教师的要求在逐渐提高,工作压力、精神压力日益加剧。教师的教育教学任务异常繁重,教师处于高负荷运转中,心理上处于极度疲劳,此时维护教师心理健康,需要建立一个和谐的社会支持网络。社会各界要对教师的角色期待进行合理的定位;国家应切实采取措施提高教师的经济待遇和社会地位,维护教师的合法权利,使教师切实感受到社会的尊重;教育部门应探索出有效的教师教育培训体系,将职前与职后培训有机结合,提高教师智力与非智力能力,重视教师承受压力和自我缓解压力的训练。

【真题链接】

简答题:增进师生沟通的心理学原则。

【答案要点】（1）真诚：自由地表达真正的自己，表现出开放与诚实。

（2）尊重与接纳但不对学生进行无理性的溺爱和迁就。

（3）同理心。同理心包括三个条件：第一，站在对方的立场去理解对方；第二，了解导致这种情形的因素；第三，让对方了解自己对其设身处地的理解。（沟通的前提）

（4）高效率地传授系统的科学文化知识。

（5）维护良好师生关系，做学生的朋友与知己。

教师生活在充满青春活力的美丽校园，所处的工作环境应该非常适合保持身心健康，但实际情况却是教师的心理健康现状不容乐观。教师心理健康对于本人、学生、教育事业乃至国家社会发展都具有重要意义。因此了解教师心理健康的标准、影响健康的因素、教师心理健康的维护等至关重要。

模拟通关基础练习

一、单项选择题

1. 班级成员互不认识，每位同学只是按照课表进入同一教室上课或根据班主任统一安排参与共同活动。这一时期的班集体属于班集体形成的哪个时期？（　　）

    A. 形成期　　　　B. 初建期　　　　C. 巩固期　　　　D. 成熟期

2. 提出教师成长公式"经验＋反思＝成长"的是（　　）。

    A. 加涅　　　　B. 罗森塔尔　　　　C. 戴尔　　　　D. 波斯纳

3. （　　）是班级中多数成员所表现出的共同思想和行为倾向，包含情绪状态、言行习惯、道德面貌等，它是经过一定时间的相互影响而逐渐形成的，是班集体形成的重要标志。

    A. 集体舆论　　　B. 班规　　　　C. 班风　　　　D. 班级目标

4. 师生关系融洽，课堂气氛宽松而不涣散，严谨而不紧张，这样的课堂气氛属于（　　）。

A. 积极的课堂气氛　　　　　　　B. 消极的课堂气氛

C. 中立的课堂气氛　　　　　　　D. 对抗的课堂气氛

5. 课堂纪律管理的最终目的是(　　)。

A. 自我促成的纪律　　　　　　　B. 教师促成的纪律

C. 任务促成的纪律　　　　　　　D. 集体促成的纪律

6. 八年级二班的小明在数学课上大家都很安静的时候忽然大笑起来,按照我国学者对课堂行为的划分,这属于(　　)。

A. 行为过度　　　　　　　　　　B. 行为不足

C. 行为失常　　　　　　　　　　D. 行为不适

7. 明显干扰课堂教学的行为属于(　　)。

A. 积极的课堂行为　　　　　　　B. 消极的课堂行为

C. 中性的课堂行为　　　　　　　D. 恶劣的课堂行为

8. 班主任按照固定的日程组织安排的班会活动,主要是布置班级计划,讨论集体建设情况的活动属(　　)。

A. 班务会　　　　　　　　　　　B. 主题班会

C. 日常班会　　　　　　　　　　D. 非主题班会

9. 班主任工作的核心内容是(　　)。

A. 教育学生　　　　　　　　　　B. 开展班级活动

C. 班级日常管理　　　　　　　　D. 建设班集体

10. 教师考虑学生的个别差异,根据学生的不同发展水平进行教学材料组织的阶段是(　　)。

A. 关注生存阶段　　　　　　　　B. 关注学生阶段

C. 关注情境阶段　　　　　　　　D. 关注生命阶段

二、简答题

1. 简述培养班集体的方法。

2. 联系实际,谈谈教师成长与发展的基本途径。

3. 简述课外活动的组织、实施的步骤及要求。

> 模拟通关基础练习参考答案 <

一、单项选择题

1. B 2. D 3. C 4. A 5. A 6. D 7. B 8. A 9. D 10. B

二、简答题

【答案要点】

1.（1）全面了解和研究学生。（2）确定班集体的奋斗目标。（3）建立班集体的领导核心。（4）建立和谐的人际关系。

2.（1）观摩和分析优秀教师的教学活动。（2）开展微格教学。（3）进行专门训练。（4）反思教学经验。

3.（1）课外活动组织、实施的步骤：① 选题。选题的依据主要有三个，一是班集体的奋斗目标和发展计划；二是班集体的现实情况；三是学校教育计划活动安排。② 制订活动计划。活动计划由班主任和班委会成员共同制订。③ 活动实施与总结。活动实施与总结是课外活动的中心环节。

（2）课外活动组织管理的要求：① 要有明确的目的。② 活动内容要丰富多彩，形式要多样化，要富有吸引力。③ 发挥学生的积极性、主动性，并与教师的指导相结合。

> 教师能力训练 <

材料分析题：阅读以下材料，回答问题。

一天中午，八年级的一批孩子正在操场上打篮球，战况"激烈"，学生z和学生c从人群中冲了出来，两人拳脚相加，气势凶猛，我见这阵势，就停在十几米外的地方冷眼看着他俩。大概z同学也看到了我的神态，就慢慢地停止了他愤怒的"咆哮"。待他俩过来，我默默地看着他俩，直到他们都低下了头，于是我开始说话："瞧你俩刚才的样子，好像恨不得把对方给吃了！要不要我在全校同学面前安排一次表演赛呀？"两位同学把头垂得更低了，红着脸说"不要"。我看火候已到，就问他们："打球时发生碰撞、发生吃亏占便宜的事是很正常的，不至于大打出手,有失球星风度,更在同学们面前丢尽面子!我现在不追究谁对谁错,只想问一句,这件事是你们自己处理呢,还是我来处理?"他们互相看了看,说:"自己处理。"于是我让他们商量处理的办法,商量好了再向我汇报。五分钟后,他俩握手言归于好。整个事情的处理用了不到20分钟的时间。

请你评价一下这位老师成功处理这场冲突事件的原因。

教师能力训练答案要点

这起学生冲突事件处理效果比较好的原因就在于:(1)解决问题的速度快。(2)学生认识自身行为的深刻程度较好。(3)把矛盾交给矛盾发生的主体双方自己解决,培养了学生处理问题和解决问题的能力。

以往在处理这类问题的时候,总是先问谁先出手,以辨出个谁对谁错来,殊不知这样一来,教师自身在不知不觉中被套进了冲突的漩涡,学生相互推诿责任,相互指责,不从自己所应承担的责任的角度去考虑,因此问来问去,问不出个所以然,事情往往还会越搞越复杂,既影响教师的教育威望又耗费了教师很多的精力。解铃还须系铃人,由于生活、学习在一起,学生之间发生矛盾冲突在所难免,关键在于教育学生如何面对矛盾,如何处理矛盾,如何避免矛盾的发生。教师在处理学生冲突事件中的角色不是一个仲裁者,而应该是一个指导者,让他们自己去面对矛盾,面对由此带来的后果,反省自己在事件中所要承担的责任,只有这样,才能真正提高他们解决问题的能力,才能从根本上减少冲突的发生。

参考文献

[1] BIO 国际组织教材编写组.心理咨询与治疗基础[M].北京：人民日报出版社,2007.

[2] R.J. Sternberg, W.M. Williams 著,张厚粲译.教育心理学[M].北京：中国轻工业出版社,2003.

[3] 白先同,黎天骋.皮亚杰守恒实验的比较研究[J].广西师范大学学报(哲学社会科学版),1991.

[4] 白学军,王敬欣.发展心理学[M].天津：南开大学出版社,2013.

[5] 班华.现代德育论[M].合肥：安徽人民出版社,2011.

[6] 岑国桢.学校心理辅导基础[M].南宁：广西教育出版社,1999.

[7] 柴万发.谈中学生性心理发展的特点与性教育问题[J].吉林教育科学·普教研究,1995(04).

[8] 车文博.当代西方心理学新词典[M].长春：吉林人民出版社,2001.

[9] 车文博.心理咨询百科全书[M].长春：吉林人民出版社,1991.

[10] 车文博.心理咨询大百科全书[M].杭州：浙江科学技术出版社,2001.

[11] 陈东升.论教师威信[J].华中师范大学学报(哲社版),1993,(1).

[12] 陈丽娜,张明.中学生感觉寻求、亲子关系与心理健康的关系[J].心理发展与教育,2006.

[13] 陈琦,刘儒德.教育心理学[M].北京：高等教育出版社,2011.

[14] 陈琦,刘儒德主编.当代教育心理学[M].北京：北京师范大学出版社,2007.

[15] 陈向明.教师的作用是什么——对教育隐喻的分析[J].教育研究与实验,2001.

[16] 程龙龙,明东,刘双迟等.脑—机接口研究中想象动作电位的特征提取与分类算法[J].仪器仪表学报,2008.

[17] 丁锦宏.教师作用观的回顾与后现代审视[J].南通大学学报(哲学社会科学版),2001.

[18] 杜伟宇,孟琦.学习理论发展的情境脉络[J].全球教育展望,2006.

[19] 樊富珉.团体心理咨询(心理咨询与心理治疗丛书)[M].北京：高等教育出版社,2005.

[20] 冯锐,杨红美.基于案例推理的学习迁移研究[J].电化教育研究,2015.

[21] 高国柱.青春期性心理的发展与教育对策[J].基础教育研究·心理健康教育,2009.
[22] 高玉祥,程正方,郑日昌.心理学[M].北京：北京师范大学出版社,1996.
[23] 顾爽.运用想象思维开发艺术创作[J].天津城市建设学院学报,2004,10(2).
[24] 郭臻琦,王连洲.关于儿童创造性想象研究的综述[J].沧州师范专科学校学报,2007.
[25] 韩冰清,张释元.教育知识与能力·中学[M].长春：东北师范大学出版社,2016.
[26] 胡朝兵,张大均.论教师的权威、威信与教育影响力[J].教育理论与实践,2004.
[27] 胡道奎.数学概念变式的有效设计要把握五点[J].中国校外教育,2011.
[28] 华中师范学院教育系编.教育学[M].北京：人民教育出版社,1982.
[29] 黄加贤.丰富表象积累提高想象能力[J].基础教育参考,2014.
[30] 黄书光.中国基础教育改革的文化使命[M].北京：教育科学出版社,2001.
[31] 黄文哲.中学生不良行为的产生原因及矫正方法[J].南方论刊,2002.
[32] 华东师范大学教育学编写组编著.基于教师资格考试的教育学[M].上海：华东师范大学出版社,2015.
[33] 江光荣,林孟平.我国学校心理辅导模式探讨[J].教育研究与实验,2000.
[34] 姜淑梅,崔继红.中学生心理辅导[M].北京：清华大学出版社,2017.
[35] 教师资格考试研究中心组,国联资格考试研究中心编.教育心理学[M].上海：华东师范大学出版社,2016.
[36] 教师资格认定考试编写组编.教育心理学[M].北京：北京师范大学出版社,2016.
[37] 《教师资格证认定考试专用系列教材》编委会编著.教育心理学：适用于中学教师资格认定考试[M].北京：教育科学出版社,2010.
[38] 李超.中学生不良品行矫正初探[J].咸宁学院学报,2010.
[39] 李建军.课堂想象：通向教学智慧的必由之路[J].教育科学研究,2011.
[40] 李润洲.关于教师威信的理性思考[J].教育科学研究,2002.
[41] 李中国.教师角色转换中内涵性特征的缺失与补救[J].教育研究,2008.
[42] 联合国教科文组织.学会生存——教育世界的今天和明天[M].北京：教育科学出版社,1996.
[43] 林崇德.品德发展心理学[M].上海：上海教育出版社,1989.
[44] 林崇德.发展心理学[M].北京：人民教育出版社,2009.
[45] 林崇德.中学生心理学[M].北京：中国轻工业出版社,2013.
[46] 刘电芝.学习策略的实质[J].宁波大学学报,2000.
[47] 刘芳.教育观念的转变与更新[M].北京：中国和平出版社,2000.
[48] 刘晋红.人本主义学习理论述评[J].黑龙江生态工程职业学院学报,2009.

[49] 刘儒德.论建构主义学习迁移观[J].北京师范大学学报,2001.

[50] 刘晓明.中小学教师职业倦怠状况的现实分析[J].中小学教师培训,2003.

[51] 刘宣文.心理健康标准与学校心理辅导[J].教育研究,1993(3).

[52] 卢姗姗,楚会锋,丁月琴.联想记忆法在高中英语词汇教学中的运用[J].延边教育学院学报,2011.

[53] 骆一,郑涌.青春期性心理健康的初步研究[J].心理科学,2006.

[54] 马秀芳,李克东.皮亚杰与维果斯基知识建构观的比较[J].中国电化教育,2004.

[55] 马郑豫,张家军.中小学学生学习策略的调查研究[J].教育研究,2015.

[56] 明东,王坤,何峰.想象动作诱发生理信息检测及其应用研究:回顾与展望[J].仪器仪表学报,2014.

[57] 莫雷主编.教育心理学[M].北京:教育科学出版社,2017.

[58] 潘菽.教育心理学[M].北京:人民教育出版社版,1995.

[59] 潘颖秋,刘善媚,龚志宇.北京地区中学生学习策略水平的调查研究[J].心理科学,2000.

[60] 庞雪峰.当前我国中学生校园暴力及预防对策研究[D].华中师范大学,2016.

[61] 彭聃龄.普通心理学[M].北京:北京师范大学出版社,2012.

[62] 皮连胜.智育心理学[M].北京:人民教育出版社,1996.

[63] 钱铭怡.心理咨询与心理治疗[M].北京:北京大学出版社,1995.

[64] 全国13所高等院校《社会心理学》编写组.社会心理学(第四版)[M].天津:南开大学出版社,2008.

[65] 全国十二所重点师范大学.教育学基础[M].北京:教育科学出版社,2002.

[66] 冉汇真.学生品行不良的诱因探析[J].西南民族学院学报,2002(5).

[67] 桑青松.非智力因素造成学业不良学生的学习心理辅导[J].中国教育学刊,2000.

[68] 邵瑞珍.教育心理学[M].上海:上海教育出版社,1997.

[69] 沈之菲.生涯心理辅导[M].上海:上海教育出版社,2000.

[70] 石绍华,高晶,郑钢,唐洪,度积生,张梅玲.中学生学习动机及其影响因素研究[J].教育研究,2002.

[71] 孙刚成,拓丹丹.教师威信并非源于威严——《教育漫话》引起的思考[J].课程教学研究:12-15.

[72] 孙盈.简论奥苏贝尔和罗杰斯两种意义学习理论的异同及其启示[J].中国体卫艺教育,2004.

[73] 王道俊,王汉澜.教育学[M].北京:人民教育出版社,1989.

[74] 王金道.关于教师心理健康的现状、标准与对策思考[J].教育探索,2004.

[75] 王丽荣.心理成长：当前我国教育教师的新视点[J].教育纵横谈,2005.

[76] 王旅,余杨奎.建构主义学习理论剖析[J].当代教育论坛,2010.

[77] 王敏,刘春雷,张庆林.创造想象的半球偏向是左还是右[J].西南大学学报(自然科学版),2010.

[78] 沃建中,王福兴,林崇德,刘彩梅.不同学业成就中学生创造性思维的差异研究[J].心理发展与教育,2007.

[79] 吴涵.问题特征对学困生学习迁移能力的影响研究[D].扬州大学,2014.

[80] 吴增强.学习心理辅导[M].上海：上海教育出版社,2000.

[81] 肖川.教育必须关注完整的人的发展[J].清华大学教育研究,2001.

[82] 新课程实施过程中培训问题研究课题组.新课程与教师角色转变[M].北京：教育科学出版社,2001.

[83] 徐桂娟,肖云.谈中学生性心理健康教育[J].科技信息：学术版,2008.

[84] 杨跃.网络时代教师教育意识的转换[J].南京师范大学学报(社会科学版),2001.

[85] 姚本先.儿童发展与教育心理学[M].合肥：安徽大学出版社,2002.

[86] 姚本先等.心理学新论修订版[M].北京：高等教育出版社,2005.

[87] 叶澜.教师角色与教师发展新探[M].北京：教育科学出版社,2001.

[88] 叶奕乾,孔克勤.个性心理学[M].上海：华东师范大学出版社,1993.

[89] 俞国良,金东贤,郑建君.教师心理健康评价量表的编制及现状研究[J].心理发展与教育,2010.

[90] 袁秋菊.教育心理学同步辅导·考点解析·考研真题[M].西安：西北工业大学出版社,2015.

[91] 翟慧,刘洋.青少年青春期性心理[J].家庭医学,2017.

[92] 张大均.教育心理学[M].北京：人民教育出版社,2011.

[93] 张大均.教与学的策略[M].北京：人民教育出版社,2003.

[94] 张丽华,沈德立.论创造性思维产生的有利条件[J].教育科学,2006.

[95] 张灵主编.教育学[M].上海：复旦大学出版社,2016.

[96] 张文新.儿童社会性发展[M].北京：北京师范大学出版社,2002.

[97] 郑金洲.教育通论[M].上海：华东师范大学出版社,2000.

[98] 郑日昌,陈永胜.学校心理咨询[M].北京：人民教育出版社,1991.

[99] 郑日昌.心理辅导的新进展[J].心理学报,2000.

[100] 中国社会科学院语言研究所词典编辑室.现代汉语词典(修订本)[M].北京：商务印书馆,1996.

[101] 钟志贤.建构主义学习理论与教学设计[J].电化教育研究,2006.
[102] 周海银主编.教育知识与能力(中学)[M].北京：中国经济出版社,2015.
[103] 周宗奎主编.青少年心理发展与学习[M].北京：高等教育出版社,2007.
[104] 朱慕菊.走进新课程——与课程实施者对话[M].北京：北京大学出版社,2002.

图书在版编目(CIP)数据

基于教师资格考试的心理学/张释元,盛世明主编. —上海：复旦大学出版社，2018.9
(2025.1 重印)
弘教系列教材
ISBN 978-7-309-13825-2

Ⅰ.①基… Ⅱ.①张…②盛… Ⅲ.①教育心理学-高等师范院校-教材 Ⅳ.①G44

中国版本图书馆 CIP 数据核字(2018)第 177045 号

基于教师资格考试的心理学
张释元　盛世明　主编
责任编辑/郑越文

复旦大学出版社有限公司出版发行
上海市国权路 579 号　邮编：200433
网址：fupnet@fudanpress.com　　http://www.fudanpress.com
门市零售：86-21-65102580　　团体订购：86-21-65104505
出版部电话：86-21-65642845
上海华业装璜印刷厂有限公司

开本 787 毫米×960 毫米　1/16　印张 20.25　字数 312 千字
2025 年 1 月第 1 版第 8 次印刷

ISBN 978-7-309-13825-2/G·1871
定价：42.00 元

如有印装质量问题，请向复旦大学出版社有限公司出版部调换。
版权所有　　侵权必究